"十四五"职业教育国家规划教材

旅游概论

第三版

主　编◎赖　斌　黄晓菲

中国旅游出版社

本书编委会

第三版前言

《旅游概论》自2019年首次出版以来得到市场广泛认可，2021年进行了第一次修订。教材陆续获批“十三五”“十四五”职业教育国家规划教材。此次修订主要体现在以下七方面：

一是顺应数字化发展趋势，增加了二维码在内的教学内容数字化呈现方式，便于读者通过扫二维码方式获取相关知识链接及教学资源，使其可听、可视、可练。

二是更新了书稿中的个别陈旧案例，新的案例资料在内容选取上重点凸显与旅游业发展新形态、新理念、新标准的紧密结合。

三是补充完善了社会主义核心价值观的内容。增加了绪论，绪论内容主要包括：深刻认识党的二十大胜利召开的伟大意义，提升新时代大学生政治站位；深刻把握党的二十大主题，激发新时代大学生爱国热情；深入学习领悟过去五年工作和新时代十年伟大变革的重大意义，增强新时代大学生民族自豪感；深刻领会“两个结合”是推进马克思主义中国化时代化的根本途径，加强新时代大学生弘扬中华优秀传统文化教育；牢牢把握全面建设社会主义现代化国家开局起步的战略部署，指引新时代大学生守正创新促发展；深入把握党的二十大关于文化和旅游工作的部署要求，推动文旅融合高质量发展；深刻把握团结奋斗的新时代要求，为文旅行业培养高素质人才。

四是结合发展热点问题，将“绿水青山就是金山银山”理念的科学内涵与旅游业发展的深远意义引入教材。

五是部分模块新增或者替换项目后，相应的每一单元后的“知识结构图”进行了更新。

六是修改了部分正文内容后设置的《思考与交流》栏目，使内容更符合要求。

七是个别表述不贴切的地方以及个别标点符号等均做了修订。

本书由赖斌、黄晓菲担任主编，陈宁担任主审，王霞、肖莹担任副主编，周艳玲、罗辑、秦盛林、周乐兵、杨娟、薛春霞、雷云、曹方、胡玉贞、黄芬参与了编写。由于作者水平有限，不足之处在所难免，敬请广大读者批评指正！

编者

2023年7月

第二版前言

本教材自出版以来，受到了师生的广泛好评。2020年，本教材经全国职业教育教材审定委员会审定，入选“十三五”职业教育国家规划教材。这既是对本教材的充分肯定，也是对编者的莫大激励。

本次修订工作是在科学分析产业、职业、岗位、专业关系基础上，以《中等职业学校旅游服务与管理专业教学标准（试行）》等文件为指导，针对中高职衔接人才培养目标和岗位能力要求，吸取了国内外近几年来旅游学理论研究领域的最新成果、旅游业发展最新动态以及最新的产业政策，博采众家之长的一次教材建设探索。同时，编者力图将中华优秀传统文化有机转化为课程思政的教学元素，引导教师采用探究式、启发式等教学方法，创新课堂教学模式，并配套了丰富适用的数字化教学资源，使本书总体上更符合当前旅游职业教育高质量发展的新要求，做到与时俱进。

本教材由赖斌、黄晓菲担任主编，陈宁担任主审，罗辑、王霞、肖莹担任副主编，秦盛林、周乐兵、杨娟、薛春霞、曹方、雷云、胡玉贞、黄芬参与了编写。

本教材在编写过程中参阅了大量的文献资料，这些资料给予我们极大的帮助，在此对这些文献资料的作者表示谢意。由于编者水平有限，教材中难免存在疏漏之处，敬请大家批评和指正。

赖斌

2021年5月

前 言

一、编写背景

在现代社会中，旅游已成为人们生活的重要组成部分。旅游是幸福生活、健康生活和美丽生活的标准，是健康的生活方式。旅游业是最具影响力的综合性产业之一，2018 年李克强总理提出了“五大幸福产业”的概念，并将旅游业列为“五大幸福产业”之首。

本教材的使用对象是职业院校学生，使用情境是中高职衔接教学环境。通过学习，学生能掌握旅游相关知识，认识和分析旅游现象，学会思考和处理问题，能为今后从事旅游行业相关工作打下一定的专业基础，成为能适应现代旅游发展所需的技能型人才。

二、编写特色

本教材注重实用、实效，以校企合作、产教融合、工学结合的模式进行工作（教学）项目和任务设计，按照旅游活动的一般规律，由浅入深、循序渐进地安排教学内容。打破本课程传统的理论课程教学模式，理论联系实践，在行业实践实训中深入学习，采用任务驱动法、调查法等教学方法和以学生为中心的教学理念，实现课程的教、学、做一体化的教学。

1. 体现职教理念，创新教材结构，更有指导性

首先，打破传统教材一编到底的习惯，将旅游业的历史与当下、旅游业的未来划分为上、下两篇，每篇四个单元，每个单元从六大方面着手，整体结构脉络新颖、清晰。其次，每个单元都介绍了学习背景、学习目标、内容结构等，帮助学生概览本单元内容。每个单元分设多个项目，每个项目均以活动任

务为引领和开篇，让学生在任务中学习本单元知识，体现了任务教学法，更有指导性。

2. 结合行业岗位实际，补充行业案例知识，更有实践性

本书中增加了【知识拓展】【行业案例】【趣味故事】等内容，图文并茂，增添了学习的趣味性，更有利于调动学生的积极性。【背景研习】【活动呈现】【方法指引】等环节，紧密贴合行业岗位，体现了对学生能力训练的要求。

三、学时分配建议（按教学周18周计算）

本版教材参考教学课时为144节，其中理论课时104节，实践课时40节。开设学期为1—4学期，周课时建议2节。在具体实施中，也可根据各学校的实际情况调整周课时为4节，开设学期建议为第3—4学期。

模块	主题	内容	课时	
			理论课时	实践课时
模块一	旅游业的历史与当下	单元1　什么是旅游——旅游的概述	12	4
		单元2　旅游发展的前世今生——旅游发展简史	8	4
		单元3　旅游活动相关——旅游活动的要素	12	5
		单元4　旅游业的运转——旅游业的构成	18	5
模块二	旅游业的未来	单元5　未来的就业平台——旅游市场的发展	12	5
		单元6　未来的产业前景——旅游业发展趋势	8	5
		单元7　未来的职业发展——四川旅游业的发展趋势	22	5
		单元8　旅游业的持续动力——生态旅游与可持续发展	12	7
小计			104	40
合计			144	

四、教学方法建议

旅游概论是具有理论基础和实践指导为特征的专业核心课程。在教学中教师应围绕教材内容，紧扣教学目标，以夯实旅游服务人员的相关基础知识和提高实际应用能力为主要任务，根据所在学校和班级学生的实际，创造性地开展教学活动。以学生为本，注重“教”与“学”的互动，做到“做中学，做中教”，让学生在活动中加深对知识的理解，在活动中进一步拓宽知识面、锻炼能力和提升素质。充分利用多媒体课件、图片、视频的播放、网络化教学等教学手段，使用任务驱动法、情景教学法、小组讨论法、案例教学法、实地参观、调查活动等教学方法，提高学生的感知和认识能力，调动学生的学习积极性。

教师应积极组织学生开展旅游实践、实训活动，开阔学生的视野，陶冶学生的情操，培养学生对旅游服务工作的兴趣。注重培养和提高学生自己获得知识和信息的能力，为学生提供自主发展的时间和空间，培养学生的创新创业能力。

本书在成都旅游职教集团组织下，由赖斌、黄晓菲担任主编，陈宁担任主审，罗辑、王霞、肖莹担任副主编，秦盛林、周乐兵、杨娟、薛春霞、曹方、雷云、胡玉贞、黄芬参与了编写。

本书能够成文，得到了成都旅游职教集团和成都职业技术学院的大力帮助和支持，在此表示衷心的感谢。感谢中国旅游出版社的编辑为本书的出版所付出的辛勤劳动。同时，本书在编写过程中，参考和借鉴了大量教育专家和行业专家、学者的研究成果和学术著作，在此编委表示深切的谢意。

由于时间仓促和编者水平有限，书中难免存在不足和谬误之处，敬请同行专家、读者批评指正，以便改进提高。

成都旅游职业教育集团

2019 年 3 月

目 录
CONTENTS

模块二 旅游业的未来

绪 论

党的二十大是在全党全国各族人民迈上全面建设社会主义现代化国家新征程、向第二个百年奋斗目标进军的关键时刻召开的一次十分重要的大会，是一次高举旗帜、凝聚力量、团结奋进的大会。党的二十大在政治上、理论上、实践上取得了一系列重大成果，就新时代新征程党和国家事业发展制定了大政方针和战略部署，是我们党团结带领人民全面建设社会主义现代化国家、全面推进中华民族伟大复兴的政治宣言和行动纲领，对于全党全国各族人民更加紧密团结在以习近平同志为核心的党中央周围，万众一心、接续奋斗，在新时代新征程夺取中国特色社会主义新的伟大胜利，具有极其重大而深远的意义。学习贯彻党的二十大精神，习近平总书记强调的“五个牢牢把握”是最精准的解读、最权威的辅导。要从战略和全局高度完整、准确、全面理解把握党的二十大精神，增强学习贯彻的政治自觉、思想自觉、行动自觉，为实现党的二十大确定的目标任务不懈奋斗。

一、深刻认识党的二十大胜利召开的伟大意义，提升新时代大学生政治站位

党的二十大担负起全党的重托和人民的期待，从战略全局深刻阐述了新时代坚持和发展中国特色社会主义的一系列重大理论和实践问题，科学谋划了未来一个时期党和国家事业发展的目标任务和大政方针，在党和国家历史上具有重大而深远的意义。

（一）这是中国共产党在百年辉煌成就和十年伟大变革的高起点上创造新时代更大荣光的大会

中国共产党在百年历程中共召开了十九次全国代表大会。党的二十大是我们党在建党百年后召开的首次全国代表大会，也是在新时代十年伟大变革的时间坐标上召开的全国代表大会，具有特别的里程碑意义。

（二）这是推进实践基础上的理论创新、开辟马克思主义中国化时代化新境界的大会

马克思主义中国化时代化既是马克思主义的自身要求，又是中国共产党坚持和发展马克思主义的必然路径。中国共产党为什么能，中国特色社会主义为什么好，归根到底是马克思主义行，是中国化时代化的马克思主义行。党的二十大深刻阐述了习近平新时代中国特色社会主义思想的科学内涵和精神实质，深入阐释了开辟马克思主义中国化时代化新境界的重大命题并提出了明确要求，具有重大理论意义。

（三）这是谋划全面建设社会主义现代化国家、以中国式现代化全面推进中华民族伟大复兴的大会

现代化是各国人民的共同期待和目标。百年来，我们党团结带领人民进行的一切奋斗、一切牺牲、一切创造，就是为了把我国建设成为现代化强国，实现中华民族伟大复兴。在新中国成立特别是改革开放以来的长期探索和实践基础上，经过党的十八大以来在理论和实践上的创新突破，我们党成功推进和拓展了中国式现代化，创造了人类文明新形态。党的二十大明确提出以中国式现代化全面推进中华民族伟大复兴的使命任务，精辟论述了中国式现代化的中国特色、本质要求和重大原则，深刻阐释了中国式现代化的历史渊源、理论逻辑、实践特征和战略部署，大大深化了我们党关于中国式现代化的理论和实践。

（四）这是致力于推动构建人类命运共同体、携手开创人类更加美好未来的大会

当前，世界之变、时代之变、历史之变正以前所未有的方式展开，人类社会面临前所未有的挑战。世界又一次站在历史的十字路口，何去何从取决于各国人民的抉择。党的二十大深刻把握世界大势和时代潮流，宣示中国在变局、乱局中促进世界和平与发展、推动构建人类命运共同体的政策主张和坚定决心，为共创人类更加美好的未来注入强大信心和力量。

（五）这是推动解决大党独有难题、以党的自我革命引领社会革命的大会

全面建设社会主义现代化国家、全面推进中华民族伟大复兴，关键在党。党的二十大明确提出：我们党作为世界上最大的马克思主义执政党，要始终赢得人民拥护、巩固长期执政地位，必须时刻保持解决大党独有难题的清醒和坚定。

二、深刻把握党的二十大主题，激发新时代大学生爱国热情

党的二十大的主题，正是我们党对这些事关党和国家事业继往开来、事关中国特色社会主义前途命运、事关中华民族伟大复兴战略性问题的明确宣示，是大会的灵魂。习近平总书记在党的二十大报告中，开宗明义指出大会的主题："高举中国特色社会主义伟大旗帜，全面贯彻新时代中国特色社会主义思想，弘扬伟大建党精神，自信自强、守正创新，踔厉奋发、勇毅前行，为全面建设社会主义现代化国家、全面推进中华民族伟大复兴而团结奋斗。"这一主题明确宣示了我们党在新征程上带领人民举什么旗、走什么路、以什么样的精神状态、朝着什么样的目标继续前进等重大问题。《中国共产党第二十次全国代表大会关于十九届中央委员会报告的决议》指出："报告阐明的大会主题是大会的灵魂，是党和国家事业发展的总纲。"学习理解党的二十大精神，必须把握这一"灵魂"，抓住这一"总纲"。大会主题中的六个关键词语值得我们高度重视。

（一）旗帜

新时代新征程党高举的旗帜就是"中国特色社会主义伟大旗帜"。大会主题写入这一根本要求，既体现了中国特色社会主义历史演进的连续性、继承性，又体现了新时代党坚持和发展中国特色社会主义的坚定性、恒久性。

（二）思想

大会主题所指示的"全面贯彻新时代中国特色社会主义思想"，就是要求在新时代新征程必须全面贯彻习近平新时代中国特色社会主义思想。党的二十大报告对此作出全面部署。

（三）精神

继在庆祝中国共产党成立 100 周年大会上习近平总书记提出并号召继承发扬伟大建党精神后，党的二十大主题写入了"弘扬伟大建党精神"的要求，新修改的党章载入了伟大建党精神"坚持真理、坚守理想，践行初心、担当使命，不怕牺牲、英勇斗争，对党忠诚、不负人民"的内涵，这是党在自己最高权力机关及最高章程上的庄严宣示，明确回答了党以什么样的精神状态走好新

的赶考之路的重大问题，不仅是贯穿大会报告的重要红线，也是今后党的全部理论和实践的重要遵循。

（四）现代化

“现代化”即“全面建设社会主义现代化国家”。这一重要主题彰显了当前和今后一个时期党的中心任务。党的二十大庄严宣告：“从现在起，中国共产党的中心任务就是团结带领全国各族人民全面建成社会主义现代化强国、实现第二个百年奋斗目标，以中国式现代化全面推进中华民族伟大复兴。”“中国式现代化”成为这次大会的重要标识。

（五）复兴

在党的二十大主题中，前后用了三个“全面”，即“全面贯彻新时代中国特色社会主义思想”“全面建设社会主义现代化国家”“全面推进中华民族伟大复兴”。第一个“全面”规定了新时代党的创新科学理论的指导地位，第二个“全面”规定了新时代新征程的中心任务，第三个“全面”规定了党在新时代新征程的奋斗目标。大会主题中的前两个“全面”，以及报告全文使用的其他一百多个“全面”，都是为了实现“全面推进中华民族伟大复兴”这一根本目标。

（六）团结奋斗

“团结奋斗”是党的二十大主题的鲜明特色。除了在主题中要求“为全面建设社会主义现代化国家、全面推进中华民族伟大复兴而团结奋斗”外，“团结奋斗”一词还体现在党的二十大报告的标题、导语、正文、结束语各个部分。报告全文共使用 7 次“团结奋斗”、27 次“团结”，突出表达了这次大会的主基调。

三、深入学习领悟过去五年工作和新时代十年伟大变革的重大意义，增强新时代大学生民族自豪感

过去五年和新时代以来的十年，在党和国家发展进程中极不寻常、极不平凡。习近平总书记在党的二十大报告中全面回顾总结了过去五年的工作和新时代十年的伟大变革，深刻指出新时代十年的伟大变革，在党史、新中国史、改革开放史、社会主义发展史、中华民族发展史上具有里程碑意义。学习宣传、贯彻落实党的二十大精神，必须深入学习领悟过去五年工作和新时代十年伟大

变革的重大意义，坚定历史自信、增强历史主动，自觉在思想上政治上行动上同以习近平同志为核心的党中央保持高度一致。

党的二十大报告在总结党的十九大以来五年工作基础上，用“三件大事”、三个“历史性胜利”高度概括新时代十年走过的极不寻常、极不平凡的奋斗历程，从 16 个方面全面回顾党和国家事业发展取得的举世瞩目的重大成就，从 4 个方面总结提炼新时代十年伟大变革的里程碑意义。新时代十年的伟大变革，充分证明中国特色社会主义道路不仅走得对、走得通，而且走得稳、走得好。

四、深刻领会“两个结合”是推进马克思主义中国化时代化的根本途径，加强新时代大学生弘扬中华优秀传统文化教育

党的二十大报告提出，中国共产党为什么能，中国特色社会主义为什么好，归根到底是马克思主义行，是中国化时代化的马克思主义行。100 多年来，我们党洞察时代大势，把握历史主动，进行艰辛探索，坚持解放思想和实事求是相统一、培元固本和守正创新相统一，把马克思主义基本原理同中国具体实际相结合、同中华优秀传统文化相结合，不断推进理论创新、进行理论创造，不断推进马克思主义中国化时代化，带领中国人民不懈奋斗，中华民族迎来了从站起来、富起来到强起来的伟大飞跃，实现中华民族伟大复兴进入了不可逆转的历史进程。

马克思主义理论不是教条，而是行动指南。习近平总书记在党的二十大报告中指出：“我们坚持以马克思主义为指导，是要运用其科学的世界观和方法论解决中国的问题，而不是要背诵和重复其具体结论和词句，更不能把马克思主义当成一成不变的教条。”坚持和发展马克思主义，必须同中国具体实际相结合。100 多年来，我们党把坚持马克思主义和发展马克思主义统一起来，既始终坚持马克思主义基本原理不动摇，又根据中国革命、建设、改革实际，创造性地解决自己的问题，不断开辟马克思主义中国化时代化新境界。坚持和发展马克思主义，必须同中华优秀传统文化相结合。只有植根本国、本民族历史文化沃土，马克思主义真理之树才能根深叶茂。中华优秀传统文化源远流长、博大精深，是中华文明的智慧结晶，其中蕴含的天下为公、民为邦本、为政以德、革故鼎新、任人唯贤、天人合一、自强不息、厚德载物、讲信修睦、亲仁

善邻等，是中国人民在长期生产生活中积累的宇宙观、天下观、社会观、道德观的重要体现，同科学社会主义核心价值观主张具有高度契合性。中国共产党之所以能够领导人民成功走出中国式现代化道路、创造人类文明新形态，很重要的一个原因就在于植根中华文化沃土，不断推进马克思主义中国化时代化，推动中华优秀传统文化创造性转化、创新性发展。

五、牢牢把握全面建设社会主义现代化国家开局起步的战略部署，指引新时代大学生守正创新促发展

党的二十大站在党和国家事业发展的制高点，科学谋划了未来五年乃至更长时期党和国家事业发展的目标任务和大政方针，发出了全面建设社会主义现代化国家、全面推进中华民族伟大复兴的动员令。

“全面建成社会主义现代化强国，总的战略安排是分两步走：从二〇二〇年到二〇三五年基本实现社会主义现代化；从二〇三五年到本世纪中叶把我国建成富强民主文明和谐美丽的社会主义现代化强国。”党的二十大对全面建成社会主义现代化强国两步走战略安排进行了宏观展望，又围绕统筹推进“五位一体”总体布局、协调推进“四个全面”战略布局，从 11 个方面对未来五年工作作出全面部署，全面构建了推进社会主义现代化建设的实践体系。特别是把教育科技人才、全面依法治国、维护国家安全和社会稳定单列部分进行具体安排，充分体现了抓关键、补短板、防风险的战略考量，是党中央基于新的战略机遇、新的战略任务、新的战略阶段、新的战略要求、新的战略环境做出的科学判断和战略安排，必将引领全党全国各族人民有效应对世界之变、时代之变、历史之变，推动全面建设社会主义现代化国家开好局、起好步。

六、深入把握党的二十大关于文化和旅游工作的部署要求，推动文旅融合高质量发展

党的二十大作出推进文化自信自强、铸就社会主义文化新辉煌的重大战略部署，要准确把握社会主义文化建设的指导思想和原则目标、战略重点和主要任务以及中国立场和时代要求。

（一）要准确把握社会主义文化建设的指导思想和原则目标

报告指出：“全面建设社会主义现代化国家，必须坚持中国特色社会主义

文化发展道路，增强文化自信，围绕举旗帜、聚民心、育新人、兴文化、展形象建设社会主义文化强国，发展面向现代化、面向世界、面向未来的，民族的科学的大众的社会主义文化，激发全民族文化创新创造活力，增强实现中华民族伟大复兴的精神力量。”报告明确提出了社会主义文化建设的根本指导思想、基本原则和奋斗目标，坚持为人民服务、为社会主义服务，以社会主义核心价值观为引领，发展社会主义先进文化，弘扬革命文化，传承中华优秀传统文化，满足人民日益增长的精神文化需求，巩固全党全国各族人民团结奋斗的共同思想基础，不断提升国家文化软实力和中华文化影响力。

（二）要准确把握社会主义文化建设的战略重点和主要任务

党的二十大报告提出了建设具有强大凝聚力和引领力的社会主义意识形态、广泛践行社会主义核心价值观、提高全社会文明程度、繁荣发展文化事业和文化产业、增强中华文明传播力影响力五个方面的战略任务，准确把握、全面落实好这些战略重点和主要任务，对于推进文化自信自强，铸就社会主义文化新辉煌具有重要基础支撑作用。

（三）要准确把握社会主义文化建设的中国立场和时代要求

党的二十大报告指出：“中华优秀传统文化源远流长、博大精深，是中华文明的智慧结晶。”要把马克思主义基本原理与中华优秀传统文化相结合，不断推进马克思主义中国化，增强中华文明的传播力和影响力。

（四）以文塑旅、以旅彰文、推进文化和旅游深度融合发展

党的二十大报告明确提出：“加大文物和文化遗产保护力度，加强城乡建设中历史文化保护传承，建好用好国家文化公园。坚持以文塑旅、以旅彰文，推进文化和旅游深度融合发展。”这些重要论述，为文旅行业把握新发展阶段，贯彻新发展理念，构建新发展格局，推动高质量发展点明了方向，指明了路径，是未来 5 年乃至更长一段时间内文旅行业融合发展实践的根本遵循和行动指南，对文旅行业实现理念重构和实践创新具有非常重要的现实指导意义。

七、深刻把握团结奋斗的新时代要求，为文旅行业培养高素质人才

在党的二十大上，习近平总书记宣示新时代新征程党的使命任务，发出了全面建设社会主义现代化国家、全面推进中华民族伟大复兴的动员令。从现在

起，中国共产党的中心任务就是团结带领全国各族人民全面建成社会主义现代化强国、实现第二个百年奋斗目标，以中国式现代化全面推进中华民族伟大复兴。

美好的蓝图需要埋头苦干、团结奋斗才能变为现实。习近平总书记的铿锵宣示充满信心和力量——“党用伟大奋斗创造了百年伟业，也一定能用新的伟大奋斗创造新的伟业”。让我们更加紧密地团结在以习近平同志为核心的党中央周围，全面贯彻习近平新时代中国特色社会主义思想，坚定信心、同心同德，埋头苦干、奋勇前进，深入贯彻落实党的二十大精神和党中央决策部署，为全面建设社会主义现代化国家、全面推进中华民族伟大复兴而团结奋斗，在新的赶考之路上向历史和人民交出新的优异答卷！

相关链接1

关于党的二十大报告，必须知道的“关键词”

2022 年 10 月 16 日，中国共产党第二十次全国代表大会开幕，习近平代表第十九届中央委员会向大会作报告。一起学习报告里的这些“关键词”。

【大会的主题】

大会的主题是：高举中国特色社会主义伟大旗帜，全面贯彻新时代中国特色社会主义思想，弘扬伟大建党精神，自信自强、守正创新，踔厉奋发、勇毅前行，为全面建设社会主义现代化国家、全面推进中华民族伟大复兴而团结奋斗。

【三个“务必”】

中国共产党已走过百年奋斗历程。我们党立志于中华民族千秋伟业，致力于人类和平与发展崇高事业，责任无比重大，使命无上光荣。全党同志务必不忘初心、牢记使命，务必谦虚谨慎、艰苦奋斗，务必敢于斗争、善于斗争，坚定历史自信，增强历史主动，谱写新时代中国特色社会主义更加绚丽的华章。

【极不寻常、极不平凡的五年】

党的十九大以来的五年，是极不寻常、极不平凡的五年。党中央统筹中华民族伟大复兴战略全局和世界百年未有之大变局，就党和国家事业发展作出重大战略部署，团结带领全党全军全国各族人民有效应对严峻复杂的国际形势和接踵而至的巨大风险挑战，以奋发有为的精神把新时代中国特色社会主义不断推向前进。

【三件大事】

十年来，我们经历了对党和人民事业具有重大现实意义和深远历史意义的三件大事：一是迎来中国共产党成立一百周年，二是中国特色社会主义进入新时代，三是完成脱贫攻坚、全面建成小康社会的历史任务，实现第一个百年奋斗目标。

【新时代十年的伟大变革】

新时代十年的伟大变革，在党史、新中国史、改革开放史、社会主义发展史、中华民族发展史上具有里程碑意义。

【归根到底是两个“行”】

实践告诉我们，中国共产党为什么能，中国特色社会主义为什么好，归根到底是马克思主义行，是中国化时代化的马克思主义行。拥有马克思主义科学理论指导是我们党坚定信仰信念、把握历史主动的根本所在。

【中国共产党的中心任务】

从现在起，中国共产党的中心任务就是团结带领全国各族人民全面建成社会主义现代化强国、实现第二个百年奋斗目标，以中国式现代化全面推进中华民族伟大复兴。

【中国式现代化】

中国式现代化，是中国共产党领导的社会主义现代化，既有各国现代化的共同特征，更有基于自己国情的中国特色。

——中国式现代化是人口规模巨大的现代化。

——中国式现代化是全体人民共同富裕的现代化。

——中国式现代化是物质文明和精神文明相协调的现代化。

——中国式现代化是人与自然和谐共生的现代化。

——中国式现代化是走和平发展道路的现代化。

中国式现代化的本质要求是：坚持中国共产党领导，坚持中国特色社会主义，实现高质量发展，发展全过程人民民主，丰富人民精神世界，实现全体人民共同富裕，促进人与自然和谐共生，推动构建人类命运共同体，创造人类文明新形态。

【全面建设社会主义现代化国家开局起步的关键时期】

未来五年是全面建设社会主义现代化国家开局起步的关键时期。

【五个“坚持”】

我国发展进入战略机遇和风险挑战并存、不确定难预料因素增多的时期，各种“黑天鹅”“灰犀牛”事件随时可能发生。我们必须增强忧患意识，坚持底线思维，做到居安思危、未雨绸缪，准备经受风高浪急甚至惊涛骇浪的重大考验。前进道路上，必须牢牢把握以下重大原则。

——坚持和加强党的全面领导。

——坚持中国特色社会主义道路。

——坚持以人民为中心的发展思想。

——坚持深化改革开放。

——坚持发扬斗争精神。

【加快构建新发展格局】

必须完整、准确、全面贯彻新发展理念，坚持社会主义市场经济改革方向，坚持高水平对外开放，加快构建以国内大循环为主体、国内国际双循环相互促进的新发展格局。

【发展经济着力点】

坚持把发展经济的着力点放在实体经济上，推进新型工业化，加快建设制造强国、质量强国、航天强国、交通强国、网络强国、数字中国。

【实施科教兴国战略】

必须坚持科技是第一生产力、人才是第一资源、创新是第一动力，深入实施科教兴国战略、人才强国战略、创新驱动发展战略，开辟发展新领域新赛道，不断塑造发展新动能新优势。

坚持创新在我国现代化建设全局中的核心地位。完善党中央对科技工作统一领导的体制，健全新型举国体制，强化国家战略科技力量，优化配置创新资源，提升国家创新体系整体效能。

【全过程人民民主】

全过程人民民主是社会主义民主政治的本质属性，是最广泛、最真实、最管用的民主。必须坚定不移走中国特色社会主义政治发展道路，坚持党的领导、人民当家作主、依法治国有机统一。

【全面依法治国】

全面依法治国是国家治理的一场深刻革命，关系党执政兴国，关系人民幸福安康，关系党和国家长治久安。必须更好发挥法治固根本、稳预期、利长远的保障作用，在法治轨道上全面建设社会主义现代化国家。

【文化自信自强】

全面建设社会主义现代化国家，必须坚持中国特色社会主义文化发展道路，增强文化自信，围绕举旗帜、聚民心、育新人、兴文化、展形象建设社会主义文化强国，发展面向现代化、面向世界、面向未来的，民族的科学的大众的社会主义文化，激发全民族文化创新创造活力，增强实现中华民族伟大复兴的精神力量。

【为民造福】

治国有常，利民为本。为民造福是立党为公、执政为民的本质要求。必须坚持在发展中保障和改善民生，鼓励共同奋斗创造美好生活，不断实现人民对美好生活的向往。

【完善分配制度】

坚持按劳分配为主体、多种分配方式并存，构建初次分配、再分配、第三次分配协调配套的制度体系。努力提高居民收入在国民收入分配中的比重，提高劳动报酬在初次分配中的比重。坚持多劳多得，鼓励勤劳致富，促进机会公平，增加低收入者收入，扩大中等收入群体。规范收入分配秩序，规范财富积累机制，保护合法收入，调节过高收入，取缔非法收入。

【推动绿色发展】

大自然是人类赖以生存发展的基本条件。尊重自然、顺应自然、保护自然，是全面建设社会主义现代化国家的内在要求。必须牢固树立和践行绿水青山就是金山银山的理念，站在人与自然和谐共生的高度谋划发展。

【总体国家安全观】

国家安全是民族复兴的根基，社会稳定是国家强盛的前提。必须坚定不移贯彻总体国家安全观，把维护国家安全贯穿党和国家工作各方面全过程，确保国家安全和社会稳定。

【新安全格局】

我们要坚持以人民安全为宗旨、以政治安全为根本、以经济安全为基础、以军事科技文化社会安全为保障、以促进国际安全为依托，统筹外部安全和内部安全、国土安全和国民安全、传统安全和非传统安全、自身安全和共同安全，统筹维护和塑造国家安全，夯实国家安全和社会稳定基层基础，完善参与全球安全治理机制，建设更高水平的平安中国，以新安全格局保障新发展格局。

【开创国防和军队现代化新局面】

实现建军一百年奋斗目标，开创国防和军队现代化新局面。

如期实现建军一百年奋斗目标，加快把人民军队建成世界一流军队，是全面建设社会主义现代化国家的战略要求。必须贯彻新时代党的强军思想，贯彻新时代军事战略方针，坚持党对人民军队的绝对领导，坚持政治建军、改革强军、科技强军、人才强军、依法治军，坚持边斗争、边备战、边建设，坚持机械化信息化智能化融合发展，加快军事理论现代化、军队组织形态现代化、军事人员现代化、武器装备现代化，提高捍卫国家主权、安全、发展利益战略能力，有效履行新时代人民军队使命任务。

【坚持和完善“一国两制”，推进祖国统一】

“一国两制”是中国特色社会主义的伟大创举，是香港、澳门回归后保持长期繁荣稳定的最佳制度安排，必须长期坚持。

坚持贯彻新时代党解决台湾问题的总体方略，牢牢把握两岸关系主导权和主动权，坚定不移推进祖国统一大业。

解决台湾问题是中国人自己的事，要由中国人来决定。我们坚持以最大诚意、尽最大努力争取和平统一的前景，但决不承诺放弃使用武力，保留采取一切必要措施的选项，这针对的是外部势力干涉和极少数“台独”分裂分子及其分裂活动，绝非针对广大台湾同胞。国家统一、民族复兴的历史车轮滚滚向前，祖国完全统一一定要实现，也一定能够实现！

【人类命运共同体】

中国提出了全球发展倡议、全球安全倡议，愿同国际社会一道努力落实。我们真诚呼吁，世界各国弘扬和平、发展、公平、正义、民主、自由的全人类共同价值，促进各国人民相知相亲，尊重世界文明多样性，以文明交流超越文明隔阂、文明互鉴超越文明冲突、文明共存超越文明优越，共同应对各种全球性挑战。中国人民愿同世界人民携手开创人类更加美好的未来。

【新时代党的建设新的伟大工程】

全面建设社会主义现代化国家、全面推进中华民族伟大复兴，关键在党。我们党作为世界上最大的马克思主义执政党，要始终赢得人民拥护、巩固长期执政地位，必须时刻保持解决大党独有难题的清醒和坚定。全党必须牢记，全面从严治党永远在路上，党的自我革命永远在路上，决不能有松劲歇脚、疲劳厌战的情绪，必须持之以恒推进全面从严治党，深入推进新时代党的建设新的伟大工程，以党的自我革命引领社会革命。

【五个“必由之路”】

全党必须牢记，坚持党的全面领导是坚持和发展中国特色社会主义的必由之路，中国特色社会主义是实现中华民族伟大复兴的必由之路，团结奋斗是中国人民创造历史伟业的必由之路，贯彻新发展理念是新时代我国发展壮大的必由之路，全面从严治党是党永葆生机活力、走好新的赶考之路的必由之路。

【战略性工作】

青年强，则国家强。当代中国青年生逢其时，施展才干的舞台无比广阔，实现梦想的前景无比光明。全党要把青年工作作为战略性工作来抓，用党的科学理论武装青年，用党的初心使命感召青年，做青年朋友的知心人、青年工作的热心人、青年群众的引路人。

资料来源：人民网·中国共产党新闻网.

相关链接2

9个重要表述，带你理解高质量

习近平在党的二十大报告中提出，必须完整、准确、全面贯彻新发展理念，坚持社会主义市场经济改革方向，坚持高水平对外开放，加快构建以国内大循环为主体、国内国际双循环相互促进的新发展格局。

中国式现代化

报告原文

在新中国成立特别是改革开放以来长期探索和实践基础上，经过十八大以来在理论和实践上的创新突破，我们党成功推进和拓展了中国式现代化。

中国式现代化，是中国共产党领导的社会主义现代化，既有各国现代化的共同特征，更有基于自己国情的中国特色。

高水平社会主义市场经济体制

报告原文

构建高水平社会主义市场经济体制。坚持和完善社会主义基本经济制度，毫不动摇巩固和发展公有制经济，毫不动摇鼓励、支持、引导非公有制经济发展，充分发挥市场在资源配置中的决定性作用，更好发挥政府作用。

现代化产业体系

报告原文

建设现代化产业体系。坚持把发展经济的着力点放在实体经济上，推进新型工业化，加快建设制造强国、质量强国、航天强国、交通强国、网络强国、数字中国。

乡村振兴

报告原文

全面推进乡村振兴。坚持农业农村优先发展，坚持城乡融合发展，畅通城乡要素流动。扎实推动乡村产业、人才、文化、生态、组织振兴。全方位夯实粮食安全根基，牢牢守住十八亿亩耕地红线。深化农村土地制度改革，赋予农民更加充分的财产权益。保障进城落户农民合法土地权益，鼓励依法自愿有偿转让。

区域协调发展

报告原文

促进区域协调发展。深入实施区域协调发展战略、区域重大战略、主体功能区战略、新型城镇化战略，优化重大生产力布局，构建优势互补、高质量发展的区域经济布局和国土空间体系。

高水平对外开放

报告原文

推进高水平对外开放。稳步扩大规则、规制、管理、标准等制度型开放。加快建设贸易强国。营造市场化、法治化、国际化一流营商环境。推动共建“一带一路”高质量发展。有序推进人民币国际化。深度参与全球产业分工和合作，维护多元稳定的国际经济格局和经贸关系。

新领域新赛道

报告原文

必须坚持科技是第一生产力、人才是第一资源、创新是第一动力，深入实施科教兴国战略、人才强国战略、创新驱动发展战略，开辟发展新领域新赛道，不断塑造发展新动能新优势。

共同富裕

报告原文

我们要实现好、维护好、发展好最广大人民根本利益，紧紧抓住人民最关心最直接最现实的利益问题，坚持尽力而为、量力而行，深入群众、深入基层，采取更多惠民生、暖民心举措，着力解决好人民群众急难愁盼问题，健全基本公共服务体系，提高公共服务水平，增强均衡性和可及性，扎实推进共同富裕。

和谐共生

报告原文

大自然是人类赖以生存发展的基本条件。尊重自然、顺应自然、保护自然，是全面建设社会主义现代化国家的内在要求。必须牢固树立和践行绿水青山就是金山银山的理念，站在人与自然和谐共生的高度谋划发展。

资料来源：http://finance.people.com.cn/n1/2022/1018/c1004-32547280.html.

相关链接3

高举中国特色社会主义伟大旗帜
为全面建设社会主义现代化国家而团结奋斗
——在中国共产党第二十次全国代表大会上的报告（节选）

八、推进文化自信自强，铸就社会主义文化新辉煌

全面建设社会主义现代化国家，必须坚持中国特色社会主义文化发展道路，增强文化自信，围绕举旗帜、聚民心、育新人、兴文化、展形象建设社会

主义文化强国，发展面向现代化、面向世界、面向未来的，民族的科学的大众的社会主义文化，激发全民族文化创新创造活力，增强实现中华民族伟大复兴的精神力量。

我们要坚持马克思主义在意识形态领域指导地位的根本制度，坚持为人民服务、为社会主义服务，坚持百花齐放、百家争鸣，坚持创造性转化、创新性发展，以社会主义核心价值观为引领，发展社会主义先进文化，弘扬革命文化，传承中华优秀传统文化，满足人民日益增长的精神文化需求，巩固全党全国各族人民团结奋斗的共同思想基础，不断提升国家文化软实力和中华文化影响力。

（一）建设具有强大凝聚力和引领力的社会主义意识形态

意识形态工作是为国家立心、为民族立魂的工作。牢牢掌握党对意识形态工作领导权，全面落实意识形态工作责任制，巩固壮大奋进新时代的主流思想舆论。健全用党的创新理论武装全党、教育人民、指导实践工作体系。加强全媒体传播体系建设，塑造主流舆论新格局。健全网络综合治理体系，推动形成良好网络生态。

（二）广泛践行社会主义核心价值观

社会主义核心价值观是凝聚人心、汇聚民力的强大力量。弘扬以伟大建党精神为源头的中国共产党人精神谱系，用好红色资源，深入开展社会主义核心价值观宣传教育，深化爱国主义、集体主义、社会主义教育，着力培养担当民族复兴大任的时代新人。推动理想信念教育常态化制度化，持续抓好党史、新中国史、改革开放史、社会主义发展史宣传教育，引导人民知史爱党、知史爱国，不断坚定中国特色社会主义共同理想。用社会主义核心价值观铸魂育人，完善思想政治工作体系，推进大中小学思想政治教育一体化建设。坚持依法治国和以德治国相结合，把社会主义核心价值观融入法治建设、融入社会发展、融入日常生活。

（三）提高全社会文明程度

实施公民道德建设工程，弘扬中华传统美德，加强家庭家教家风建设，加强和改进未成年人思想道德建设，推动明大德、守公德、严私德，提高人民道德水准和文明素养。统筹推动文明培育、文明实践、文明创建，推进城乡精神文明建设融合发展，在全社会弘扬劳动精神、奋斗精神、奉献精神、创造精神、勤俭节约精神，培育时代新风新貌。加强国家科普能力建设，深化全民阅读活动。完善志愿服务制度和工作体系。弘扬诚信文化，健全诚信建设长效机制。发挥党和国家功勋荣誉表彰的精神引领、典型示范作用，推动全社会见贤思齐、崇尚英雄、争做先锋。

（四）繁荣发展文化事业和文化产业

坚持以人民为中心的创作导向，推出更多增强人民精神力量的优秀作品，培育造就大批德艺双馨的文学艺术家和规模宏大的文化文艺人才队伍。坚持把社会效益放在首位、社会效益和经济效益相统一，深化文化体制改革，完善文化经济政策。实施国家文化数字化战略，健全现代公共文化服务体系，创新实施文化惠民工程。健全现代文化产业体系和市场体系，实施重大文化产业项目带动战略。加大文物和文化遗产保护力度，加强城乡建设中历史文化保护传承，建好用好国家文化公园。坚持以文塑旅、以旅彰文，推进文化和旅游深度融合发展。广泛开展全民健身活动，加强青少年体育工作，促进群众体育和竞技体育全面发展，加快建设体育强国。

（五）增强中华文明传播力影响力

坚守中华文化立场，提炼展示中华文明的精神标识和文化精髓，加快构建中国话语和中国叙事体系，讲好中国故事、传播好中国声音，展现可信、可爱、可敬的中国形象。加强国际传播能力建设，全面提升国际传播效能，形成同我国综合国力和国际地位相匹配的国际话语权。深化文明交流互鉴，推动中华文化更好走向世界。

资料来源：http://www.gov.cn/xinwen/2022-10/25/content_5721685.htm.

模块一

旅游业的历史与当下

单元1 什么是旅游——旅游的概述

背景研习

岁月更迭，沧桑巨变。从先人第一次仰望星空心生向往到如今，人类对外部世界的探索和对旅行的热衷从未停止。《世界旅游经济趋势报告（2023）》指出，2022年全球旅游总人数达到95.7亿人次，全球旅游总收入达到4.6万亿美元，比2021年增长了0.7%。报告预测，2023年全球旅游总人数将达到107.8亿人次，全球旅游总收入将达到5.0万亿美元。《世界旅游城市未来发展议程（2021—2030）》中提出一个研判：未来10年是世界旅游从疫后复苏转向更新、变革，最后走向繁荣发展的重要时期。

项目研习

学习目标

1. 在了解旅游产生过程的基础上，掌握旅游的定义；能理解旅游与旅行、游览之间的联系和区别，能掌握旅游的属性、特点和类型及当今旅游组织的情况；能理解“绿水青山就是金山银山”理念的内涵和重大意义。

2. 在完成相应学习任务中，培养学生思考问题、解决问题的能力。

3. 初步了解旅游，树立旅游从业者的信心。

内容结构

- 什么是旅游——旅游的概述
  - 项目1 旅游的产生
    - 一、人类旅行源于迁徙
    - 二、经商旅行孕育旅游的因子
    - 三、享乐旅行标志着旅游的诞生
    - 四、旅游的产生源于人类意识的发展、精神需求的提高和经济条件的成熟
  - 项目2 旅游的定义和要素
    - 一、旅游的定义
    - 二、旅游与旅行、游览之间的关系
    - 三、旅游的要素
  - 项目3 旅游的属性与特点
    - 一、旅游的属性
    - 二、旅游的特点
  - 项目4 旅游的类型
    - 一、按旅游区域划分
    - 二、按旅游目的划分
    - 三、按费用来源划分
    - 四、新型专项旅游
  - 项目5 旅游组织
    - 一、国际性的旅游组织
    - 二、我国的旅游组织
  - 项目6 旅游业践行“绿水青山就是金山银山”理念
    - 一、“绿水青山就是金山银山”理念的科学内涵
    - 二、把握“绿水青山就是金山银山”理念的深远意义
    - 三、旅游业践行“两山”理论

知识与技能

项目1　旅游的产生

➢活动呈现

讲述你最有趣的一次旅游经历。

➢方法指引

在交流分享中形成对旅游的初步认识。

➢学习内容

从历史的角度看，人类的旅游活动大致经历了三大发展阶段，即古代旅行、近代旅游和现代旅游。

一、人类旅行源于迁徙

“旅行”一词自古就有，《礼记·曾子问》中有“三年之丧练，不群立，不旅行”。在这里，旅行的意思是成群结队地行走。

一般人认为，原始社会没有旅游，只有迁徙活动。此时，人类以松散的团体组织，依靠采集、狩猎等集体劳动并共同分享劳动产品而延续生命。而采猎生活受自然环境的影响也最直接，人类只能不停地迁徙，四处寻找适宜的生存环境。可见，迁徙与旅行是有区别的，迁徙的目的是为求生存而不是消遣游玩；迁徙是离开原来的居住地而不是暂时离开。但从客观上讲，“迁徙”与“旅行”却有共同的外部特征——空间移动。所以这种迁徙活动，才极大地拓展了原始人的视野，为人类旅行意识的产生和发展奠定了基础。

【思考与交流】

迁徙活动算不算人类早期的旅行活动？为什么？

二、经商旅行孕育旅游的因子

旅行，是人们出于迁徙以外的任何目的，可以是经商、学习，也可以是旅游，离开自己的常住地到异地做短暂停留并按原计划返回的行为。旅行与迁徙有区别，与旅游也有区别，旅游包括旅行和游览。有旅游必定有旅行，有旅行不一定有旅游：旅游者同时是旅行者，旅行者不一定是旅游者。

旅行作为一种经济活动，产生于原始社会末期，它是伴随商业活动的兴起而产生的。在早期人类历史上，有三次社会大分工。第一次是畜牧业与农业的分离；第二次是手工业从农业、畜牧业中分离出来；第三次是原始社会末期和奴隶社会早期，商业从农业、畜牧业和手工业中分离出来。人类最初的外出旅行实际上并非消闲和度假活动，而是人们出于现实主义和产品交换或经商的需要而产生的一种经济活动。所以说经商旅行孕育着旅游的因子。《尚书·酒诰》中描述了殷人商业旅行的状况，“天下攘攘，皆为利往；天下熙熙，皆为利来”，给后人留下“殷人重贾”的印象。可见，早在殷商时期，物资的流动交换很快便成为一种重要的社会职能。综观历史上遗留下来的诸多著名旅行线路，如“丝绸之路”“香料之路”“琥珀之路”“食盐之路”等，都是这类活动踏出的足迹。所以，联合国及世界旅游组织在很多研究报告中曾指出，在最初的年代中，主要是商人开创了旅行的通路。

人类的旅游行为虽然孕育于人类的迁徙和旅行行为中，但迁徙和旅行都不是真正意义上的旅游行为。

三、享乐旅行标志着旅游的诞生

享乐旅行是指出自消遣娱乐和享受人生价值的需要而进行的非功利性的旅行活动。在古代的这种享乐旅行，有的自开始就具有非功利性的享乐目的；更多的则是在经商或其他功利性目的的旅行过程中，留出一段时间所进行的游览观光活动。享乐旅行标志着旅游的诞生，意味着旅行的分离，它实质上就是具有现代旅游意义和本质特征的古代旅游活动。

四、旅游的产生源于人类意识的发展、精神需求的提高和经济条件的成熟

人的生存意识、社会意识、精神文化意识等，是随着人类自身的进化和社会历史的发展而产生和发展的。享乐旅行或旅游就是在人类文化意识得到发展，特别是审美意识的发展和精神生活需求的提高后的一种需求。同时，人类的任何活动都不能单凭个人的意志而随心所欲，必须符合历史发展的条件，并在一定的历史条件下进行。在这个历史条件下，经济条件起决定作用。即人们只有在衣、食、住、行等基本生存条件得到保障的基础上，才会产生外出旅游的享乐念头。

综上所述，旅游是在人类自身的进化和社会发展历程中产生的，其产生的基础条件是人类意识的发展、精神需求的提高，以及社会、经济、文化的发展。从个人角度来看，旅游者的产生是追求自身价值实现的文化意识和经济条件成熟的结果。所以，旅游是超出生存需要而具有享受性的一种社会活动。

从整个人类历史角度来看，原始社会的末期产生了人类具有自觉目的的旅

行；而具有现代意义的旅游活动是文明社会的产物，即形成于人类社会、经济、文化发展到一定历史阶段的阶级社会中，并首先在世界文明古国中出现。

【思考与交流】

德国哲学家费尔巴哈曾说，皇宫中的人所想的，和茅屋中的人所想的是不同的。请结合这句话谈谈对旅游产生的基础条件的认识。

项目 2　旅游的定义和要素

➢活动呈现

讨论旅游是什么。

➢方法指引

通过思考、讨论、总结引导学生获取对旅游的初步知识。

➢学习内容

随着历史和社会的发展，旅游活动的内涵和外延也在不断地拓展，人们对其的认识也越来越深入。游览、旅行和旅游三者之间有区别但也存在联系，而对于现代旅游，又涉及行程过程中的方方面面。

一、旅游的定义

对旅游的定义，不同的学者有不同的见解，目前国际上流行的旅游定义和概念有 30 余种。无论哪一种定义，旅游学界已经在旅游本质问题上形成了这样一个基本共识，即“余暇 + 异地 + 休闲体验”三个要素加在一起，才是构成“旅游本质”的决定性要素，而不是其中任何单一要素决定着旅游的本质，同时也不必再附加其他任何元素。

本书引用张凌云教授的定义，旅游是指人们利用余暇时间离开常住地到异地进行的一种休闲体验活动，以及在这个活动过程中所发生的一切关系和现象的总和。旅游的本质就是以获得人身的自由感、精神上的解放感和特定需要的满足感——身心愉悦感受为主要目的的一种特殊生活经历。

二、旅游与旅行、游览之间的关系

旅游与旅行、游览之间的区别表现在：①旅游是指排除功利目的的旅行和游览相结合，通过消遣娱乐以获得精神上愉快感受的一种社会活动。②旅行是指人们在空间上从一个地方到另一个地方的行进过程，其目的性更加广泛。③游览是一种边走边看，即具有“步移景异”功能和动静相结合的活动形式，游览既可以在人们的常住地进行，也可以在异地进行。

旅游、游览、旅行之间的联系在于：旅行是旅游的前提或手段，游览才是旅游的目的和内容。

【思考与交流】

说一说，游览、旅行、旅游之间的联系和区别。

三、旅游的要素

旅游的内容是以“游”为主，融“食、住、行、游、购、娱”为一体的综合性的社会活动。但是，随着旅游市场需求的持续升级和旅游产业融合的不断演进，旅游传统“六要素”已经远远滞后于旅游产业实践，亟待进行旅游要素的拓展与丰富。因此，鉴于旅游产业发展是一个层次递进、螺旋上升的过程，可将旅游要素分为旅游基础要素与旅游发展要素。

旅游基础要素是应对旅游市场与活动的根本要素，是旅游者最低、最原始的旅游需求；旅游发展要素是应对旅游产业新需求和新常态的拓展新要素，是旅游者在满足了较低层次和较原始的需求后，提出的更高层次的旅游需要（见表 1-2-1）。

表 1-2-1 旅游要素构成

旅游要素	内容	地位
旅游基础要素	食、厕、住、行、游、购、娱	最低、最原始的旅游需求
旅游发展要素	文、商、养、学、闲、情、奇	更高层次的旅游需求

旅游发展七要素中，将“文”作为一个旅游发展要素，并置于旅游发展“七要素”之首，是由于文化是旅游魅力所在，旅游的各个环节都应具有文化内涵。此外，“文”也指文化旅游，如鉴赏异国异地传统文化、追寻文化名人

遗踪或参加当地举办的以文化活动为目的的旅游等。

“商”指商务旅游，包括商务旅游、会议旅游、奖励旅游等旅游新需求、新要素。随着国内外经济社会发展，商务往来和商务活动越发频繁，商务旅游已经成为旅游业的一个重要细分市场。北京、上海、天津、广州、三亚等基础设施较为完备的城市已经成为商务旅游、会议会展的优选地，中国正向全球第一大商务旅游市场全力冲刺。

“养”指养生旅游，包括养生、养老、养心、体育健身等健康旅游新需求、新要素。随着我国人均可支配收入不断提高和人口老龄化、亚健康日渐普遍，人民对健康养生的需求充分释放，养生旅游作为康养与旅游融合产生的新业态应运而生，深受游客青睐。数据显示，未来 5 年，养生旅游市场规模将呈快速增长态势，年复合增长率有望达到 20%。

“学”指研学旅游，包括修学旅游、科考、培训、拓展训练、摄影、采风、各种夏令营及冬令营等活动。当前，研学旅游不仅受到学生及家长的广泛关注，而且许多职场青年也逐渐加入此行列中，以提高自身素养；研学旅游目的地已经从国内走向世界各地；研学旅游的内容也从最初的观光游览发展到社会调查、寄宿家庭等多种体验。

“闲”指的是休闲度假，包括乡村休闲、都市休闲、度假等各类休闲旅游新产品和新要素，是未来旅游发展的方向和主体。我国已进入“大众旅游”时代，度假休闲、放松身心日益成为广大游客的重要需求，如以农家乐、渔家乐、牧家乐、洋家乐、生态农庄等为代表的一系列休闲度假产品受到人们的追捧。

“情”指情感旅游，包括婚庆、婚恋、纪念日旅游、宗教朝觐等各类精神和情感的旅游新业态、新要素。旅游业是幸福导向、快乐导向的产业，列为“五大幸福产业”之首，情感旅游也是广大游客获得主观幸福感的直接方式之一。时下，随着人们消费水平的提高，以及思想意识、价值观念的转变，以情感为主题、以“追求幸福”为主要目标的旅游产品，受到许多游客的喜爱。据了解，当前我国新婚蜜月市场规模每年约 1.2 万亿元。

“奇”指探奇，包括探索、探险、探秘、游乐、新奇体验等探索性的旅游新产品、新业态。在大众旅游时代，随着游客出游频度、广度、深度的不断增加，以及出游经验的不断丰富，部分旅游爱好者们已经不满足于普通形式的旅游活动，徒步、登山、骑行、攀岩、探秘等深度体验类旅游方式渐受青睐。目前，市场上此类旅游产品种类繁多，如高山徒步、森林探险、沙漠跋涉、洞穴探秘、极地体验等，均具有一定的游客规模。

拓展出“文、商、养、学、闲、情、奇”旅游发展新七要素，是基于现阶段中国旅游发展实践的总结。随着旅游业的不断升级，今后还会拓展出更新、更多的旅游发展要素，这是旅游业蓬勃发展的大趋势。

【知识拓展】

新十四大旅游要素

习近平总书记指出，旅游是传播文明、交流文化、增进友谊的桥梁，是人民生活水平提高的一个重要指标。而厕所是文明的重要窗口，是旅游过程中必不可少的基本要素，是一个国家和地区文明程度的重要体现。在2017年全国旅游工作会议上，国家旅游局提出，在“食、住、行、游、购、娱”六要素基础上，提出新的六要素——商、养、学、闲、情、奇，并增加“厕”和“文”，形成新十四大旅游要素。

项目3 旅游的属性与特点

➢**活动呈现**

学习马斯洛需要层次理论（见图1-3-1），讨论旅游活动的要素与属性。

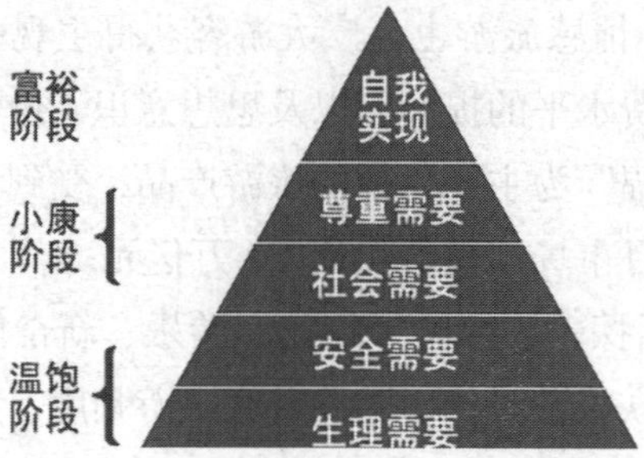

图1-3-1 马斯洛需要层次理论

➢方法指引

介绍马斯洛需要层次理论，分小组讨论分析旅游活动的要素及属性。

➢学习内容

旅游是人类社会历史、文化、经济等发展到一定阶段的产物，具有社会属性、文化属性、休闲属性、消费属性。

一、旅游的属性

（一）旅游的社会属性

旅游需求存在于一定的社会环境和条件中，在不同的社会条件下，受到时代的强烈影响。例如，“中国古代的旅游就好像是中国文化的一面折光镜，在这面镜子里，或隐或显地反映出时代文化的影子，或强或弱地袒露着中国文化的灵魂。先秦的朦胧，魏晋的颓废，隋唐的高昂，明清的恬静”，以至于20世纪60年代在西方兴起的追逐“3S”和今天普遍倡导的生态旅游，无不反映了不同时代、不同社会在旅游价值观方面的变化。

如今的中国社会，越来越多的人已乐于将旅游作为业余生活的首选，其中包括一些经济并不宽裕，但能通过节衣缩食或其他机会去旅游的人士。而且现代旅游在旅游动机、目的和方式上越来越趋于细分化、多样化和个性化。这种旅游价值观的变化，其主要根源也在于社会的发展进步促使人们的人生观、价值观发生了相应的变化。

除此以外，旅游作为一种社会活动，还具有明显的社会交往的属性。这种社会交往可以是跨地区的、跨国界的，甚至是世界范围的。通过自由的旅游活动，人们结交新朋友、增长见识，实现情感上的交流，增进友谊等。因此，在现代国际交往中，旅游得名“民间外交”的美誉，对于增进不同地区及不同国界之间的了解、推动世界和平有着一定的积极作用。

（二）旅游的文化属性

旅游是一项具有文化性的产业。早在1981年，经济学家于光远就指出，旅游不仅是一种经济生活，而且也是一种文化生活；旅游业不仅是一种经济事业，而且是一种文化事业。旅游产品开发和经营只有体现出清晰的文化特征才能促进旅游消费，实现经济目标。

1. 旅游者的文化本质

旅游作为一种跨时空的消费活动，它的广泛出现是经济发展驱使的结果，但一个人能否成为旅游者更需要内在的动因，正如先秦思想家墨子所讲的，“食必常饱，然后求美；衣必常暖，然后求丽；居必常安，然后求乐”。人类在基本生存需求满足之后，随着收入的增长，必然追求更高的物质享受和精神享受。但是，旅游活动更是文化驱使的结果。从历史发展的观点看，经济发展固然为社会进步提供了物质基础，但是社会发展最根本的是社会文化与观念的革命。“二战”以后世界范围内旅游活动的兴盛，从客观条件来看，是全球经济恢复、繁荣的结果，从深层次来看，是文化观念转变的结果。

2. 旅游资源的文化含量

旅游资源按基本成因和属性，总体上可分为自然资源和人文资源两大类。人文旅游资源，无论是实物形态的文物古迹还是无形的民族风情、社会风尚，均属于文化的范畴。由各种自然环境、自然要素、自然物质和自然现象构成的自然景观，只有经过人为的开发利用，才能由潜在旅游资源变为现实的旅游资源。即使是自然美，也必须通过鉴赏来反映和传播，而鉴赏是一种文化活动，因此，自然旅游资源同样也具有文化性。

3. 旅游业的文化特征

旅游的文化特征还渗透在各旅游部门的运行过程中，现代旅游饭店不是简单地提供膳食的场所，而是集食宿、社交、娱乐、审美等功能于一体的综合性场所。旅游业的发展必然以社会生产力和科学技术设备作为后盾，而科学技术属于社会文化的范畴。现代化的旅游设施更离不开先进的科学技术设备。同时，不同国家、民族和地区的旅游设施，必然具有异族历史的、艺术的、建筑的、美术及雕塑等方面的内容，因而就具有异族文化的特色。

综上所述，旅游是一种社会文化的实践，是一定社会文化的产物，它必然随着社会文化的不断发展而使旅游的文化内涵更加丰富，如文化旅游、文物古迹旅游、民俗风情旅游等。我国有 56 个民族，各个民族都有自己的文化，人们求异的心理促使人们到异地去旅游。

（三）旅游的休闲属性

旅游所具有的休闲属性是由以下几个方面决定的。

第一，旅游的目的表现为借助各种可以娱情悦性的活动达到审美体验。这显然区别于为谋生而进行的劳动，也不同于为维持生存而必须从事的活动，而与出自社交目的所进行的应景往来也有区别。

第二，旅游是发生于自由时间的行为。虽然在自由时间中人可以从事任何乐于从事的事情，但通常人们都利用自由时间从事一些积极的休闲活动，如文化学习、体育锻炼、文化娱乐、培养爱好、社会交往、旅游与消遣等。与其他休闲方式相比，人们在开展旅游活动时有一个明显的特点，即用于旅游的自由时间相对集中和完整。

第三，从旅游的活动构成上看，旅游这种休闲行为实际上又是众多的休闲活动的再组合。换言之。旅游是生活的休闲阶段。旅游者在目的地停留期间，除了满足生理需要的活动之外，所有其他活动几乎是休闲行为，包括观光、游览、与人交往、听广播和音乐、阅读书报、聊天、室内消遣、体育锻炼、观看节目演出、参加俱乐部活动等。

（四）旅游的消费属性

旅游是人们生活水平提高、超出生存需要的一种高级消费形式。所谓高级消费，主要是就旅游消费水平和消费结构而言的。旅游的主要目的在于游览，但必须和衣、食、住、行等物质消费，以及游览、娱乐等一系列的劳务消费有机结合，才能实现完美的旅游愿望。几乎所有的研究都证实，旅游者在旅游过程中的消费具有明显的挥霍倾向。哪怕是一生节俭的人，一旦身在旅途，可能就表现得一反常态地慷慨大方。随着社会物质文明和精神文明的高度发展，人们的消费观念、消费结构必将产生相应的变化，因而，旅游就会成为人们生活的必需。

【思考与交流】

在泰国曼谷皇恩大酒店的大厅中供奉着象面菩萨（泰国佛教中的菩萨），这说明旅游具有什么属性？你是如何理解的？

二、旅游的特点

（一）旅游的大众性

世界经济的发展、科学技术的进步，以及人们生活水平的提高、余暇时间的增多、人们交往的日益频繁，促使现代旅游朝着大众化的方向发展，使旅游真正成为一种大众性的旅游活动。2016 年国务院政府工作报告提出：落实带薪假期制度，加强旅游交通、景区景点、自驾车营地等设施建设，规范旅游市场秩序，迎接正在兴起的大众旅游时代。

（二）旅游的连带性

旅游业本身作为旅游者与资源之间的桥梁，要提供包括食、厕、住、行、游、购、娱等各个方面的一体化服务，提供多种多样的旅游产品满足旅游者多样化的旅游需要，这决定了旅游业的产品是众多企业共同作用的产物。同时，旅游业也是个综合的产业，对其他产业具有较强的带动效应，能带动交通运输、商业服务、建筑业、邮电、金融、轻工业、外贸等相关产业的投资和发展，从而促进整个经济的发展。这些不同类型的企业，按照传统的产业划分标准分别属于若干相对独立的行业，但为旅游者提供产品和服务的业务纽带将它们联系在一起，形成旅游业内部各企业间的横向联系。随着旅游活动不断向纵深方向发展，旅游业连带的综合性特点会越来越显著。

（三）旅游的敏感性

旅游很容易受到外界的影响，如政府的政策、地区的政策，以及整个旅游途经地区的气候、交通工具、社会环境等。我们经常看到由于天气恶劣影响了交通，旅游者无法按照计划到达目的地的情况。国家的节假日也影响旅游者出行，潜在旅游者可能由于工作、生活等多方面原因取消旅游活动。另外，自然灾害、政治事变、公共安全事件和经济危机所造成的各种危机事件等也会影响旅游者的旅游计划。

（四）旅游的季节性

人类旅游活动在时间层面上呈现季节的特点，这是旅游业、旅游产品与其他产品的不同之处。旅游活动的类型多样化，旅游资源的季节差异性，旅游者休闲时间的不均衡性等，使得旅游者选择不同的时间出游。例如，海滨度假游，往往是在气候适宜而由于度假者居住地的气候形成反差的季节比较盛行，滑雪旅游、冰灯观赏等冬季的旅游项目则是在冬季气候比较寒冷的时候比较火爆，而农业采摘游等更具有时令性。某些人文旅游资源，如民族、民间的节庆活动和某些宗教纪念日也有一定的时间（季节）性。

旅游的季节性给旅游企业的经营带来了很大的困难，旅游旺季时，旅游接待能力不足，而旅游淡季时，旅游接待能力闲置。所以，旅游企业会利用旅游差价来调节淡旺季，旺季时调高价格，让一些旅游者错开旅游高峰期，淡季时调低价格，吸引有闲暇时间的旅游者。

（五）旅游的文化性

文化，是旅游的灵魂，始终蕴含在旅游活动中，表现出极大的魅力。旅游者进行旅游，本质上也是购买文化、消费文化、享受文化。但是，旅游文化并不是旅游和文化的简单相加，而是一种全新的文化形态，是环绕旅游活动有机形成的物质文明和精神文明的总和。它以一般文化的内在价值为依据，以食、住、行、游、购、娱六大要素为依托，以旅游主体、旅游客体、旅游中介间的相互关系为基础，始终作用于旅游活动整个过程之中。

【思考与交流】

说一说，旅游地应如何降低旅游活动季节性带来的影响？

项目 4　旅游的类型

➢活动呈现

晓东一家三口在暑假期间分别有一次旅游活动。晓东爸爸随单位考察团去了新疆，晓东妈妈陪姥姥回了一次山东老家，而晓东则参加了学校的夏令营，到北京参观了一番。你认为晓东一家三口的旅游类型相同吗，为什么？

➢方法指引

从晓东一家的旅游目的方面加以思考、讨论，初步了解旅游的类型。

➢学习内容

旅游业经过 100 多年的发展，已经成为一种复杂的社会现象。旅游活动的差异性、多样性、特色性表现得越来越突出，因此，旅游活动具有多种类型。人们出于不用的研究目的，往往会采用不同的划分标准或依据。目前国内外对旅游的类型未有比较确切统一的划分方法，这里按照统计需要和惯例及与时俱进的需要，对旅游做以下分类。

一、按旅游区域划分

按旅游区域划分，可划分为国际旅游和国内旅游。世界旅游发展史表明，旅游活动是按照由近及远、先国内后国外的规律发展的。可以说，国内旅游是国际旅游的先导，而国际旅游是国内旅游发展的必然。

（一）国际旅游

指一个国家的居民跨越国界到另一个国家或几个国家进行的旅游活动，包括本国居民到他国（地区）所进行的旅游活动，即出境旅游；也包括他国（地区）的居民到本国进行的旅游活动，即入境旅游。根据旅游活动的范围和距离长短，国际旅游又分为跨国旅游、洲际旅游和环球旅游。

需要特别说明的是，在我国的旅游统计资料中，港澳台地区居民到内地（大陆）地区旅游或者内地（大陆）居民赴港澳台地区旅游，被称为入境旅游。

（二）国内旅游

指一个国家的居民在其国家的境内所进行的旅游活动。根据旅游距离的远近，国内旅游又可分为地方性旅游、区域性旅游和全国性旅游三种形式。

（1）地方性旅游。一般是指当地居民在本地的短期旅游。实际上是一种短时间、近距离的参观游览活动，多数和节假日的娱乐活动相结合，时间短、活动项目较少，常是亲朋好友自发组织或家庭式、小集体的旅游方式，如成都到新津区花舞人间的一日游。

（2）区域性旅游。指离开居住地到邻近地区、周边省市的旅游活动，如成都到西安的旅游活动。

（3）全国性旅游。主要指跨省份的旅游，如从北京经南京、苏州、上海、杭州、福建、厦门等一线的旅游活动，都属于全国性旅游。

【思考与交流】

分组讨论国内旅游活动与国际旅游活动之间的差别（从地理范围、便利程度、经济影响三个方面去思考）。

二、按旅游目的划分

按旅游目的划分，可分为以下六大类型。

（1）休闲、娱乐、度假类。属于这一类旅游活动的有观光旅游、度假旅游、娱乐旅游等。

（2）探亲、访友类。这是一种以探亲访友为主要目的的旅游活动。

（3）商务、专业访问类。属于这一类的旅游活动有商务旅游、公务旅游、会议旅游、修学旅游、考察旅游、专项旅游等。也可将奖励旅游归入这一类，因为奖励旅游与游客个人职业及所在单位的经济活动存在紧密关系。

（4）健康医疗类。主要指体育旅游、保健旅游、生态旅游等。

（5）宗教朝圣类。主要指宗教界人士进行的以朝圣、传经布道为主要目的的旅游活动。

（6）其他类。上述五类没有包括的其他旅游活动，如探险旅游等。

【思考与交流】

度假旅游有哪些特点？

三、按费用来源划分

根据旅游过程中支付费用的来源，可将旅游活动分为自费旅游、公费旅游、奖励旅游和公益旅游等。

（1）自费旅游。即旅游费用全部由旅游者个人承担的旅游活动。

（2）公费旅游。即全部或大部分旅游费用由政府机构、企事业单位或社会团体承担的旅游活动。

（3）奖励旅游。即企事业单位为奖励业绩突出或有较大贡献的职工而组织的免费旅游活动。奖励旅游开始于20世纪60年代的美国，某些企业以表彰业绩突出的销售人员而组织的免费旅游，将其视为奖励员工的一种手段，后被各国各企事业单位效仿。在旅游活动中一般包含会议、培训、旅游、宴会等内容，有利于企业团队建设，增强凝聚力。

（4）公益旅游。即由社会团体组织或个人自发组织，在旅游过程中承担一些社会公益责任或服务的旅游形式，费用由社会团体承担或自费承担。比如，参加以保护野生动物为目的的公益救助旅游。

四、新型专项旅游

新型旅游是相对于传统旅游而言的，既有对传统旅游形式的深化、延伸和细分，又有新开发的旅游项目。其特点是更能适应和满足新时期旅游者更具个性化和参与性的旅游需求。

（一）现代旅游农庄

传统的乡村旅游包括观光旅游、休闲农业旅游和生态农业旅游。它是指以农业（包括乡村文化）资源为对象的观光、度假、娱乐、康乐、民俗、科考、访祖等的复合型旅游活动。而现代旅游农庄是现代乡村旅游的一种形式，是一种特殊的农业生态旅游载体。一般位于城市近郊的乡村，利用农村中现有的高山、湖泊、菜地、果园等资源开发新建的融游客参观农业景观、参与农事劳作、体验农村情趣等为一体的一种传统农业与旅游业相结合而产生的一种新兴的旅游项目。

【思考与交流】

谈谈去农家乐的感受，讨论一下农庄旅游的发展趋势。

（二）现代工业旅游

我国是工业大国，工业旅游资源类型全、覆盖面广，如海尔工业园、长春一汽、青岛啤酒博物馆、西昌卫星发射中心等。工业旅游区别于其他旅游项目的最大特点就是知识性强、科技含量高。对游客来说，工业旅游能满足游客观光、求知、体验、采购等多方面的需求。特别是在研学旅行如火如荼开展的背景下，很多工业企业将工业旅游与研学旅行结合，为中小学生提供更多可看可听的互动体验（见图 1-4-1），让学生获得更多具有产业特色的文化感知，丰富学生的精神文化生活，增强学生的爱国意识，提高学生的综合素质。

图 1-4-1 参观工业生产线

【知识拓展】

工业旅游的兴起，最早是在欧洲的法国，20 世纪 50 年代，法国雪铁龙汽车制造公司开始策划让消费者和游客免费参观他们的汽车装配现场，引起许多厂家的效仿，逐渐形成了一种“时尚”。法国人喜欢汽车，因此汽车制造企业是参观人数最多的企业之一。雷诺、标致、雪铁龙三大汽车公司所属的工厂每年接待的游客达 20 万人次。法国的酿酒、香水、食品以及各类手工艺品企业，参观者也都十分踊跃。

【思考与交流】

说一说，以后人们旅游的方式会如何变得“更聪明”？

（三）智慧旅游——“旅游 + 互联网”

2015 年，国家旅游局发布了《关于实施“旅游 + 互联网”行动计划》的通知，此后全国各省市纷纷跟进出台具体的地方行动计划，大数据、物联网、云服务等互联网关键词不断出现在地方旅游业的发展规划中，智慧旅游成为全国旅游业发展的一大趋势。

“旅游 + 互联网”就是要以旅行者的体验感受为核心关注点，以解决旅游目的地的信息化诉求为目标，以旅游管理机构的政策要求为方向指引，针对旅游行业特点，制定智慧旅游信息化解决方案。据原国家旅游局预计，“十三五”期间，我国在线旅游交易覆盖总人数和市场总规模将翻两番，有望突破 6 亿人次和 1 万亿元。2015 年“旅游 + 互联网”大会提出，未来 5 年，中国“旅游 + 互联网”将在三大方面实现深度融合和创新发展，有望创造“3 个 1 万亿红利”，成为新常态下扩大内需、推动经济发展的新动能。旅游业和互联网，特别是和移动互联网的融合，将最大限度地满足旅游消费者对旅游信息和旅游消费便捷化的需求，进而推动我国旅游产业的创新发展和转型升级。

【思考与交流】

看图 1–4–2 讨论“旅游 + 互联网”到底能做什么？

图 1-4-2　旅游与行业的关系

（四）文化旅游

文化旅游是指通过旅游实现感知、了解、体察人类文化具体内容的目的的行为过程，泛指以鉴赏异国异地传统文化、追寻文化名人遗踪或参加当地举办的各种文化活动为目的的旅游。寻求文化享受已成为当前旅游者的一种风尚。通过文化旅游，旅游者可以获得富有文化内涵和深度参与的旅游体验。

中国文化旅游可分为四个层面，即以文物、史记、遗址、古建筑等为代表的历史文化层；以现代文化、艺术、技术成果为代表的现代文化层；以居民日常生活习俗、节日庆典、祭祀、婚丧、体育活动和衣着服饰等为代表的民俗文化层；以人际交流为表象的道德伦理文化层。在我国，发展旅游业，开展文化旅游是相当重要的，它不仅可以增强产品吸引力，提高经济效益，还可大力弘扬中国文化，让世界了解中国，同时也可改变越来越多的中国人不懂中国文化这一状况。

（五）房车旅游

房车旅游是一种以房车为载体的新型旅游方式。这种旅游方式将旅游和生活完全结合起来，行在路上，乐在其中。在美国、欧洲，房车已经有 40 多年的历史，早已经是人们休闲旅游甚至生活中的一部分（见图 1-4-3）。国外房车消费的主要目的是旅行、打猎、钓鱼等，将家安在轮子上体现的是一种个性化的生活方式。

图 1-4-3 房车

【思考与交流】

房车有哪些种类？房车旅游有哪些优势？

（六）养老旅游

养老旅游是指老年旅游者在连续时间不超过一年，且不以获取经济利益为目的的异地养老过程中所发生的一切现象和关系的总和。

2022 年，中国 60 岁及以上老年人口已达 2.8 亿，预计 2030 年将达到 3.5 亿。老年人日渐注重提高自己的生活质量和健康水平，希望在有生之年享受生活的乐趣。各种原因导致大部分老人成为“空巢家庭”的现实和传统居家养老观念的转变，更增强了老人外出旅游的欲望，旅游养老、异地养老逐渐成为老年人提高生活质量的重要方式。所以，我国养老旅游市场是具有较大开发潜力的市场，这对旅游行业来说，不仅是一个机遇更是一种挑战。只有针对老年市场的特殊性及老年人的消费特征开发出丰富的养老旅游产品，满足各层次的老年旅游者的需求，才能在激烈的竞争中谋求更广阔的发展空间。

（七）研学旅行

研学旅行是由学校根据区域特色、学生年龄特点和各学科教学内容需要，组织学生通过集体旅行、集中食宿的方式走出校园，在与平常不同的生活中拓宽视野、丰富知识，加深与自然和文化的亲近感，增加对集体生活方式和社会公共道德的体验。

研学旅行继承和发展了我国传统游学“读万卷书，行万里路”的教育理念和人文精神，成为素质教育的新内容和新方式，有利于提升中小学生的自理能力、创新精神和实践能力。

中国旅游研究院 2023 年 3 月发布的《中国研学旅行发展报告 2022—2023》显示，研学旅行的参与者从中小学生不断扩展到学龄前儿童、大学生以及成年人、老年人等群体，呈现出更加广阔的发展空间。

【思考与交流】

你们想去研学旅行吗？在研学旅行前要做哪些准备？

新视角 · 低空旅游

（八）低空旅游

当下低空旅游热度非凡，但什么是低空旅游却无准确定义。翻阅民航规章，并无“低空旅游”的提法，与之相关的是飞行体验、空中游览和非定期载客运输飞行。空中游览是指按照 CCAR–91 部 H 章商业非运输运营人运行合格审定，并申请空中游览运行种类，配备商照驾驶员，在本场半径 40 公里范围内开展的观摩飞行。

低空旅游的观赏对象，可分为三类：①城市型游览。主要是对城市建筑（如北京鸟巢、水立方，纽约自由女神像）、地标性景观（如上海黄浦江等）和城市夜景（如日本东京）的空中游览，但城市运行会带来噪声和安全方面的问题。②景区型游览。主要是在自然景观地，使用航空器开展空中俯瞰或穿越飞行，由于景区往往远离城市，因此噪声影响不大，但路途比较遥远。③旅游交通型。以通用航空短途运输的方式连接两个人口密集区，沿途赏景。

（九）露营旅游

露营旅游是指旅游者离开人口密集的区域，来到空旷、人类活动少的自然环境，利用帐篷、睡袋、汽车旅馆、房车等住宿设施进行露宿活动，并体验与参与营地内其他休憩、娱乐活动。近几年，“赏花 + 露营”“房车 + 露营”“露天音乐会 + 露营”“旅拍 + 露营”等众多特色精致露营产品受到游客追捧，露营旅游项目如火如荼。露营旅游火爆的原因一方面是露营旅游作为一种低成本、环保、自由、健康的旅游方式，可以促进生态环境的保护和可持续发展。另一方面是人们的旅游个性化需求彰显，追求可以在户外露营的帐篷完成过夜旅游的模式已成常态，露营成为很多人的新奇选择。

我国的露营文化旅游发展迅速，但目前还处于起步阶段，配套还不完善，如外置电源、饮用水的配置、垃圾的收储，包括污水的排放等目前都比较缺乏，露营旅游还有很长的发展之路。

项目 5　旅游组织

➢活动呈现

讲出一个带有“找到组织”字句的最有趣或发人深思的短故事。明确各种组织的存在价值。

➢方法指引

通过小组讨论和讲解，从小故事当中感受组织的重要性、组织的职责等，从而以积极的心态看待处理与旅游“组织”的关系。

➢学习内容

旅游组织根据不同种类、职能、性质等可划分为多种类型，这里仅选择几种做简要论述。

一、国际性的旅游组织

（一）世界旅游组织（World Tourism Organization，UNWTO）

世界旅游组织正式成立于 1975 年，总部设在西班牙的马德里，最早由国际官方旅游宣传组织联盟（IUOTPO）发展而来。从 2005 年起，世界旅游组织的英文缩写由原来的“WTO”改为“UNWTO”，以与世界贸易组织（WTO: World Trade Organization）加以区别。世界旅游组织是联合国组织所属的全球唯一的政府间旅游组织，是一个全面涉及旅游事务的国际性最高权力决策机构，现共有 160 个正式会员国和 6 个联系成员，我国于 1983 年 10 月 5 日被该组织接纳为第 106 个成员国。

世界旅游组织的宗旨是促进和发展旅游事业，使之有利于经济发展，国际相互了解、和平与繁荣，以及不分种族、性别、语言或宗教信仰，尊重人权和人的基本自由，并强调在贯彻这一宗旨时，要特别注意发展中国家在旅游事业方面的利益。

世界旅游组织的最高权力机构是全体成员大会，每两年召开一次会议。世界旅游组织下设六个地区性委员会，即欧洲、美洲、东亚与太平洋、非洲、中东、南亚委员会。其主要任务是负责执行全体大会及执行委员会的决议和建议。

世界旅游组织每年都推出一个“世界旅游日”的主题口号。以便突出一个旅游宣传的重点。世界各国根据这一口号的精神，开展旅游宣传，从而推动世界旅游业的共同发展。

【知识拓展】

联合国世界旅游组织第 24 届全体大会圆满闭幕

2021 年 12 月 3 日，联合国世界旅游组织（UNWTO）第 24 届会议完成了所有议程，在西班牙马德里圆满闭幕。来自 135 个成员国的 1000 余名代表以线上或线下形式参会。

本届会议是中文正式成为联合国世界旅游组织官方语言后召开的首次会议。大会重点关注了通过创新、教育和旅游促进乡村发展。中华人民共和国文化和旅游部部长胡和平在会议上作视频发言，他表示，中国将秉持习近平主席提出的“始终做世界和平的建设者、全球发展的贡献者、国际秩序的维护者”正确理念，一如既往积极支持、参与联合国世界旅游组织工作，深化与各成员国合作交流，分享发展机遇、发展经验。欢迎联合国世界旅游组织适时在华设立亚太地区办事处，期待中文作为官方语言发挥更大作用，中国愿坚持共商共建共享理念，与各成员国开放包容、互学互鉴、携手发展。

会议听取了国际旅游业发展趋势报告和执行委员会、各专业委员会报告，审议了有关项目、财务和人力资源报告。联合国世界旅游组织现任秘书长祖拉布·波洛利卡什维利成功连任，任期至 2025 年。会议期间，由中华人民共和国文化和旅游部推荐的浙江余村和安徽西递村成功获评“最佳旅游乡村”。乌兹别克斯坦获得了 2023 年联合国世界旅游组织第 25 届全体大会承办权。

（二）世界旅游联盟

世界旅游联盟（WTA）由中国发起成立，是第一个全球性、综合性、非政府、非营利国际旅游组织。联盟总部和秘书处设在中国杭州，截至目前，共有 227 个会员，包括中国、美国、法国、德国、日本、澳大利亚、马来西亚、巴西等 41 个国家和地区。2017 年 12 月 17 日，世界旅游联盟（WTA）在京与浙江省政府签订战略合作文件，世界旅游联盟总部正式落户杭州萧山湘湖。

世界旅游联盟以“旅游让世界更美好”为核心理念，是全球范围内旅游机构与有关人士间协商合作的非政府、非营利性国际组织，为全球旅游业界搭建了一个共商、共建、共享的平台。它以旅游促进发展、旅游促进减贫、旅游促进和平为目标，加强全球旅游业界的国际交流，增进共识、分享经验、深化合作，推动全球旅游业可持续、包容性发展。世界旅游联盟有 89 个创始会员单位，包括中国香港和澳门企业成员单位在内的 60 个境外会员单位的占比超过 60%。加入世界旅游联盟，中国旅游业将获得更具国际化的视野，同时也将承担更具国际化的责任，这对中国旅游业而言，是机遇，也是挑战。

中国社科院旅游研究中心秘书长金准说，世界旅游联盟的成立，标志着全球旅游业的几个重大转变。

第一是进一步推进旅游的全球化。在反全球化声音甚嚣尘上之际，旅游业给出了有力的反驳，联盟的成立意味着在全新的全球政经、科技、社会体系下旅游业界的响应，世界旅游业正联起手来，共建世界旅游合作机制，共推大业。

第二是进一步彰显全球旅游格局的转变。世界旅游格局已经不再是西方大国主导的格局，亚太板块的崛起、中等收入国家的崛起、新兴旅游国家的崛起有力地改变了传统旅游格局，并促成了新的旅游联盟的形成。

第三是进一步推进世界旅游业的共治。随着世界旅游联盟的成立，全球旅游治理体系将得到进一步的完善，一些亟待世界旅游业联起手来共同治理的课题，如生态促进、扶贫改进、资源保护、防范恐怖主义冲击等，都将有新的力量来助推甚至主导。

【知识拓展】

世界旅游日

世界旅游日

9 月 27 日是“世界旅游日”（World Tourism Day）。世界旅游日是由世界旅游组织确定的旅游工作者和旅游者的节日。1970 年 9 月 27 日，国际官方旅游联盟在墨西哥城举行的特别代表大会上通过了世界旅游组织章程。为纪念这个日子，世界旅游组织第三次代表大会正式把 9 月 27 日定为世界旅游日。

为普及旅游理念，阐明旅游的作用和意义，促进世界旅游业的发展，世界旅游组织从1980年起每年都为世界旅游日确定一个主题，各国旅游组织根据每年主题和要求开展活动。中国于1983年正式成为世界旅游组织成员。

确定世界旅游日的意义在于：发展国际、国内旅游，促进各国文化、艺术、经济、贸易的交流，增进各国人民的相互了解，推动社会进步。世界旅游组织每年都提出宣传口号，世界各国旅游组织根据宣传口号和要求开展活动。

自1985年起，中国在北京、上海、重庆、成都、沈阳等城市设立主会场，并在全国各地设分会场，举办欢庆世界旅游日活动。围绕当年世界旅游组织确定的旅游活动主题开展旅游宣传活动。

二、我国的旅游组织

根据旅游组织的性质、主体分类，我国的旅游组织大体可分为行政、行业和学术团体三种类型。

（一）旅游行政组织

旅游行政组织是指通过对旅游进行组织、领导、控制、协调和监督等一系列活动，行使旅游管理职能，实现对旅游发展进行宏观管理和调控目的的组织。我国的旅游行政组织是政府的一个组成部分，按照管理权限可以划分为国家级、省（直辖市、自治区）及市县级旅游行政机构。

我国旅游行政管理机构的演变历程：1964年成立中国旅行游览事业管理局，是国务院管理全国国际、国内旅游事业的职能部门。1985年，确定选用“铜奔马”（又称“马踏飞燕”“马超龙雀”）作为中国旅游业的图形标志。1993年，国务院决定国家旅游局为国务院直属机构。1998年8月，经国务院批准，国家旅游局开始使用“中华人民共和国国家旅游局”的名称和印章，原名称和印章停止使用。

2018年3月，根据第十三届全国人民代表大会第一次会议批准的国务院机构改革方案，将国家旅游局的职责整合，组建中华人民共和国文化和旅游部，不再保留国家旅游局。

（二）旅游行业组织

1. 中国旅游协会

中国旅游协会是全国性的旅游行业的社会团体，由旅游部门与旅游业有关部门的人员和从事旅游实际工作、研究工作的专家学者组成，于1986年1月

30 日成立。其主要任务是对旅游管理体制及国内外发展态势进行调查和研究，并向国家旅游行政主管部门提出意见和建议；联系和组织旅游行业团体、学术团体和旅游企业进行有关情况的交流和问题的研讨；组织编辑出版旅游刊物和资料，传播国内外在关旅游信息和最新研究成果等。截至目前，协会共有会员单位 3000 余家，其中自有会员 200 余家。

2016 年 2 月，中国旅游协会第六届会员代表大会选举产生了新一届协会领导成员。日常办事机构秘书处内设办公室、财务部、会员部、大型活动部和综合部 5 个部门。

2018 年，中国旅游协会以创新服务为工作重点，围绕“代表和维护全行业的共同利益和会员的合法权益”的指导思想，以会员需求为导向，认真做好各项服务工作。

2. 中国旅游饭店业协会

中国旅游饭店业协会成立于 1986 年 2 月 25 日，经中华人民共和国民政部登记注册，具有独立法人资格，其主管单位为原国家旅游局。是中国境内的饭店和地方饭店协会、饭店管理公司、饭店用品供应厂商等相关单位，按照平等自愿的原则结成的全国性的行业协会。于 1994 年正式加入国际饭店与餐馆协会（IH&RA），并进入其董事会成为五位常务董事之一。

3. 中国旅行社协会

成立于 1997 年 10 月，是由中国境内的旅行社、各地区性旅行社协会等单位，按照平等自愿的原则结成的全国旅行社行业的专业性协会，业经民政部门登记注册的全国性社团组织具有独立的社团法人资格，代表和维护旅行社行业的共同利益和会员的合法权益，努力为会员服务、为行业服务，在政府和会员之间发挥桥梁和纽带作用，为中国旅行社行业的健康发展做出积极贡献。协会接受原国家旅游局的领导、民政部的监督管理和中国旅游协会的业务指导。

另外，还有中国旅游车船协会、中国乡村旅游协会等行业类旅游组织，它们都挂靠原国家旅游局，业务上都受原国家旅游局领导。

（三）旅游学术团体

我国的旅游学术团体主要从事各类旅游理论研究和实践活动，开展影响旅游发展的理论创新思想和方案的研究，解决旅游发展中的现实热点、难点问题。目前主要的旅游学术团体有中国旅游研究院、中国旅游文学研究会等。

项目 6　旅游业践行“绿水青山就是金山银山”理念

➢活动呈现

讲述“绿水青山就是金山银山”理念。

➢方法指引

通过讲述，深刻理解“绿水青山就是金山银山”理念的科学内涵。

➢学习内容

一、“绿水青山就是金山银山”理念的科学内涵

良好生态环境既是最公平的公共产品，也是最普惠的民生福祉。2005 年 8 月 15 日，时任浙江省委书记的习近平同志在浙江省安吉县余村考察时首次提出“绿水青山就是金山银山”理念，生动形象地揭示了经济发展和生态环境保护的关系，指明了实现发展和保护协同共生的新路径。党的十八大以来，以习近平同志为核心的党中央将生态文明建设放到治国理政的重要位置，以“绿水青山就是金山银山”理念为先导，推动我国生态环境保护发生历史性、转折性、全局性变化。

“绿水青山就是金山银山”是习近平总书记统筹经济发展与生态环境保护做出的重要论断，为我们在新时代营造绿水青山、建设美丽中国、转变经济发展方式、建设社会主义现代化强国提供了有力思想指引。更好满足人民日益增长的美好生活需要，推动中国特色社会主义事业行稳致远，需要准确把握“绿水青山就是金山银山”理念蕴含的丰富内涵与深远意义。

二、把握“绿水青山就是金山银山”理念的深远意义

“绿水青山就是金山银山”理念是对马克思主义生态观的时代发展。裨益于科学系统的辩证发展观、生态经济观、民生福祉观和综合治理观的形成和发展，这一理念对于推动解决新时代我国社会主要矛盾，开创新时代中国特色社会主义事业新局面，推动全球生态治理，都将发挥重要影响。

推动解决我国社会主要矛盾，实现人民对美好生活的向往。当前，我国社会主要矛盾已经转化为人民日益增长的美好生活需要和不平衡不充分的发展之间的矛盾。对美好生活的向往，既包括物质生产力和经济效益之间均衡充分的发展、个人物质财富的增长，也包括对美丽和谐的人居环境、生产生活环境的期许。“绿水青山就是金山银山”理念秉承经济发展与生态环境保护相互支撑、互融互促的思维方式，倡导通过发展绿色经济、循环经济、低碳经济助推产业结构优化升级，在转变经济发展方式、推动经济持续发展的同时给人民群众创造更为优越的生活品质。践行这一理念，将在不断推动解决新时代我国社会主要矛盾中实现经济发展与生态环境保护共进共赢，为通往和实现人的全面发展创造必要条件。

建设社会主义生态文明，开创新时代中国特色社会主义事业新局面。“绿水青山就是金山银山”理念是重要的发展理念，也是推进现代化建设的重大原则，为人民群众正确认识和改造自然，建设社会主义生态文明提供理论指引。认真贯彻践行这一理念，不仅有助于创造良好生产、生活环境，更能以绿色生产生活方式突破制约经济社会发展和人民生活水平的环保瓶颈，助推经济结构优化转型。“绿水青山就是金山银山”理念侧重于向人文指标、资源指标、环境指标等社会发展的基本价值维度延展，助力实现经济结构更优、生态环境更好、生活质量更高。这一理念将为建设美丽中国、实现社会主义现代化强国宏伟目标提供源源不绝的内在动力，从而助力开创新时代中国特色社会主义事业新局面。

为全球生态治理提供中国方案、做出中国贡献。以实现资本增殖为核心的资本主义发展观毫无节制地索取自然，其后果必然造成严重的生态环境危机，业已成为世界性难题。“绿水青山就是金山银山”理念坚持以人民为中心，是从根源上化解生态环境危机的新理念。在这一理念中，生态系统获得了相对独立的意义，经济体系与生态体系不再是“主一客”的两分与对立，而是相互促进的统一体。这一理念丰富和拓展了处理世界经济发展与生态环境保护关系的思想和战略，为广大发展中国家破解经济发展中的生态环境难题提供了有益理论借鉴和经验示范，也为推动全球生态治理、化解全球生态危机、维护全球生态安全、构建人与自然和谐共处、清洁美丽的世界贡献了中国智慧和中国方案。

三、旅游业践行“两山”理论

践行“两山”理论，一方面要生态经济化，另一方面要经济生态化。具体体现在以下五方面：一是低碳发展。即以低耗能、低污染、低排放为特征的发展模式促进经济和社会的发展。二是循环发展。即通过循环再利用已用资源的节约理念来发展生产与经济，使自然资源和科学技术形成一个有效利用的大系统。三是环境优美。即保护人民赖以生存的生态环境，空气清新、水质优良、环境优美、人民幸福。四是人民富裕。即劳动人民依赖绿水青山，有较为稳定的收入渠道，生活幸福。五是可持续发展。即社会、经济、人口、资源、环境相互协调和共同发展，是既能相对满足当代人的需求，又不损害后代人需要的空间和资源的发展方式。党的十八大以来，我国旅游业以全域旅游理念推动“旅游+”的融合发展模式，助力精准扶贫，让旅游业成为践行“两山”理论的最好样板。

旅游业是绿水青山的“保护伞”，绿水青山是旅游业的“聚宝盆”。旅游业的核心是旅游资源、旅游设施、旅游服务，如景区景点、旅行社业和餐饮住宿业等。由于旅游业主要满足旅游者进行旅行游览的消费需要，因而旅游行业具有资源消耗低、带动系数大、就业机会多、综合效益好的特性，恰恰是一种绿色消费方式，是生态文明建设的重要载体，国际上称旅游业为“无烟工业”。同时，绿水青山是发展旅游的先决条件。绿水青山是旅游资源，是营造旅游愉悦感的源泉，更是营造良好旅游环境的重要基础，没有绿水青山，旅游业就失去了发展的基础。

发展旅游业既留住了绿水青山又抱回金山银山。2006 年 7 月 29 日，习近平到浙江丽水调研时，在称赞丽水乡村良好生态环境的同时，谆谆告诫当地干部：“守住了这方净土，就守住了‘金饭碗’”。

近年来，我国乡村旅游呈现出开发有力、高潮迭起的发展态势。越来越多的乡村依靠绿水青山，发展绿色经济，带动当地群众就业、创业，铺就通向全面小康的“致富路”。据国务院扶贫办和国家旅游局披露，“十三五”以来，我国通过乡村旅游带动了 17% 以上贫困人口脱贫，旅游脱贫人数达 1200 万人以上。据测算，我国 12.8 万贫困村中至少 50% 具备发展乡村旅游条件，发展乡村旅游的贫困村又可带动 70% 的贫困户脱贫。2016 年中央一号文件指出，要大力发展休闲农业和乡村旅游，依托农村绿水青山、田园风光、乡土文化等资源，大力发展休闲度假、旅游观光、养生养老、创意农业、农耕体验、乡村手工艺等，使之成为繁荣农村、富裕农民的新兴支柱产业，真正把绿水青山变成金山银山。在“两山”理论的发源地浙江省安吉县，当地以建设“美丽乡村”为抓手，依托良好的自然生态环境，重视生态文化、休闲度假、新业态等理念，逐步对乡村旅游进行转型升级，将187个行政村建设成为“村村优美、家家创业、处处和谐、人人幸福”的现代化新农村样板，使安吉成为全国生态环境最优美、村容村貌最整洁、产业特色最鲜明、公共服务最健全、乡土文化最繁荣、农民生活最幸福的地区之一。

旅游业既守护了今天的绿水青山又孕育了明天的金山银山。旅游业是当今世界上发展最快的产业之一，随着我国全面建成小康社会不断推进，城乡居民收入将稳定增长，国家扩大内需的经济发展和加快推动服务业的发展，都为旅游业进一步发展创造新的机遇，这使旅游业具有比较强的持续发展能力和抵抗风险的能力。今天，我们要在旅游产业的框架下把绿水青山先保护起来，把老祖宗留给我们的文化遗产先传承下去，或许这些珍贵的资源并不能立即带来效益，但在旅游产业高速发展的大背景下，今天的绿水青山必将变成明天的金山银山。

【知识拓展】

“两山”理论的安吉实践

浙江安吉余村，风景优美，远近闻名。看到眼前山峦叠翠、流水潺潺，来“打卡”的游客们很难想象，这里曾经因为“靠山吃山”、开矿采石，长期山秃水臭、空气污浊。16年前，时任浙江省委书记习近平在这里提出“绿水青山就是金山银山”。当时，余村停掉了矿山、关掉了水泥厂，开始探索新的发展路子。而今，余村风景好，吃上旅游饭。从村会议室里传播开来的“绿水青山就是金山银山”理念，已成为习近平生态文明思想的重要组成部分，在全国开花结果。

【知识拓展】

陕西石泉：以全域旅游发展践行“两山”理念

近年来，石泉深入践行“两山”理念，把生态旅游作为富民强县的战略性支柱产业，全力创建全域旅游示范区，推动旅游业调结构、转方式、育动能。以全域旅游“一根线”，串起全县多业融合、开放发展新局面。

作为国家重点生态功能区、南水北调中线工程水源涵养地，石泉生态环境优美，文化底蕴深厚。如何将生态人文资源转化为发展优势？石泉牢固树立“绿水青山就是金山银山”的理念，坚定不移走生态优先、绿色发展之路，聚力把旅游业作为富民强县的战略性支柱产业和经济转型升级的主攻方向。

坚持“全域规划、全域布局、全域发展、全域融合”总体要求，石泉实施着力构建共建共享的全域旅游大格局。在规划引领上，高标准编制完成了全域旅游规划，打造以汉江石泉古城为主体的城市旅游休闲体系和游客集散中心、以云雾山为核心的秦岭生态文化康养区、以汉江为轴线的秦巴汉水休闲度假区、以池河金蚕小镇为重点的鎏金铜蚕丝路文化体验区等，形成多点开花、全域景观、全域养生休闲格局。

石泉大力推进碧水、蓝天、宁静、绿色、清洁“五大工程”，不断提升城乡旅游环境质量，先后获得国家卫生县城、国家园林县城、全国休闲农业与乡村旅游示范县等多项荣誉称号。

【知识拓展】

践行“两山”理论的吉林实践

全面践行“绿水青山就是金山银山”“冰天雪地也是金山银山”理念，吉林旅游坚定不移走生态优先、绿色发展之路。紧扣旅游资源的独特性、唯一性，吉林省以建设东部避暑冰雪生态旅游大环线、西部河湖草原湿地旅游大环线为载体，做大做强冰雪经济、避暑休闲产业、红色旅游，为全省经济高质量发展注入强劲动力。

（1）兑现冰天雪地价值，打造新增长点。

牢记习近平总书记的殷殷嘱托，吉林省把冰雪产业作为构建新发展格局、满足人民对美好生活向往的先导产业。省委书记景俊海多次就冰雪经济发展提出重要要求，强调要大力发展冰雪经济，兑现冰天雪地综合价值；要聚焦重点项目，狠抓工作落实，着力培育冰雪经济新动能，打造世界一流冰雪旅游目的地，努力让人民群众生活更加美好……

翻开吉林省的“冰雪答卷”，以“高位推动、政策拉动、项目带动、产业联动、营销促动”组合拳，系统化构建冰雪全产业链的脉络清晰可见。在全国率先出台《关于做大做强冰雪产业的实施意见》；擦亮叫响“温暖相约·冬季到吉林来玩雪”品牌；多部门携手，加大冰雪产业政策、财税政策、金融政策、土地政策等扶持力度；长春、吉林市、长白山、通化等地，找准滑雪娱雪、装备制造、民俗康养等特色定位，将冰雪作为新支柱产业培育；长春冰雪新天地、北山四季越野滑雪场、池西粉雪小镇、万峰通化滑雪场等大项目相继落地；雪地车、无人驾驶全地形车、短式冰雪滑橇、室内滑雪模拟器等冰雪装备在吉林“破茧而出”……短短5年时间，“西冰东雪”吉林冰雪产业格局已经形成。

（2）把握天赐“凉”机，培育避暑经济。

作为全国首批生态省份的吉林，夏季平原平均气温13℃~25℃，东部山地在20℃以下，“夏凉”气候独特，“纳凉”文化悠久。

把握天赐“凉”机，吉林省大力培育避暑休闲产业，凝练“清爽吉林·22℃的夏天”品牌。出台《关于壮大避暑休闲产业的实施意见》，强化产业政策引领，打造森林避暑、滨水体验、避暑康养、避暑名城、避暑地产、休闲农业、休闲文化“七位一体”的避暑休闲核心产业体系；落实《“一主、六双”产业空间布局规划》，建设东部避暑冰雪生态旅游大环线、西部河湖草原湿地旅游大环线，加快构建全省旅游区域协同发展新格局。

贯穿春、夏、秋三季的“吉林消夏避暑全民休闲季”，是体验“清爽吉林·22℃的夏天”的活动载体，也是推动落实全省旅游“双线”的一个重要平台。避暑季期间，“吉字号”旅游产品、吉林非遗节、省内各地数百项消夏避暑活动有机联动，为游客提供有声有色、有滋有味的生态休闲、文化消夏消费选择。

（3）推动红色教育与红色旅游有机融合。

吉林有着悠久的革命历史传统和厚重的红色文化底蕴，承载了中国抗日战争、解放战争等历史，是东北抗日联军的主要战场之一。秉承“宜融则融，能融尽融”原则，吉林省深入挖掘整合红色资源，推动红色教育与红色旅游有机融合。已推出的“抗联精神传承线”“抗联烽火铭记线”“致敬国门线”等红色旅游经典线路，市场认可度和辨识度很高。

项目检测

一、单项选择题

1. 人类旅行观念产生的社会基础和条件是（　）的产生。

A. 农业　　B. 手工业　　C. 商业　　D. 旅游业

2. 旅游最主要的目的是（　）。

A. 游览　　B. 旅行

C. 为获得精神上的愉快感受　　D. 具有包容性

3. “山水无绿不成景，风景无文没有情”说明（　）是一定社会文化环境的化身。

A. 旅游者　　B. 旅游资源　　C. 旅游设施　　D. 管理服务

4.（　）的言谈举止都会表现出一国居民的文化素养，说明管理服务是一定社会文化环境的自我表现形式。

A. 旅游者　　B. 旅游服务人员　　C. 旅游管理人员　　D. 旅游从业人员

5. 2018 年 7 月泰国普吉岛海域下午 5 时许发生的两起翻船事故，导致很多旅游者改变到普吉岛旅游的计划，这说明旅游具有（　）的特点。

A. 消费性　　B. 文化性　　C. 敏感性　　D. 综合性

二、多项选择题

1. 旅游的文化属性体现在（　）。

A. 旅游者的文化本质　　B. 旅游资源的文化含量

C. 旅游业的文化特征　　D. 旅游部门的文化渗透

2. 旅游活动追求的精神上的愉快感受包括（　）。

A. 人身的自由感　　B. 精神上的解放感

C. 特定需要的满足感　　D. 人生的幸福感

3. 旅游的特点有（　）。

A. 大众性　　B. 文化性　　C. 连带性　　D. 季节性

4. 以下能说明旅游具有季节性特点的有（　）。

A. 暑假有许多学校组织教师旅游

B. 国庆假期被称为“黄金周”

C. 旅游者出游随着季节改变而呈现一定的规律性

D. 北京香山秋天旅游的人最多

5. 按旅游目的可将旅游划分为（　）。

A. 国际旅游与国内旅游　　B. 休闲娱乐度假类旅游

C. 探亲访友、商务、专访类旅游　　D. 健康医疗、宗教朝圣类旅游

三、判断题

1. 旅游一经产生，便有了固定统一的定义。（　）

2. 经济因素对旅游者的产生和各国旅游活动的发展一直起决定性的作用。（　）

3. 旅游的消费是比一般的生活更高级的消费形式。（　）

4. 随着旅游活动不断向深度广度的进一步发展，旅游业连带的综合性特点会越来越显著。（　）

5. 文化性是旅游业发展的新亮点，旅游本身的文化功能是内在的。（　）

单元2　旅游发展的前世今生——旅游发展简史

背景研习

人类的旅游活动起源于何时，目前还没有确切的定论，但毫无疑问，旅游并不是随着人类的产生而产生的。旅游是人类的一种高层次的精神文化享受活动。原始社会人类的迁徙活动目的是满足自己生存的需求，更换生存环境，从而改善生存条件，从严格意义上来讲，这种迁徙的行为不属于旅游活动。旅游是人类发展到一定阶段的产物，真正意义上的旅游是19世纪中叶才开始发展起来的。资本主义国家产业革命的成功，在很大程度上促进了经济快速的发展，同时，人们财富的增加、交通工具的改进及城市化进程的加快等一系列有利条件大大地推动了旅游活动的发展，以至于在19世纪中叶诞生了世界上第一家旅行社——托马斯·库克旅行社。该旅行社的出现标志着旅游作为产业开始，也标志着真正意义上旅游活动的开始。

项目研习

学习目标

1. 了解国内外旅游活动发展的历史脉络。

2. 分析并理解产业革命对近代旅游业的影响和推动作用，掌握现代旅游业兴起和发展的原因及特征。

3. 分析并理解我国近代旅游业诞生的历史背景，理解改革开放后我国现代旅游业迅速崛起的原因。

4. 了解四川旅游业发展状况。

5. 了解旅游历史发展进程中的重大事件和著名人物。

6. 在加深对旅游业发展历史的了解中，增强对学习旅游的兴趣。

内容结构

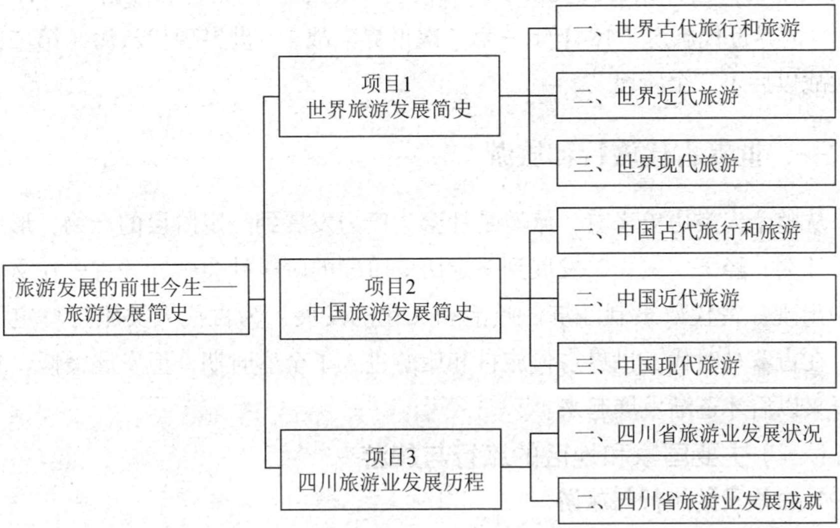

知识与技能

项目1　世界旅游发展简史

➢活动呈现

有人说：产业革命前，人们一直以人力、畜力或自然力来驱动交通工具，几千年来没有太大变化。产业革命使这种状况得到根本改变，出现了新式交通工具——火车和轮船。不仅如此，产业革命还促进了经济的发展、财富的积累。所以，有人认为18世纪中叶开始的产业革命最终把人类推向近代旅游的新阶段。请谈谈产业革命对近代旅游、旅游业产生和发展的影响。

➢方法指引

通过讨论分析，认识到产业革命最终催生了近代旅游和旅游业。

➢学习内容

世界旅游历史的发展，是一个漫长而曲折的过程。纵观人类旅游活动发展的全过程，世界旅游历史发展大体可分为世界古代旅行和旅游（1841 年以前）、世界近代旅游（1841 年—第二次世界大战）、世界现代旅游（第二次世界大战以后）三个阶段。

一、世界古代旅行和旅游

从整个人类历史来看，旅游是社会生产力发展到一定阶段的产物，形成于人类社会、经济、文化、发展到一定历史阶段的阶级社会中，并首先在文明古国中出现。古代奴隶制经济、政治和文化的发展，为古代人类旅行奠定了基础。在古罗马时代，世界古代旅行和旅游进入了全盛时期，但发展缓慢，到文艺复兴以后才逐渐发展起来。

（一）主要国家和地区的旅行与旅游

1. 古埃及的旅行与旅游

古埃及在公元前 3100 年就建立起统一的中央集权的奴隶制国家，由于奴隶制社会经济发达，历代统治者出于政治、军事及其他原因，重视修筑道路，水路交通十分发达。得天独厚的地理位置和发达的交通，使古埃及商务旅行相当发达。古埃及在文字、历法、医学、建筑、雕刻等方面也取得了相当大的成就，吸引了许多学者前来参观学习，由此产生了世界上最早的求学旅游。宗教文化是古埃及文化最重要的组成部分之一。大规模地修建金字塔、神庙和宫殿，每年举行几次重大的宗教集会，吸引了大批宗教信仰者前来朝圣。到埃及新王国时期（公元前 1570—前 1085 年），埃及已成为闻名世界的旅游胜地。

2. 古地中海的旅行与旅游

地中海是西方文明的摇篮，早在公元前 3000 年，腓尼基人就在东部地中海和爱琴海上进行通商贸易，是世界上最早的旅行者，其旅行目的在于贸易。腓尼基人是一个“海上民族”，生活在今黎巴嫩和叙利亚沿海一带，凭借邻海、良港和众多岛屿，发达的手工业，世界领先的造船业等优势，与其他国家进行频繁的商业贸易。因此商务旅行和海上旅行较为发达，在全盛时期他们曾控制了西地中海的贸易。腓尼基人到处周游，西越直布罗陀海峡进入大西洋，东到波斯湾和印度，北至北欧波罗的海沿岸。东方和西方的概念就是由他们最先提出来的，他们把亚洲称为东方，把欧洲称为西方。

3. 古希腊的旅行与旅游

古希腊早在公元前2700年前就建立了奴隶制城邦国家，公元前5世纪达到全盛时期。公元前8世纪以后，随着古希腊的兴盛，城邦通货的交换和希腊语的广为传播这两个国际化因素，为当时的旅行提供了客观条件。公元前5世纪，古希腊奴隶制高度发展，公务、贸易、宗教、考察旅行者络绎不绝。在这些旅行活动中，宗教旅行的发展最为突出。提洛岛、特尔斐和奥林匹斯山是著名的宗教圣地，古希腊最重要的宗教仪式和节日主要在这些地方举行。地处希腊首都西南332公里的奥林匹亚村，是古希腊最著名的宗教圣地，是古代世界七大奇观之一宙斯神像的诞生地。每4年都要举行一次盛大的祭祀宙斯神的活动，同时举办大规模的运动会。每逢会期，人们从四面八方涌向奥林匹亚，观看角斗、赛车、赛跑、赛马等各种竞技运动。凡是到奥林匹亚的观众和参赛者，都要到宙斯庙朝拜、瞻仰宙斯神像。可以说，与宙斯神大祭有关的古代奥林匹克——古希腊竞技会是世界上最早以寻求乐趣为目的的大众性旅游活动。

4. 古罗马帝国的旅行与旅游

公元前753年，横跨欧、亚、非三大洲的古罗马帝国兴起。古罗马帝国幅员辽阔，政治统一，水陆交通发达，铸币流通，希腊语和拉丁语成为官方语言，此时西方古代旅行与旅游达到全盛时期。大约在公元前150年，由于政治和军事目的，开始大规模修建道路，陆路交通高度发达。所谓“条条大路通罗马”，就是对当时古罗马帝国发达的交通网络的形象描述。随着四通八达的公路网的完善，游客不断增多，政府在沿途设置驿站、开设官办旅店，更多的私人旅店也发展起来。这些旅游住宿设施的发展，又反过来推动了旅行人数的增加。随着古罗马帝国一系列军事扩张的胜利，地中海变成了帝国的“内海”，海上运输便发达起来。由于国力强盛，交通发达，国际性的经商活动日益频繁。我国的丝绸也经过著名的“丝绸之路”远销古罗马帝国各地。当时的罗马和希腊都称中国为“塞勒斯”，即丝绸之国。

古罗马帝国当时作为西方文明的代表，成为人们向往之地。在一部分贵族特权阶层中，开始超越商务、宗教界限，以寻求乐趣为目的的旅行活动日渐增多。各地到罗马观光、鉴赏艺术的旅游者络绎不绝。罗马人到希腊、埃及参观庙宇、朝拜宗教圣迹、观赏建筑艺术的旅行游览活动也十分活跃。

5. 古波斯帝国的旅行与旅游

波斯帝国是较早兴起商务旅行的国家。波斯帝国的建立者大流士进行改善和加强全国水陆交通的改革。在帝国境内修若干驿道，形成驿道网，所有的城市和省份都有公路与首都苏萨相连。公元前 6 世纪中叶，波斯帝国修建了两条“御道”，其中最重要的是从都城苏萨到地中海岸以弗所的“御道”，全长 2400 公里，道路两旁建有国王驿馆 110 座，每站备有人马以供轮换。另一条道路起自巴比伦城，穿越伊朗高原，直达巴克特里亚（大夏）和印度边境。外国商人、学者、游客都选择这条道路到东方旅行，成为后来“丝绸之路”西段的基础，为东西方文化交流、贸易往来奠定了基础，为国际性旅游活动做出了巨大贡献。

6. 阿拉伯帝国的旅行与旅游

7 世纪，政教合一的阿拉伯帝国兴起，8 世纪达到极盛时期，旅行活动逐渐得到发展。阿拉伯帝国地处亚、非、欧三洲主要国际贸易和交通要道，是古代重要的国际交通咽喉。阿拉伯帝国陆路交通运输发达，鼓励人们从事商业贸易，《古兰经》也明确规定鼓励和保护商业是所有穆斯林必备的义务和道德，极大地推动了商务旅行的发展。以阿拉伯帝国为中心连接东西方的丝绸之路空前畅达和繁荣，被人们誉为“丝路的黄金时代”。阿拉伯帝国海上国际交通也很发达，始于广州，止于波斯湾及更远的海上航线“通海夷道”就是最好的例证。

阿拉伯帝国还鼓励考察旅行，使旅行开始出现求知求学的倾向。阿拉伯商人兼旅行家苏拉曼曾到印度、中国等地经商、旅游。851 年，由无名氏编写的《苏拉曼游记》一书，不但记录了苏拉曼东游的情况，还谈到中国人饮茶的习惯。现今阿拉伯文的“茶”，就是中国茶的译音。

根据伊斯兰教规定，每一个有能力的穆斯林平生都必须到麦加朝拜一次，因此，促进了宗教旅行的发展，出现了长距离的宗教旅游活动。朝觐期间，各地信徒云集麦加，举行朝拜大典。各方商人、艺术家会集于此，或为旅行者提供服务；或献艺演出，增加旅行的娱乐性；当地传译局还编写旅行指南，方便旅行者的朝圣和游览。

7. 西欧的旅行与旅游

在西欧中世纪早期，战火摧毁了城市、交通，社会生产力低下，商品经济不发达，商旅活动减少，世俗的旅行活动少见。基督教得到前所未有的发展，取得了万流归宗的地位，因此，宗教旅行活动较多。

10—11 世纪，随着社会生产力的提高，社会分工的发展，商品交换活动增多，商旅活动发展起来，西欧城市开始陆续出现，日渐形成工商业城市，如威尼斯、热那亚等。伴随着城市的兴起和商业的发展，商业旅行也发展起来，客栈、旅馆随之兴起。

13 世纪，随着东西方相互交往的增多，出现了一批著名的旅行家，如伊本·拔图塔、马可·波罗。伊本·拔图塔是伟大的穆斯林探险家、旅行家，他曾在亚、非游历 30 年之久，1346 年，以德里苏丹特使的名义访问中国。马可·波罗因经商来到中国，是第一个走过丝绸之路全部行程的人。由他口述的《马可·波罗游记》诱发了欧洲人东方寻金的热情，对后来新航线的开辟和航海业的发展产生了巨大的影响。

14—15 世纪，欧洲资本主义经济的萌芽和商品经济的发展，刺激人们对财富的追求和黄金的渴望，随着航海技术的发展，在欧洲掀起了寻金热和探险热。西欧一些航海家远涉重洋，积累资本，寻找原料，抢占市场，对外扩张，使原来局限于宗教、贸易的旅行发展为以探险和淘金为主要目的的旅行，使世界走向大航海时代，诞生了哥伦布、达伽马、麦哲伦、达尔文等许多著名的航海家和探险家。

18 世纪中叶，世界上第一次出现了具有真正自觉、特定目的的自然观光旅游。在浪漫主义代表人物卢梭、歌德、海涅、萨托博里杨等人的影响下，掀起了“回归大自然”“海外大旅行”的热潮。虽然这个阶段的旅行是少数富有人士才能享受的特权，但这种旅行已经显示出诸多近代旅游的特征。由此可见，真正有着明确目标和自我意识的旅游活动是从 18 世纪后半叶至 19 世纪上半叶所谓的“大旅游”时代才开始的。

【知识拓展】

马可·波罗介绍

马可·波罗

马可·波罗（约1254—1324年），意大利著名旅行家和商人，是第一个走过了丝绸之路全部行程的人。1275年，马可·波罗随其父、其叔来到中国的上都（今内蒙古多伦县西北），得到元世祖忽必烈的信任，先后任职长达17年，到过今天的新疆、甘肃、浙江、福建等十几个地区，出使印度、菲律宾等国。1292年，他离开中国，1295年，回到威尼斯。1298年，他在热那亚与威尼斯的战事中被俘。马可·波罗在狱中口述了他的游历的见闻，狱友比萨的鲁斯蒂谦记录下来，形成了著名的《马可·波罗游记》一书。这本书以中国为重点，记述了中亚、西亚、东南亚等地区许多国家的情况，促进了东西方文化的交流，具有重要的历史价值。书中盛赞东方的富庶，向整个欧洲打开了神秘的东方之门，诱发了欧洲人探索东方的热情，促使欧洲商人、航海家和封建领主从事远洋航行，对后来新航线的开辟和航海业的发展都产生了巨大的影响。

（二）世界古代旅行和旅游的特征

综上所述，世界古代旅行与旅游具有如下特征。

第一，旅行活动参与人数少。参加旅行游览的人主要是君主、贵族、商人、僧侣、官员、学者等特权阶层和少数人群，他们有充足的时间和巨额财富。普通民众为生计奔波劳碌，既没有自由的时间也没有多余的钱财用于出游，即使有这样的特殊人群也多是偶然行为。由于参与旅行游览的人数少，所占比重小，所以，此时的旅行游览活动不具有普遍的社会意义。

第二，旅行活动范围较小。由于社会生产力比较低下，交通工具较为落后，加上金钱和时间的限制，人们出游的旅程和范围十分有限。

第三，旅行活动方式分散。旅行活动没能形成一定的规模，旅行活动方式多为无组织和分散的个人行为。

第四，旅行活动类型以商务旅行为主。古代旅行和旅游的动机多与物质功利、宗教及政治目的相联系，与通商贸易、宗教旅行及奴隶主、封建帝王巡游相结合。但以经济为目的的商务旅行占据主导地位，宗教旅行有一定规模，纯娱乐性消遣旅行所占比例很小。

【思考与交流】

在古代旅行游览阶段还有哪些有代表性的人和事？

二、世界近代旅游

（一）世界近代旅游业的诞生

工业革命带来了社会经济的繁荣，使更多的人有能力并有愿望旅游，旅游需求逐渐形成社会化规模，活动范围不断扩大。由于当时绝大多数人，包括新兴的资产阶级在内，都没有旅行的经验和传统，对异国他乡的情况及旅游的手续不大了解，语言及货币方面的障碍也是人们外出旅游所担心的问题，因此，人们需要有人代他们处理从启程到返家过程中的一应事务。人们旅游需求的增长与旅游供给和旅游服务的缺乏之间的矛盾开始逐步凸显。

英国人托马斯·库克敏锐地认识到这一点，并为满足这种社会需求做了大量开创性的工作，成为开创近代旅游和旅游业先河的人。托马斯·库克率先根据人们的需要组织了一系列旅游活动，设立旅游组织机构，组建了旅游业务部门，对旅游接待工作进行了精心策划和有益探索，从而使他成为旅游发展史上里程碑式的人物，被誉为“近代旅游业之父”。托马斯·库克旅行社的问世标志着近代旅游业的诞生。

【知识拓展】

托马斯·库克介绍

托马斯·库克对旅游业的贡献

托马斯·库克1808年11月22日出生于英格兰德比郡墨尔本镇。1828年，托马斯·库克成为一名传教士，游历了英格兰的许多地方，对旅游产生了很大的兴趣，成为一位积极的禁酒工作者。

1841年7月5日，托马斯·库克利用包租火车的方式参加禁酒大会。这次活动是世界上第一次以一个组织的形式出现，并与交通运输业直接挂钩的旅游活动，是近代旅游活动的开端。

1845 年，他创办了世界上第一家旅行社——托马斯·库克旅行社（即现今的通济隆旅行社），成为世界旅行代理业务的开端。

1845 年 8 月 4 日，托马斯·库克组织了一次真正意义上的团体消遣旅游，即莱斯特至利物浦之行。编写出版了导游手册《利物浦之行手册》，这是世界上第一本旅游指南。

1855 年，托马斯·库克组织了到法国巴黎参观第二届世界博览会，使旅游业第一次打破国界，走向世界。这也是世界上组织出国包价旅游的开端。

1872 年 9 月，托马斯·库克组织 9 位不同国籍的旅游者进行了为期 222 天的第一次环球旅行。

1879 年，托马斯·库克创造性推出了最早具有旅行支票雏形的代金券“旅馆联券”。

1880 年，他又打开印度大门，拓展了埃及市场，成为世界上第一个旅游代理商。

1892 年，他创办了最早的旅行支票，可在世界各大城市通行，凡持有旅行支票的国际旅游者可在旅游目的地兑换等价的当地货币，更加方便了旅游者进行跨国和洲际旅游。

（二）世界近代旅游与旅游业的发展

在托马斯·库克的倡导和其成功的旅游业务的鼓舞下，近代旅游业开始成为世界一项经济产业，旅游业作为一个产业已初见雏形，近代旅游活动开始趋向成熟，走向现代旅游。在欧洲成立了一些类似于旅行社的组织，此后欧美及亚太地区一些国家也先后成立了许多类似旅行社的组织。例如，1850 年，英国的托马斯·尔内特成立了一个“旅游者组织”，向旅游者提供日常安排、车辆、食品及旅游用具等；1850 年，美国运通公司开始兼营旅行业务，并在 1891 年发售了“旅行支票”，打破了国际币制不同的障碍，大受旅游者的欢迎而推行至今。到 20 世纪初，英国的托马斯·库克父子旅游公司、美国运通公司和以比利时为主的铁路卧车公司成为世界上旅游代理业的三大公司。旅行社的出现和发展极大地推动了旅游活动商品化的进程，使旅游活动发展成为旅游经济活动，并成为整个社会经济活动中的一个组成部分。

工业革命促进社会、经济的发展，旅馆、饭店业也逐渐兴起。由于参加旅游活动的人数不断增加，客栈、豪华饭店已无法满足中产阶级日益增长的需求。因此，以中产阶级为主要服务对象的商业饭店产生了。商业饭店在20世纪初得到迅速发展，逐渐成为一种行业。

工业革命及科学技术的迅猛发展，带动了交通工具的革新，蒸汽火车、远洋邮轮成为新的旅游交通工具。交通运输业也积极开拓旅游经营服务活动的新业务。社会经济的发展、旅游需求的增长，促使旅游地的开发建设。旅游景点开始注重人文景观与自然景色的融合。城市内或景点附近兴建大量的旅游设施，如游乐场、音乐厅、运动场、赌场、浴场、跑马场等。原来专供皇亲贵族享乐的风景区、海滨浴场等变成了常年开放的公共旅游活动场所。

【知识拓展】

斯塔特勒——“酒店之父”

“酒店之父”埃尔斯沃思·斯塔特勒先生建造并经营的第一家商业饭店于1908年在美国纽约布法罗开业。布法罗斯塔特勒酒店的300间房都有单独的浴室，每两个房间合用一组供水、供暖和供电线路，建筑学校的教科书上称之为“斯塔特勒管道柱”。此外，他还给每间客房安装电话和壁橱，在客房里安置了床头灯和提供客用文具纸张，浴室安置穿衣镜和毛巾钩，电灯开关安在房门旁边，楼房各层设防火门，门锁与门把手装在一起等，这些都是他开创性的举措，仍是当今商业性饭店的基本模式。

因其产品、服务、经营理念和管理方法颇具革命性，为未来近百年的酒店产品建立了标准，成为酒店标准的起源。斯塔特勒既是“美国饭店业标准化之父”，也是“世界饭店业标准化之父”。可以说，斯塔特勒是把酒店从贵族与富豪专属的豪华酒店时代，推进到现代的商业型饭店时代的第一人。

（三）世界近代旅游与旅游业的特征

近代旅游的兴起和旅游业的诞生，是人类旅游历史上一个新的里程碑，对旅游与旅游业的发展具有划时代的意义，它标志着人类的旅游活动已初见“平民化”时代的曙光，其具体特征可归纳如下几个方面。

（1）社会财富增加，游客人数增多。工业革命带来社会财富的增加，扩大了旅行和旅游者的范围，虽然真正参与旅游活动的是新兴的资产阶级、中上层人士等，但结束了历史上少数权贵对旅游的“垄断”。

（2）交通工具不断发展，旅游活动空间不断拓展。火车成为主要的旅游交通工具，轮船极大地便利了海上旅行，使跨国、跨洲旅游成为时尚。

（3）旅游动机多元化，旅游活动类型增多。随着社会经济的发展，在传统旅游活动的发展、提升的基础上，人们出游动机中消遣娱乐成分增多，出现了新的旅游活动类型，如博览会旅游、观光旅游、环球旅游等。

（4）有组织的群体性旅游活动开始发展。旅行社的诞生，旅游业的问世，有组织的群体性旅游活动开始发展，旅游保障制度开始推进。为第二次世界大战后形成的“大众旅游”模式奠定了的基础。

（5）旅游胜地得到迅速发展，饭店业逐渐兴起。随着旅游人数的增加，旅游资源的开发和旅游地的建设也不断发展，出现了国家和私人投资开发旅游资源，兴办各种旅游活动的情况。随着旅行转向旅游，不管是客栈还是豪华饭店都无法满足日益增长的旅游者的需求，一些既让客人舒适又追求经济利益的商业饭店逐渐兴起。

（6）近代旅游开始成为一项经济活动，但地位还不突出。自1845年托马斯·库克创办世界上第一家商业性旅行社以来，营利性的旅游企业在全世界范围内发展起来，旅游业展现出强大的生命力，并产生了一定的关联带动效应，不过，在整个世界经济中的地位还不突出。

三、世界现代旅游

世界现代旅游是指第二次世界大战结束后的旅游。由于世界经济得到迅速恢复和发展，人民的生活水平普遍提高，旅游作为大众性的活动普遍开展起来。特别是20世纪60年代以来，现代旅游业迅速普及于世界各地，成为战后发展势头最强劲的行业之一，并形成一个完整独立的旅游经济体系，成为国民经济中重要的组成部分。

（一）世界现代旅游与旅游业发展的四大因素

“二战”后世界旅游业之所以有如此迅猛的增长速度，主要有两大决定因素，一是相对持续的和平大环境；另一个是现代科学技术革命的成功。前者是后者的先决保证条件，后者是现代旅游迅速发展的根本原因。具体来说，促进战后世界旅游业迅猛发展的因素有以下四个方面。

1. 政治因素

（1）相对持续的和平大环境。战后稳定的国际局势为旅游业的发展提供了外部保障条件。战后，虽然局部冲突甚至局部战争还时有发生，但是和平与发展已成为时代的主题，世界格局相对比较平静，这为国际旅游的发展创造了良好的外部环境。

（2）政府对旅游业的重视。“二战”后，随着大众旅游的兴起，旅游业在换取外汇收入、平衡国际收支，增加就业机会、促进社会稳定，提高资源效益、推进经济发展，树立国际形象、改善国际关系等方面起到积极的作用。世界上很多国家和地区的政府都把推进旅游业的发展提到重要位置上来，把旅游作为国家发展的一项重要内容，先后在不同程度上支持和鼓励本国旅游业的发展，采取了经济的、法律的、政治的手段干预旅游业的发展。此外，在国际旅游问题上，很多国家放宽或取消了出入境限制、简化边境通关手续等，促进了旅游业的发展。

2. 经济因素

（1）世界经济稳定发展。“二战”后，世界经济整体上迅猛发展，人均可自由支配收入不断增长，为旅游的迅速发展提供了必要的物质基础，使旅游成为大众性的活动。“二战”后，各国都致力于本国经济的恢复和发展，生产力和生产水平在短期内得到迅速提升，使战后世界经济增长速度大大超过了战前的水平。经济的快速发展使得西方国家的国民收入水平和支付能力增强，这对旅游的迅速发展和普及起到极其重要的推动作用。

（2）国际经济交流的日益频繁。“二战”后，随着全球经济一体化趋势的深入，国际的分工和协作进一步深化，大型跨国公司和企业集团公司快速兴起和发展，促进了世界各国的经济交流和合作。各国之间在社会、经济、文化等各领域的联系不断加强，各种内容和形式的交流活动日渐频繁，现代旅游业日益与社会经济各领域相融合，有力地推动了文化交流、商务、会议、会展等旅游形式的发展。

3. 社会因素

（1）人口迅速增长。随着战后稳定的国际局势和经济的增长，世界人口也急剧增长，并呈现出不断加速之势。战后初期，全世界人口约25亿；到20世纪60年代，增长到36亿；到2022年，世界人口约80亿。世界人口基数的扩大，对旅游需求的量也随之扩大，成为促使现代大众旅游出现的一个重要的基础条件。

（2）闲暇时间增多。随着科学技术的进步，各产业生产过程的自动化程度不断提高，劳动生产效率也在不断提高，劳动时间缩短，增加了民众的休闲时间。20世纪60年代以来，发达国家在不同程度上都实施了带薪休假制度，普通民众的闲暇时间得以用法律的形式被确定下来。作为闲暇活动重要形式之一的旅游、度假有了时间上的保证，这也使得参加旅游活动的人数迅速增加。

（3）价值观念转变。社会经济的发展，人们物质生活水平的提高，就必然要求有更高层次的精神文化生活，于是，能够综合满足人们精神文化消费需求的旅游活动，就成为人们业余生活的最佳选择。

4. 技术因素

（1）交通工具的进步。"二战"后，铁路和轮船在经济发达的工业化国家中逐渐被汽车和飞机所代替，大大缩短了国家与国家之间的距离，使长途旅行发生了革命性的变化。人们有机会在较短的时间内进行长距离旅行，特别是进行跨国、洲际乃至环球旅游。另外，磁悬浮列车、高速铁路、巨型豪华邮轮等交通工具也在不断发展和改进。交通运输业的发展及相关运输设施设备的配套，极大地推进了现代旅游活动在世界范围内的发展。

（2）现代信息技术的发展和应用。随着现代信息技术的发展及应用，旅游经营者利用云计算、物联网等新技术，通过互联网或移动互联网，借助便携的终端上网设备，对旅游者进行多元化的线上营销，智能化的服务与管理，提高旅游宣传效益和旅游组织工作效率。

（二）世界现代旅游与旅游业的特点

第二次世界大战后，随着世界经济的发展，人们生活水平日益提高，旅游活动已成为人们生活的重要组成部分，现代旅游与旅游业的发展一直长盛不衰，在世界经济中扮演着重要的角色，其发展具有以下突出特征。

1. 旅游主体大众性

现代旅游已成为人们普遍的一种生活方式和基本权利，是人人都可享有的一种社会活动。旅游主体的大众化，一是指旅游者阶层的广泛性，普通民众成为现代旅游的主力军，人人都享有旅游的权利；二是指规模性，即参加旅游的人数越来越多。

2. 旅游服务智能化

随着现代信息技术的快速发展和不断应用于旅游业，使旅游服务智能化。旅游经营者依托新技术，为旅游者提供系统化、全域化、多主体的服务供给，通过“互联网 +”对旅游者进行智能化管理，让人们能够对各类旅游信息智能感知、方便利用。“智慧旅游”将成为未来旅游营销、服务、管理的新手段。

3. 旅游活动多样性

在这个被称为大众旅游的黄金时代里，旅游者越来越追求个性化、自由化，形成丰富多样的旅游活动，如文化旅游、度假旅游、修学旅游、商务旅游、会展旅游、康体旅游等。世界旅游组织发表的《2030 年全球旅游展望研究报告》数据显示，预计到 2030 年，以休闲、娱乐和度假为目的的游客数量将占全球出游总人数的 54%；以探亲、求医、宗教为目的的游客人数增长较快，约占全球出游人数的 31%；以商务和工作原因出行的游客占全球出游人数的 15%。

4. 旅游地域广泛性

“二战”后，国际政治形势趋于缓和，世界经济快速发展，促进了国内、跨国、跨洲旅游活动的开展。现代科学技术的发展，使交通运输和通信条件大为改观，空间距离缩短，旅游突破了地域和疆域的界限，全球性的旅游活动蓬勃开展。

5. 经济增长持续性

自“二战”后，全球旅游业保持高速、持续、稳定的增长。虽然旅游业的发展容易受到世界政治、经济、文化、外交及自然灾害等多种因素的影响，致使旅游业的发展速度不稳定或者放缓，但这并不能阻止全球旅游业持续增长的总体趋势。纵观第二次世界大战结束以来，世界经济的发展经历了许多曲折变化和起伏兴衰，唯独旅游业总体保持持续增长。

6. 旅游影响双重性

现代旅游和旅游业的快速发展，不但创造了旅游经济的奇迹，而且在社会发展、文化交流、环境教育等方面也做出了突出贡献。与此同时，旅游与旅游业的发展又会对生态环境、社会文化、伦理道德等方面造成不可低估的负面影响。因此，如何使旅游和旅游业健康持续地发展，以造福后代，将是人类面临的一个严峻的共同课题。

【思考与交流】

现代人们有哪些个性化的旅游需求？出现了什么新兴的旅游形式？

项目 2　中国旅游发展简史

➢活动呈现

现在人们对“旅行团”早已司空见惯，可在民国初年，中国还没有近代化的旅游概念，“父母在，不远游”的传统思想深深地植根于人们的观念之中，自发的旅游业大多只是当作修身养性而已，而且国内也不具备新式旅游的条件。创办旅行社，培养人们的旅游观念并非易事，可以说是开国内风气之先。

陈光甫留美多年，又酷爱旅游，他于 1923 年 8 月 1 日创办了中国第一家旅行社——上海商业储蓄银行（简称上海银行）旅行部。这一天，是中国旅游史上值得永远铭记的一天，它标志着我国近代旅游业的诞生。请介绍陈光甫或其他与中国旅游发展有关的著名人物。

➢方法指引

通过分享、交流，初步认识中国旅游的发展。

➢学习内容

中国是具有 5000 年发展历史的文明古国，也是世界上旅行游览活动兴起最早的国家之一。随着朝代的更迭，社会、经济、政治和科技文化的发展变化，旅游活动也经历着兴衰起伏的发展变化过程。参照世界历史的分期和世界旅游历史发展简史的分段，将中国旅游发展简史大体分为中国古代旅行和旅游（1840 年以前）、中国近代旅游（1840—1949 年）、中国现代旅游（1949 年以后）三个时期。

一、中国古代旅行和旅游

中国古代旅行和旅游是指1840年鸦片战争以前各时代的旅行游览活动。在长达5000年的历史长河中，浩瀚的历史书籍中关于旅行游览的记载很多。《诗经》《山海经》及《史记》中都有关于我国先民旅行、游览活动的记载。尽管我国目前的旅游业与世界旅游强国还有一定差距，但是古代中国在古代世界旅游历史中却占据着重要地位。由于各个阶段的政治、经济、文化等情况的不同，旅游活动的内容和形式也有很大的差别，依其特征一般分为两个时期，即神话传说时期和信史时期。

（一）神话传说时期的旅行和旅游

中国人民历来酷爱旅游，在先秦古书中就有关于华夏先民的旅游传说。司马迁在《史记·五帝本纪》中记载了我国原始社会“三皇五帝”的旅行活动。传说中的中华民族的始祖黄帝是一位性好远游、足迹遍天下的古代帝王，他“披山通道，未尝宁居”“迁徙往来无常处”。颛顼所至，东达海岛、西至陇西、南抵交州、北至幽州。虞舜侧重于柴祭山川，故足迹遍及五岳名山。夏禹治水居外十三载，“堙洪水，决江河而通四夷九州”“疏三江五湖，注之东海”，为此勘察山水地理，吃尽千辛万苦，三过家门而不入，走遍了大半个中国。

尽管缺乏可信的文字记载和充分的考古资料，古代先民为了谋取生活资料，或因其他原因的迁徙与旅行和现代意义的旅游也有本质区别，但却是中华民族旅游历史的扉页。

（二）信史时期的旅行和旅游

信史时期可分为夏商周时期、秦汉时期、魏晋南北朝时期、隋唐时期、宋元时期和明清时期。

1. 夏商周时期

夏商周时期的旅行主要是帝王巡游、政治旅行和商旅活动。

帝王巡游一般称“巡狩”，或者称“游豫”“游夕”，是指最高统治者对自己的国家或领土所进行的巡视、游览等活动。帝王巡游在早期大多把与农业生产密切联系的政治活动和游乐相结合，后来追求享乐和显示权力的色彩越来越浓。这一时期有文字记载的旅行家当推周穆王，《左传》云，“昭公十二年，穆王欲肆其心，周行天下，将皆必有车辙马迹”。《穆天子传》还记述了他的西征路线和有关故事。

到了东周，礼崩乐坏，王纲解体。大批周天子身边的文化人离开朝廷，分别投奔诸侯。从此，在中国历史上开始出现士这一阶层。由于诸侯争霸，各国之间出现频繁的外交游说活动。知识分子朝秦暮楚，纵横捭阖，到列国游说，宣扬自己的政治见解，期望得以重用。而时代也给没落贵族和普通平民（主要是知识分子）提供“朝为布衣，夕成卿相”的社会条件。例如，周游列国十四年的孔子；率领弟子“后车数十乘，从者数百人”的孟子；“合纵”“连横”游说诸国的苏秦、张仪、公孙衍等。

以经商为目的的商务旅行，在先秦时期已经比较活跃。商朝是中国古代奴隶制商品经济十分繁荣的时期，商人的足迹已遍走他们所知道的世界。春秋战国时期的陶朱公、吕不韦等都曾周游天下，负货贩运，是中国古代著名的商人。

【趣味故事】

范蠡介绍

范蠡的故事

陶朱公就是范蠡，春秋时期越国的大政治家。在越国被吴国灭亡时，是他提出了降吴复国的计策，并随同越王勾践一同到吴国为奴，千方百计协助勾践回国，成为辅助勾践灭吴复国的第一谋臣，官拜上将军。但当勾践复国之后，范蠡了解勾践是一个可以共患难但不能同安乐的人，于是他急流勇退，毅然弃官而去。他首先到了齐国，齐国人知道他有很好的品德和很高的才能，就请他当宰相。由于他退归林下的决心已下，不久又辞官而去。后来，他到了当时的商业中心陶（今山东菏泽的定陶区）定居，自称“朱公”，人们称他陶朱公。他在这里既经营商业，又从事农业和牧业，很快就表现了非凡的经商才能，但他仗义疏财。他的行为使他获得了“富而行其德”的美名，成为几千年来我国商业的楷模。

2. 秦汉时期

秦汉时期，是中国统一中央集权封建国家建立和发展的时期。由于统一的多民族国家的建立，政局的巩固，经济的发展，综合国力的强大，相当一部分秦汉帝王都进行了一定规模的巡游活动，其中秦始皇和汉武帝最为突出。

秦始皇在位期间，共进行了五次大规模的巡游，作为了解民情、巩固统治的策略。从秦朝开始，历代封建帝王对封禅泰山都十分感兴趣，非常重视。同时，秦始皇还迷上了“长生术”，寻求长生不老之药。秦始皇大规模修筑“驰道”和“直道”，建设行宫，还派出许多方士和大臣四处寻幽访胜，这对发展旅游起到了重要的推动作用。秦始皇成为封建社会帝王巡游的一个重要代表。

雄才大略的汉武帝一生也巡狩和求仙并重。汉武帝生前也进行了相当频繁的巡游活动，而且其行程、耗时、规模与秦始皇相比有过之而无不及。据《汉书·武帝纪》统计，汉武帝一共进行了各种形式的巡幸、封禅、游历达30多次，其中大规模巡游有四次。也曾游历碣石、泰山等全国名山大川。不过，汉武帝比秦始皇更具开拓精神。

汉武帝时对匈奴等的武装反击，张骞的西域探险，司马相如的西南夷之行，司马迁为撰写《史记》而游历全国各地，共同构成了这一鼎盛时代的旅游特点。而尤其值得称道的是张骞的西域之行和司马迁的学术旅游活动。张骞两次出使西域，开通了历史上著名的“丝绸之路”，建立与西城各国的友好关系，对东西方经济、文化的交流起了重要的作用，成为名垂史册的探险家、外交家和旅行家。西汉时伟大的史学家、文学家司马迁，就是学术考察旅行的最早、最杰出的代表。

总之，封禅活动、探险旅行和学术考察扩展了这一时期旅游活动的领域，加深了对自然山水的认识，提高了对社会的评价能力。

3. 魏晋南北朝时期

魏晋南北朝时期是中国封建社会的大分裂和民族大融合时期。西晋末年，王朝黑暗，天下大乱，民族矛盾和阶级矛盾尖锐复杂。这一时期，大部分知识分子产生了消极遁世的思想，无心仕途，而把注意力转向自然，走上寄情山水、饱览自然风光、自求适意娱情的漫游道路。因此，这一时期的突出特征是对山水作审美评价的现象蔚然成风。魏晋间的嵇康、阮籍等七人因不满时政，悠游于竹林之中，写出了大量山水诗；东晋末年陶渊明主动辞官而退隐田园，并写出《桃花源记》；南朝谢灵运被罢官以后也“壮志郁不用”“泄为山水诗”，从此愤然遨游山水，注重对山水作审美评价，对我国山水诗的兴起做出开拓性的贡献，成为我国山水诗的鼻祖。

虽然这一时期政治上动荡不安，交通受阻，绝大多数旅游是短途旅行，但也出现了个别远游旅行家，西行印度求法的法显和为国家考察水道，为《水经》作注的郦道元就是典型代表。东晋的法显，舍身求法、陆去海返，开辟了我国宗教徒域外远游的先河，极大地丰富了我国古代的探险旅游传统，著有《佛国记》一书。北魏著名水文地理学家郦道元，用大半生精力撰写了《水经注》。

魏晋南北朝时期，对于中国山水诗歌游记等旅游文学创作的兴起和中国旅游历史都有着特殊的意义。士人漫游、学术考察旅游是这一时期旅游的主要形式。

【知识拓展】

郦道元介绍

郦道元的故事

郦道元是北魏时的著名水文地理学家。他一生好学，治学严谨，在博览群书的基础上，亲身游历考察。他深感前人的《山海经》《禹贡》《周礼·职方》《汉书·地理志》等过于简略，在跋山涉水、实地考察的同时，着力搜集有关水道的文献史料，为汉代的《水经》作注。《水经注》共40卷，将《水经》137条河道，增为1252条。记述了河道沿岸的地理沿革、风土民情、名胜古迹、城邑建筑，以及神话传说等。不仅对桑钦的《水经》做了修正、补充和阐释，而且对祖国山水作了讴歌和赞美，既具有珍贵的地理学价值，又占有重要的文学史地位。所以，《水经注》是一部综合性的地理著作，也是一部旅游文学名著。郦道元可称为我国游记文学的开创者，对后世游记散文的发展影响颇大，对旅游文学创作的繁荣起到了先导作用。

4. 隋唐时期

隋唐时期，是中国封建社会的鼎盛时期。繁荣的经济、发达的交通为这一时期的国内外旅游活动的兴盛奠定了物质基础。

隋代的历史虽短，但隋的统一，结束了魏晋南北朝以来数百年的分裂动荡局面，开凿大运河，打通南北水路交通大动脉，隋炀帝开创了中国旅游史上舟游的新篇章。

唐代昌盛兴隆，大唐经济、文化的发展已居于世界前茅。陆路以首都为中心，形成四通八达的交通网。国外交通的道路向西可达波斯（伊朗）、大食

（阿拉伯）和地中海之滨，向南可达南洋群岛、印度、阿拉伯。唐代国际旅游极为活跃，以政治和文化交流为目的出国考察团和商业旅行也多了起来。例如，唐代的杜环，曾游历西亚、北非，成为第一个到过非洲并有著作的中国人，写了《经行记》一书。另外，盛唐时，外国来华的使者、商人、学者、僧侣也络绎不绝，如日本曾先后派遣 19 个使团来华学习。唐朝与阿拉伯的交往也十分频繁，来中国经商的人更多。

唐代沿袭隋制，实行科举取士制度，极大地调动了中下层知识分子从政的热情，唐人因此远游成风。同以前各朝相比，外出远游的人数最多。他们走遍名山大川，漫游名胜古迹，写出很多脍炙人口的传世名作。李白，自幼怀有“四方之志”，20 岁起“辞亲远游”，寄情清风明月，漫游名山大川，历时 16 年。王勃、杜甫、陆羽、白居易、岑参等文人墨客饱览祖国大好河山，见景有感而发，为后世留下大量的诗词。

隋唐时期的宗教活动得到朝廷的重视和资助，因而道教、佛教都有很大的发展，道士中涌现了不少著名的旅行家，如司马承祯。佛教从北魏奉佛教为国教以后，至隋唐已进入鼎盛阶段，先后出现了像玄奘、义静、鉴真这样杰出的宗教旅行家。宗教旅行促进了我国与其他国家的文化交流和国际旅游业的发展。同时，僧侣在名山胜地、幽岩绝谷中开山建寺，修路植树，开辟了许多旅游景点。

总之，国际旅游活跃、士人漫游成风、旅游文学创作繁荣、宗教旅行盛行是隋唐时期旅游的突出特点。

5. 宋元时期

宋元时期，是中国封建社会民族融合进一步加强和封建经济继续发展时期，科学技术、文学、医学都取得显著的成就。这一时期旅游的主要类型是士人漫游、航海旅行、经商旅行。

宋代旅游风气甚盛，帝王热心谈游事；官员游山玩水，评论山水，蔚成风气。旅行家、旅游文学家层出不穷，如范仲淹、欧阳修、苏轼、陆游、范成大等，他们在漫游中触景生情写成的《岳阳楼记》《醉翁亭记》《石钟山记》《赤壁赋》《入蜀记》和《吴船录》等都是千古流传的旅游名著。宋代在旅游文学和旅游理论方面有了比唐代更大的发展。

元代版图辽阔，人们的视野较前更为开阔。从《四库全书》元人文集中提供的信息看，当时许多旅游者能跨国旅游。大量的旅行游记中反复强调天下一统给旅游者带来的安全保证和交通便利。所以，这一时期的远游理论和实践都有较大幅度的进展。

宋元时期朝廷实行开放的对外政策，商业繁荣，鼓励海外贸易，航海旅行、经商旅行有了很大的发展。宋朝结束了五代十国以来长期分裂割据和混战的局面，经济的发展、城市的繁荣、商业的发达促进了海上贸易发。加上指南针开始用于航海及传至西方，促进了各国航海事业的发展，开辟了“海上丝绸之路”，加强了中国与西方各国的贸易交往。元朝实现了全国性的统一，成为当时世界上最富强的国家，中外经济文化交流频繁，与100个国家与地区进行通商贸易，西方各国的贡使、传教士、商人、旅行家不断来到中国。赵汝适撰写的《诸蕃志》，元朝陈大震、吕桂孙所撰的《大德南海志》，汪大渊所著的《岛夷志略》等都是研究当时海外交通、贸易的珍贵史料。

6. 明清时期

明清（鸦片战争以前）时期，是中国封建社会走向衰落、资本主义萌芽的时期。但政治、经济、文化的发展，为国际、国内旅游提供了全面的基础，旅游活动兴旺不衰、持续发展。这一时期，旅游活动的类型主要有外交旅行、科学考察旅行。

明清时期郑和七下西洋，对沟通中国与南洋、西亚、北非各国之间的经济、文化交流做出了伟大贡献，留下宝贵的航海资料，影响深远，意义重大，成为我国历史上杰出的外交家和航海家。

明末清初的社会，已经形成一种热爱旅游、热爱旅游诗文绘画创作的时代风气。较之唐、宋，这一时期整个社会更普遍重视对自然山水景观的鉴赏和旅游经验的总结。尤其是明朝，国内科学考察旅行极盛，学术著作成就不凡。最杰出的医药学家李时珍、地理学家徐霞客、史学家顾炎武等，他们留下了《本草纲目》《徐霞客游记》《天下郡国利病书》和《肇域志》等千古不朽的医药和地理名著。

由于西方资本主义国家经济的侵略，清朝闭关锁国的格局被打破，西方文化的渗透使中国人的旅游观念逐渐发生深刻的变化，旅游的空间也得到进一步的拓展。

【知识拓展】

徐霞客的故事

徐霞客，明代地理学家、旅行家和文学家，被称为“千古奇人”。他幼年时代就立下漫游四方的志愿，不入仕途，专事旅游。22 岁起就在母亲支持下，“周游名山大川，以阔大心胸，增广见闻”。他北抵燕幽，东达粤闽，西入滇南，不殆尽志，历时 34 年，跋山涉水，风餐露宿，对祖国的锦绣河山、地质矿产、水利资源及各种生物、植被、洞穴、岩溶地貌进行了详尽的考察研究；每天坚持写日记，以清新简练的艺术语言记述了其亲身经历和旅途见闻，被后人编成《徐霞客游记》。这部书文笔生动，记述精细，具有强烈的艺术感染力，因此，它不仅是部地理学著作，而且具有较高的文学价值，被誉为古今游记第一杰作。《徐霞客游记》开篇之日（5 月 19 日）被定为中国旅游日。

【思考与交流】

比较中外在古代旅行游览阶段上的异同。

二、中国近代旅游

中国近代旅游是指 1840 年鸦片战争以后到 1949 年中华人民共和国诞生这段时期的旅游。这一时期中国由独立的封建国家逐渐沦落为半殖民地半封建国家，社会的各个领域都发生了深刻的变化。旅游也不例外，其主要标志是旅游业的诞生。

（一）中国近代旅游产生的背景

近代中国在鸦片战争失败以后，被迫与外国签订一系列不平等条约和对外开放门户。随着古老中国的锁国大门被打开，西方的商人、传教士、学者和形形色色的冒险家纷纷来到中国。他们在中国修筑铁路，强制开放通商口岸，并在一些通商口岸和风景名胜地区，如广州、上海、庐山、北戴河等地建造房舍，供其经商、传教、游览和休憩之用，而且深入中国内地“考察、探险和旅游”。这在客观上刺激了中国近代旅游的发展，但这些活动往往与殖民活动密不可分。与此同时，中国人出国旅行的人数也大大增加。这当中一部分人是出国游历的旅行者，更多的是到西方学习先进科学技术的留学生。中国为学习西方的科技知识，官方派出了大批留学生，不少青少年漂洋过海出国留学，得以游学欧美。19 世纪 70 年代的洋务运动，使中国出现了“留学热潮”，清政府先后向美国派出 4 批 12~14 岁的少年儿童留学生。随后，到英、法、德、日等国的官派和自费留学生日渐增多。一些爱国志士，为寻求救国救民的真理，也纷纷出国考察、旅行和求学，如康有为、严复、孙中山以及后来的共产党人周恩来、朱德、邓小平等就是杰出的代表人物。国际性旅行和旅游活动的日益频繁，客观上促进了中国近代旅游的发展。

（二）中国近代旅游业的发展

晚清时期，上海租界就已形成专门为外国旅游者服务的民间组织。20 世纪初，外国的旅游企业纷纷进驻中国，通过其特权抢占和瓜分中国的旅游市场。如英国的“通济隆”旅行社、美国的“运通”公司、日本的“国际观光局”先后在中国开设机构，包揽中国的旅游业务。而中国人要出国，必须仰仗外国旅行社，因此，有血气的中国人都期望有自己的旅行社。1923 年，陈光甫在上海商业储蓄银行成立旅行部。专门经营旅游业务，为旅游者办理出国手续和代订车船票，组织国内和出国旅游活动。旅行部于 1927 年 6 月重新申请营业执照，单独挂牌，更名为“中国旅行社”，这是中国的第一家旅行社，也是中国近代旅游企业化的标志。“中国旅行社”的诞生标志着中国近代旅游业在 20 世纪初的上海诞生。

伴随着商业贸易的发达，我国的旅游饭店进入一个比较快速的发展阶段，在一些大城市这种发展势头表现得尤为明显。从中国的整体角度看，旅游饭店无论在数量、规模、设施等级和经营管理方面都出现了较大的进步，而且在空间分布上也表现出从东部地区向中部乃至西部省份延伸、由大城市向中小城市拓展的演变趋势。

近代开关以后，商业渐兴，各国租界的开辟，使传统生活方式受到巨大冲击。在上海、广州、天津等大城市，一些公园、歌舞厅、跑马场等新式娱乐场所纷纷建立起来。到了 20 世纪二三十年代，度假旅游进入发展的黄金时期。此时，在原来的基础上，经过道路修建、设施配套、度假别墅及旅馆增添，中国内地逐步形成了一批著名的旅游度假地，其中浙江莫干山、江西庐山、河北北戴河和河南鸡公山被公认为是近代中国旅游的四大度假胜地。除此之外，旅游杂志与旅游指南问世，参展或举办博览会在一定程度上起到宣传和推销中国的旅游，有效地促进了旅游业的发展。

【趣味故事】

陈光甫与“中国旅行社”

陈光甫是中国早期著名的银行家与工商业领袖，同时也是近代中国旅游业的奠基人。1915 年 6 月，陈光甫创办了上海商业储蓄银行。1923 年 8 月，在上海商业储蓄银行设立旅行部，经营旅行业务。1924 年春，旅行部组织了第一批旅游团赴杭州游览；1925 年春，旅行部开始承办出国旅游业务，第一次组织了由 20 余人参加的赴日本“观樱”旅行团，在三周的时间里游览了长崎、京都、东京、大阪等地；1927 年春，旅行部出版了我国第一本旅游期刊《旅行杂志》，专门宣传祖国的风景名胜，对中国旅游事业的发展起到很大的推动作用。1927 年 6 月 1 日，经上海银行董事会批准，旅行部从银行独立出来，正式更名为“中国旅行社”，成为独立的旅行商业机构。

在陈光甫的不懈努力下，中国旅行社从无到有、从小到大，其分支机构一度曾达到 100 多处，并在我国香港地区、新加坡、美国、菲律宾等地设立了海外分支机构，堪称国内旅游业的航母舰队。自 1923 年创立到 1953 年宣告结束，中国旅行社以其 30 年的不凡经历，为后人留下了宝贵的经验与理念，是中国近代旅游业的典型代表。尽管“中国旅行社”还不是完全独立（受上海商业储蓄银行管辖）的企业，社会经济地位也无足轻重，但它却是中国自己的旅游机构，它的诞生大大促进了中国现代旅游业的发展。

三、中国现代旅游

中国现代旅游是指 1949 年中华人民共和国成立以来这一时期的旅游。改革开放 40 多年来，中国旅游业探索出了一条体现中国特色、反映世界趋势、遵循旅游规律的旅游发展之路。其发展过程大体分为三个阶段，即开创阶段、改革振兴阶段、全面发展阶段。

（一）开创阶段（1949—1978 年）

中华人民共和国成立至 1978 年改革开放前这一阶段，中国的旅游业务以加强外交联系为主，主要是国际入境旅游。旅游接待多为政治接待，不计成本、不讲效益。因此，旅游业是事业，不是产业。中国现代旅游业的诞生和拓展有两个重要标志。

其一，中国旅游业的诞生是以厦门“华侨服务社”和“中国国际旅行社”这两个旅游机构的建立为标志的。1954 年成立的中国国际旅行社负责接待外国自费旅游者，由国务院及地方政府的外事办公室领导。1957 年由各地的华侨服务社组建而成的华侨旅行社（1974 年改名为中国旅行社）负责接待海外华侨、外籍华人、港澳台同胞，属政府的侨务系统。旅行社的体制为“国有企业”，实际运营中是行政或事业单位而不是企业。

其二，中国现代旅游业的拓展是以“中国旅行游览事业管理局”的建立和中国客源市场的转移及旅游者构成的变化为标志的。1954 年“日内瓦会议”和 1955 年“万隆会议”使中国的国际地位得到明显的提高，自费来华旅游者逐渐增多，其中苏联和东欧各国占来华旅游者总人数的 95%。1964—1966 年，随着周恩来总理出访亚非 14 国、中法建交及中巴通航等一系列外交成果的取得，来华旅游者散客增多，民间组织的旅游团所占的比重日益增长，其经济效益也有较大的提高。国务院为加强对旅游业的领导和管理工作，于 1964 年 7 月 22 日正式设立“中国旅行游览事业管理局”，作为旅游事业的直属管理机构。

（二）改革振兴阶段（1978—1990 年）

1978 年以后，随着改革开放政策的实施和全国工作重点向经济建设转移，旅游业作为全国创汇的渠道和对外开放的窗口，在国民经济中的地位和作用得到应有的重视。在党中央、国务院一系列正确的方针政策的指引下，采取一系列重大举措，为中国旅游业走上产业化大发展的道路奠定了基础。通过不断改革，突破了旅游业长期以来属于外事接待型的模式，其作为一种综合性的经济事业的性质得到肯定，实现了从“外事接待型”向“经济创汇型”的转变。

（三）全面发展阶段（1990 年至今）

1. 成长期（1990—1997 年）

在成长期，中国旅游业形成以政府为主导的特色发展模式，入境旅游市场、国内旅游市场、出境旅游市场三大市场开始同时发展的新格局，是旅游产业加快成长的重要阶段，也是中国步入了亚洲旅游大国行列的关键时期。

在改革开放初期，我国选择首先发展入境旅游作为振兴我国旅游业的头盘棋。随着改革开放的深入和入境旅游的发展，20 世纪 80 年代中期以后，我国的国内旅游市场逐步形成。我国旅游市场从高度重视发展入境旅游，转为入境旅游和国内旅游一起抓。随着探亲旅行的开放和边境贸易的发展，我国的出境旅游逐渐发展起来。1983 年 11 月，作为试点，广东省率先开放本省居民赴香港旅游探亲。1984 年，国务院批准开放内地居民赴港澳地区的探亲旅游。1990 年，开放中国公民自费赴新加坡、马来西亚和泰国等三国旅游，作为出境旅游试点。在试办港澳游、边境游的基础上，正式开展中国公民自费出境旅游业务。

2. 拓展期（1998—2008 年）

拓展期是中国旅游业由经济增长点向新兴产业、国民经济重要产业转型的阶段，也是中国融入世界经济体系、跨入世界旅游大国的重要时期。这一时期，中国旅游业综合优势全面发挥，旅游业开始走向中国政治、经济、社会、文化、生态等大舞台，在关系国计民生的一些重要领域发挥了独特作用。在国际上，中国成为世界第四大旅游接待国；在国内，旅游功能全面发挥，旅游业基本形成了比较完整的产业体系，建立了有一定专业水平的从业队伍，积累了比较丰富的经营管理经验，奠定了持续发展的良好基础。国家的大决策、大政策、大举措，有力地推动和保障了我国旅业持续、快速、健康的发展。中国旅游业产业规模不断扩大，入境旅游、国内旅游、出境旅游三大旅游市场繁荣兴旺。

3. 综合发展期（2009 年以来）

综合发展期是中国旅游业由国民经济重要产业向战略性支柱产业转型发展阶段。旅游业进入国家战略层面，在调结构、稳增长、促消费、惠民生等方面，越来越发挥出重要的作用，成为中国经济发展的“加速器”、社会和谐的“润滑油”、生态文明建设的“催化剂”、对外合作交流的“压舱石”，综合性产业地位日益凸显，迈向了多方位、多层面、多维度的大旅游产业发展崭新时代。中国开启了向全面小康型旅游强国迈进的伟大进程，为大众旅游时代的兴起和发展奠定了坚实的基础。

目前，我国旅游已发展成为世界第一大出境旅游消费国、第四大入境旅游接待国，还拥有世界最大的国内旅游市场。旅游业作为国民经济战略性支柱产业，无论从国家宏观发展要求，还是从旅游业自身发展的需要，都到了从高速旅游增长阶段转向优质旅游发展阶段的关键节点。

综上所述，中华人民共和国的旅游业在“文化大革命”结束以后，通过一系列的改革，首先摆脱了封闭式的纯政治性接待的被动局面，在较短时间内实现了从“外事接待型”向“经济创汇型”转变的重大突破。随后，国内旅游市场、出境旅游市场相继发育。如今已进入入境旅游市场、国内旅游市场、出境旅游市场三大市场全面协调发展阶段，国内旅游市场高速增长，入出境市场平稳发展，出境游增长迅猛，供给侧结构性改革成效明显。确立了“大力发展出境旅游，规范发展入境旅游，全面提升国内旅游”的发展战略，标志着我国旅游业发展总体模式的调整，市场结构更加合理、供给结构日臻完善。而与之相对应的旅游供给也得到全面增长和改善，旅游生产力全面快速地发展，产业规模不断扩大。改革开放40多年来，无论是对旅游资源和旅游产品的规划、开发，还是旅行社、旅游交通、旅游饭店、旅游教育与培训的建设与发展的速度、规模都令世人瞩目。

项目3 四川旅游业发展历程

➢活动呈现

活动主题：请采访你的亲朋好友，请他们讲讲过去和现在在四川的旅游经历，谈谈他们对当今四川旅游的感受。

➢方法指引

通过聆听亲友的切身经历和体会，感受四川旅游的发展变化。

➢学习内容

四川是旅游资源大省，也是目前我国旅游业发展势头强劲的省份之一。四川自然风光雄奇秀美，巴蜀文化积淀深厚，民族风情多姿多彩。旅游资源具有数量多、类型全、分布广、品位高等特点。其单体旅游资源优势明显，整体开发的前景广阔。

一、四川省旅游业发展状况

（一）四川省旅游资源概况

四川省旅游资源丰富，是世界旅游组织认可的旅游资源富集地，也是我国拥有世界自然文化遗产和国家重点风景名胜区最多的省份。独特的人文、地理环境造就了四川得天独厚的旅游资源，全省拥有众多高品位的自然景观和文化景观。

四川自古就有“天府之国”的美誉，是中国西部门户。由于地处西南腹地，长江上游，地势西高东低，海拔落差极大，气候复杂多变。自然旅游资源从高原、山地、峡谷到盆地、丘陵、平原，从江河湖泊到温泉瀑布，从岩溶地形到丹霞地貌，一应俱全，数量之多位居全国前列，故有“风景省”的美誉。四川素有“熊猫故乡”之称，拥有世界最大的大熊猫保护机构和世界最大的熊猫人工繁育机构。

四川位于中国民族东西交融、南北过渡的走廊，拥有绚丽的民族风情和独特的地域文化，故有“民族走廊”之称。四川堪称民族大省，除汉族外，世居的有彝、藏、羌、回、蒙古、傈僳、纳西、布依、土家等15个少数民族，民风民俗丰富多彩，是藏羌文化、康巴文化、彝族文化、摩梭文化的重要发源地，是全国第二大藏族聚居区、全国最大的彝族聚居地、唯一的羌族聚居区。四川是红军长征途经的主要地区，四川东部是朱德、邓小平、陈毅等伟人将帅的故里和“川陕苏区”的中心区域，丰富的红色文化与三国文化、古蜀文化交相辉映，相得益彰。

（二）四川省旅游基础设施及配套服务设施现状

自1978年以来，经过40多年的不懈发展，四川旅游业蓬勃发展，已经形成集食、住、行、游、购、娱于一体，具备良好的旅游综合接待能力的产业体系。交通通信状况大为改观，综合接待能力迅速提高。

四川全省现有星级饭店371家，旅行社1641家，大型旅游购物、餐饮及娱乐服务企业千余家，旅游商品万余种。四川是西南的交通枢纽。铁路是四川沟通省内外运输的大动脉，四川铁路已形成包括宝成铁路等5条铁路干线、8条铁路支线和4条地方铁路组成的铁路网。四川省公路以成都为中心，干、支线公路呈辐射状分布，同时，又辅以东西、南北线路的相互交织，2021年年末高速公路建成里程8608公里。四川目前有16个机场，2021年四川民用运输机场旅客吞吐量达 5578.8 万人次，位居全国第四。成都拥有成都双流机场和天府机场两个大型机场，这是继北京和上海之后，第三个拥有两个大型机场的城市。四川旅游中心——成都，已成为中国西部一座现代化的都市，综合性的国际展览中心、会议中心、体育中心、艺术中心拔地而起，古老而神奇的巴蜀大地正张开她热情的怀抱，恭迎四方佳宾来川旅游观光。

（三）四川省旅游市场状况

四川旅游景区的旅游吸引力较强，加之人口众多，随着人们收入的增加，旅游消费能力逐年增强，四川旅游市场规模巨大且极具开发潜力。2020 年，全省接待国内游客 4.3 亿人次，国内旅游收入 6500 亿元。2021 年，四川全省实现国内旅游收入 7352.76 亿元，全省接待国内旅游人数 48395.58 万人次。其中，过夜游客人数为 16037.50 万人次，占旅游人数总数的 33.14%；一日游游客人数为 32358.08 万人次，占旅游人数总数的 66.86%。一日游游客占比较 2020 年上升 14.78%。

综上所述，四川旅游资源富集、数量大、种类多、品位高，其中很多资源具有唯一性且不可复制，开发价值极高；旅游基础设施及相关配套设施逐步完善，交通通信便捷，各类旅游接待设施齐全，发展迅猛且空间极大；人口众多，在收入增长的同时对旅游的消费需求很大，形成巨大的市场规模，未来发展旅游的潜力有望得到进一步挖掘。

二、四川省旅游业发展成就

“十三五”时期，四川省文化和旅游综合实力迈上新台阶。旅游总收入从 2015 年的 6210.57 亿元增加到 2019 年的 11594.32 亿元，年均增速 16.89%，旅游强省建设基础进一步夯实。文化产业和旅游业吸纳就业超过 1000 万人，累计带动 100 万贫困人口脱贫奔康，在全省经济社会中的地位和作用更加凸显。

《四川省“十四五”旅游业发展规划》提出：到 2025 年，基本建成旅游强省，世界重要旅游目的地建设取得突破。力争旅游总收入年均增速高于全国平均水平 4 个百分点，旅游产业主要指标稳居全国前列，入境旅游实现稳步增长。同时，还提出了“四个显著提升”，即巴蜀文化影响力显著提升、四川旅游供给力显著提升、文化和旅游竞争力显著提升、文化和旅游软实力显著提升，着力构建“一核、五带、十大、四廊”的文化和旅游空间发展新格局。

项目检测

一、单项选择题

1. 意大利著名旅行家（　）为经商来到中国，是第一个走完丝绸之路全部形成的人。

A. 苏拉曼　B. 希罗多德　C. 马可·波罗　D. 穆罕默德

2.（　），近代旅游业开始成为世界一项经济产业。

A. 19 世纪上半叶　B. 19 世纪下半叶

C. 20 世纪初　D. 第二次世界大战以后

3. 我国于（　）首次将国内旅游纳入国家旅游统计范畴。

A. 1981 年　B. 1993 年　C. 1994 年　D. 1997 年

4.（　）是中国近代旅游业诞生的标志。

A. 旅行社的诞生　B. 旅游饭店的诞生

C. 旅游交通的发展　D. 旅游资源的开发

5.（　）为中国旅游日。

A. 9 月 27 日　B. 7 月 11 日　C. 5 月 18 日　D. 5 月 19 日

二、多项选择题

1. 古代的旅行和旅游活动大多与（　）结合在一起。

A. 宗教旅行　B. 帝王巡游　C. 通商贸易　D. 度假保健

2. 下列关于世界旅游发展史的叙述中，错误的有（　）。

A. 近代旅游的兴起与旅游业的诞生标志着人类的旅游活动已初见“平民化”时代的曙光

B. 近代旅游动机中消遣娱乐成分增多，非功利目的的纯享乐旅游开始兴盛

C. 古代旅行和旅游中通商贸易占远行游历的较大比重

D. “二战”后世界旅游迅速发展的根本原因是产业革命的成功

3. 下列关于托马斯·库克的说法正确的有（　）。

A. 1854 年正式创办了世界上第一家旅行社——托马斯·库克旅行社

B. 1855 年他组织了第一次国际旅游

C. 他整理出版的《利物浦之行手册》成为早期的旅游指南

D. 1864 年他组织了第一次环球旅行

4. 下列关于中国旅游发展史的叙述中，正确的有（　）。

A. 明清时期更普遍重视对自然山水景观的鉴赏和旅游经验的总结

B. “中国旅行社”的诞生标志着中国近代旅游业在 20 世纪初的上海诞生

C. 中国旅游业的拓展是以厦门“华侨服务社”和“中国国际旅行社”这两个旅游机构的建立为标志的

D.《旅游法》的出台是中国旅游发展的里程碑，也是中国经济发展转型的大势所趋

5. 下列关于四川旅游业叙述正确的有（　）。

A. 四川省是我国拥有世界自然文化遗产和国家重点风景名胜区最多的省份

B. 四川省是藏羌文化、康巴文化、彝族文化、摩梭文化的重要发源地

C. 随着西部大开发战略和“一带一路”倡议的不断深入，成都会展业高速增长

D. 四川自古就有“天府之国”的美誉，是中国西部门户

三、判断题

1. 真正有明确目标和自我意识的旅游活动，是在 18 世纪上半叶至 19 世纪上半叶所谓的“大旅游”时代才开始的。(　)

2. 在世界古代旅行游览阶段，参加旅行游览的人大多是君主、贵族、商人、僧侣、官员、学者等特权阶层和少数人群，普通民众出游多是偶然行为。(　)

3. 我国旅游业在“文化大革命”后较短的时间内，实现了从“外事接待型”向“经济创汇型”的重大转变。(　)

4. 2018 年 3 月 13 日，中华人民共和国文化和旅游部的成立。(　)

5. 四川省旅游资源具有数量多、类型全、分布广、品位高等特点。(　)

单元 3　旅游活动相关——旅游活动的要素

背景研习

本单元主要阐述旅游活动的体系构成，包括有关旅游者、旅游资源和旅游业的概念、基本知识和基本理论。通过本单元的学习，学生应了解这三个方面在旅游活动中的作用和相互关系。

项目研习

学习目标

1. 了解旅游活动的基本构成要素，掌握旅游者的概念及形成条件。
2. 掌握旅游资源的概念、类型及主题公园的概念。
3. 掌握旅游业的定义、性质、特点，了解旅游资源开发应遵循的原则与保护旅游资源的意义，掌握旅游业的特点、性质等，理解旅游业的影响与作用。
4. 培养学生分析问题和解决问题的能力。
5. 培养学生爱岗敬业的精神，树立自信心；培养学生树立保护旅游资源和旅游环境的意识。

内容结构

- 旅游活动相关——旅游活动的要素
  - 项目1 旅游者
    - 一、旅游者的概念
    - 二、旅游者产生的条件
    - 三、旅游者的类型划分
  - 项目2 旅游资源
    - 一、旅游资源的概念
    - 二、旅游资源的特征
    - 三、旅游资源的类型
    - 四、主题公园
    - 五、旅游资源的开发与保护
  - 项目3 旅游业
    - 一、旅游业的概念
    - 二、旅游业的性质
    - 三、旅游业的特点
    - 四、旅游业的影响与作用

知识与技能

项目1 旅游者

➢活动呈现

请同学们一起歌唱这首歌《我想去桂林》：在校园的时候曾经梦想去桂林，到那山水甲天下的阳朔仙境，漓江的水呀常在我心里流，去那美丽的地方是我一生的祈望。有位老爷爷他退休有钱有时间，他给我描绘了那幅美妙画卷，刘三姐的歌声和动人的传说，亲临其境是老爷爷一生的心愿，可惜没实现。我想去桂林呀，我想去桂林，可是有时间的时候我却没有钱；我想去桂林呀，我想去桂林，可是有了钱的时候我却没时间。

请结合自身情况，谈谈你对这段歌词的理解。

➢方法指引

在交流谈话中了解旅游者的心理因素，了解成为一名旅游者需要具备哪些条件？

➢学习内容

旅游活动的基本构成要素包括旅游的主体——旅游者、旅游的客体——旅游资源和旅游的媒介——旅游业。主体、客体和媒介三者相互依存、相互制约、紧密结合，共同构成旅游活动的整体。

一、旅游者的概念

旅游是一种消费，也是一种享受，因此，旅游者也是消费者。但是，旅游者却不同于一般商品的消费者，而是有其自身的条件和消费需求特点的。

旅游者的定义为：旅游者是暂时离开常住地，通过游览、消遣等活动，以获得精神上愉快感受为主要目的的人。对此定义的理解应注意：第一，旅游者首先必须是一个旅行者，他所进行的物质性和精神性活动是在异地，而不是在常住地或家中；第二，旅游者又不同于一般旅行者，旅游者外出旅行的目的主要是进行非功利性的游览、消遣等活动，即消磨闲暇时间，满足个人的旅游需要；第三，要有游览、消遣等活动内容和形式，但并不排除在非纯消遣性旅行活动过程中产生的旅游行为，诸如出席异地会议、进行商务旅行等。只不过这类旅游者比较特殊，可以冠以相应的名称加以区别，如会议旅游者、公务旅游者、购物旅游者等。

二、旅游者产生的条件

一个人要成为旅游者，必须具备许多条件，大体上可分为两大类：一是客观条件；二是主观条件。

（一）旅游者产生的客观条件

旅游活动最直接的表现是时间的占用和金钱的花费，因此要实现旅游，成为旅游者必须具备两大最基本的客观条件：收入水平和闲暇时间。

1. 收入水平

（1）社会富裕程度。旅游是一种高级消费形式，一个人要成为旅游者，只有在一定社会物质条件下才能实现，也就是说，旅游者的产生有赖于社会经济的发展。

第二次世界大战以后，世界旅游业之所以能迅速发展，一些经济发达、生活富裕的国家如欧美国家之所以能出现全世界80%以上的国际旅游者，成为主要的客源地，同时又接待80%以上的国际旅游者，成为主要的目的地，其根本原因就是这些国家生产力水平高，社会经济高度发展，科学技术进步，社会生产率成倍地增长。因而，广大人民的生活水平得到普遍改善，闲暇时间延长，为外出旅游提供了物质和时间上的保证，而社会也能为广大旅游者提供各种服务条件。可见，社会经济的发展是产生旅游者的前提条件之一。中国现已成为世界上第一大旅游国内旅游市场，就得益于中国改革开放和经济的繁荣发展，人民收入水平的大幅度提高。

（2）旅游者可自由支配的收入，即有“钱”。有“钱”是指有足够用于支付旅游费用的“可随意支配收入”，是家庭或个人的总收入扣除全部税收及社会消费（如健康人寿保险、老年退休金等）、生活必需消费（衣、食、住、行等）和防意外的支出之后余下的金额，或叫“开支节余”。这对旅游者的旅游活动具有决定意义，它将决定旅游活动是否实现、旅游目的地的选择、逗留时间的长短和消费水平的高低等。

一般而言，随着国民收入提高，居民生活方式和消费结构也会发生相应变化，除满足更多的物质需求（如购买住房、汽车等高档消费品）外，更有条件追求可以更多方面满足精神文化消费需求的旅游活动。因此，可随意支配收入增多，属于劳务消费的比例也随之增加。随着我国人民生活的普遍提高，不仅国内旅游的人数在持续增加，出境旅游的人数也在持续增长。

2. 社会闲暇和旅游政策

一般来说，生产力水平越高、经济越发达的国家或地区，赋予人们的社会闲暇时间越多。同时，国家的旅游政策越宽松，人们越能充分行使个人的旅游权利，即有“闲”。

一般来说，根据闲暇时间的分布可分为四种：一是每日闲暇时间；二是周末闲暇时间；三是公共假日；四是带薪假期。第一种闲暇时间只能就地或在家中消遣，不足以外出旅游，只有后三种闲暇时间才能使短途和长途旅游得以实现。

现在北美、欧洲和其他经济发达国家普遍实现每周五天工作制，每周工作时间已缩短到35~40小时。我国从1995年5月1日实行每周五天工作制，全年累计周末休息时间达到104天。此外，国务院在2015年出台政策鼓励实行弹性作息制，“有条件的地方和单位可以根据实际情况，依法优先调整夏季作息安排，为职工周五下午和周末结合外出休闲度假创造条件”。目前，在一些省份已经实行了此细则，开始实施2.5天休假模式，这些政策大大促进了地方性旅游和区域性旅游的发展。2008年开始，我国新增清明节、端午节、中秋节三个传统节日后，我国的公共假日增加到11天。在实际操作中，则通过调休形成了3~7天的小长假或黄金周。仅国庆黄金周的出现，使得我国近年旅游人数和旅游总收入约占到全年国内旅游市场总量的1/4。

带薪假期是指劳动者连续工作1年以上，就可以享受一定时间的带薪休假。带薪休假是最早在法国以立法的形式确立的一个国家法定福利，后在各国推广。各国实行带薪休假的制度不同，一般为2~6周。而我国劳动法明确规定国家实行带薪休假制度。虽然各企事业单位在执行带薪休假的制度有所差别，但是无一例外地都增加了居民的闲暇时间，这为区域性旅游、全国性旅游和出境旅游的实现提供了可能。

3. 身体条件

除了收入水平和闲暇时间这两大基本的客观条件外，旅游者的产生还受到身体条件的制约。一个人的身体能力状况直接关系到旅游活动能否真正实现。随着人们生活水平的提高，医疗和保健技术的发展，人类的平均寿命也在增长，良好的身体状况为旅游者外出创造了积极条件。

4. 其他条件

现代社会工作和家庭压力较大，旅游活动能否开展还受到其他因素的影响，如家庭结构、家庭负担、年龄、职业等。从家庭结构和家庭负担来讲，有老人、小孩需要照顾的家庭，出游比例相对较低。

（二）旅游者产生的主观条件

一个人要成为旅游者的主观条件即旅游动机。旅游旅游动机属于旅游者的心理因素，是旅游者产生的主观条件。一个人能否成为旅游者，经济条件、闲暇时间固然是起决定作用的条件，但若没有强烈的旅游愿望和兴趣，旅游活动依然不能开展。

美国著名心理学家亚伯拉罕·马斯洛提出人有五个层次的需要：基本的生理需要、安全需要、社会需要、受尊重需要和自我实现的需要。这五个层次需要是逐级上升的，只有低层次的需要得到满足后，才追求高一层次的需要，旅游活动则是一种高层次的心理需求。

三、旅游者的类型划分

由于划分标准不同，旅游者的类型有多种分类，最常见的是按照旅游的区域划分，即分为国内旅游者与国外旅游者两种基本类型。其中，国际旅游者又可分为入境旅游者与出境旅游者。由于历史原因，我国的入境旅游者还包括华侨、港澳台同胞，但按国际惯例不将其统计为国际旅游者。因此，为了便于国际上的对比和分类，特把外国人（包括外籍华人）、香港同胞、澳门同胞、台湾同胞分开统计，而在称谓上通称为来华入境旅游者。

此外，还可以参照旅游目的来分类，把旅游者分为观光旅游者、娱乐消遣旅游者、度假旅游者、商务旅游者、会议旅游者、宗教旅游者、购物旅游者等类型。

【知识拓展】

《游客不文明行为记录管理暂行办法》介绍

《游客不文明行为记录管理暂行办法》

为推进旅游诚信建设工作，提升公民文明出游意识，依据《中华人民共和国旅游法》、中央文明委《关于进一步加强文明旅游工作的意见》及相关法律法规和规范性文件，制定本办法。

根据办法，游客不文明行为指旅游活动中因扰乱公共汽车、电车、火车、船舶、航空器或其他公共交通工具秩序，破坏公共环境卫生、公共设施，违反旅游目的地社会风俗、民族生活习惯，损毁、破坏旅游目的地文物古迹，参与赌博、色情活动等而受到行政处罚、法院判决承担责任，或造成严重社会不良影响的行为。游客不文明行为记录形成后，旅游主管部门要通报游客本人，提示其采取补救措施，挽回不良影响，必要时向公安、海关、边检、交通、人民银行征信机构通报。

办法指出，被记入不文明行为记录的游客，可以向做出记录的旅游主管部门提交异议申请，一般由当事人提出并提供有关证明材料。旅游主管部门收到申请之日起15个工作日内向申请人做出答复。经审查认为异议成立的，应当予以纠正。异议处理期间，不影响游客不文明行为记录的管理。国家工作人员故意提供错误信息，或篡改、损毁、非法使用游客不文明行为记录信息的，按有关规定对相关责任人员进行行政处分；情节严重的，依法追究法律责任。

《游客不文明行为记录管理暂行办法》施行后，首批全国游客不文明行为记录2015年5月7日公布，大闹亚航、强行打开飞机应急舱门、攀爬红军雕塑照相三起不文明事件的四个当事人“上榜”。

项目2 旅游资源

➢活动呈现

描述主要的旅游资源及分类。

➢方法指引

通过分组讨论，模拟讲解四川的旅游景点。

➢学习内容

旅游资源是旅游的吸引力因素，是旅游活动的客体，也是旅游业赖以生存和发展的物质基础和条件。当今世界旅游市场竞争激烈，旅游业发达国家都千方百计地开发、利用和保护最具特色的旅游资源，使其成为最具吸引力的旅游对象，以招徕源源不断的旅游者，由此可见其重要性。

一、旅游资源的概念

旅游资源是一个内涵十分丰富的概念。随着旅游需求的不断发展和多样化，旅游资源的内涵也在不断延伸，不同的学者对其有不同的定义。

根据国家标准《旅游资源分类、调查与评价（GB/T 18972—2017）》的定义，旅游资源是指自然界和人类社会凡是能够对旅游者产生吸引力，能激发旅游者的旅游动机，可以为旅游业开发利用，并可以产生经济效益、社会效益和环境效益的各种事物和因素。

二、旅游资源的特征

世界各地由于地表自然条件的差异，各种自然要素的不同组合，必然构成千差万别的自然景色和环境。同样，世界各地由于民族风貌、历史沿革的不同和社会经济、政治、文化、科技等不同程度的发展，各国各地的文物古迹、历史遗存、时代风貌也就各不相同。所以，不同国家、不同地区的旅游资源各具特色。但是，作为旅游活动的客体和可供旅游者进行实地观赏的对象，旅游资源又有共性的特征。

（一）吸引性

旅游资源的核心特点是对旅游者具有巨大的吸引力，而这种吸引力是通过给旅游者提供审美和愉悦的心理体验过程而实现的，旅游资源的美学特征越突出，观赏性越强，对旅游者的吸引力就越大。

（二）季节性

旅游资源特别是自然旅游资源的分布因纬度高低、地势高低、气候季节变换等不同而呈现很大的差别。同时，人文旅游资源也因其节庆、时令特征的差别存在不同。因此，旅游资源的旅游功能的发挥具有明显的季节性，从而从时间上可将旅游业分为淡季、平季、旺季。

（三）变化性

人类历史是发展变化的，不同时代就有不同的历史遗存。同时，随着社会生产力水平的提高，人文旅游资源也会得到不断创造和补充；而自然旅游资源也会因旅游经营者的不断开拓而不断被发现、开发和利用。因此，旅游资源就会不断发展和变化，这也是旅游的内容和形式会不断丰富和变化的原因之一。

（四）垄断性

独具特色的旅游资源具有特殊的使用价值，因而就具有垄断性。尤其是独一无二的珍贵文物，不能再生产和替代的特殊品，如埃及的金字塔，我国的万里长城、秦陵兵马俑、敦煌壁画，以及一些独有或独存的动植物，都成为最珍贵的旅游资源而吸引大量的游客。

（五）永续性和不可再生性

永续性是指旅游资源具有可以重复利用的特点。与矿产资源、森林等资源随着人类的不断开发利用会不断减少不同，旅游产品是一种无形产品，旅游者付出一定的金钱所购买到的只是一种经历和感受，而不是旅游资源本身。因此，从理论上讲，旅游资源可以长期永续地利用下去。但是，正如自然生态平衡和文化遗产容易受到破坏一样，旅游资源使用不当也会遭到破坏，而且绝大多数旅游资源都具有易于破坏、难以再生的特点。正是从这个意义上讲，越来越多的人把旅游业作为“资源密集型产业”，其意在呼唤旅游开发者、旅游者以及当地社区的资源保护意识，使旅游资源能够为人类永续利用。

三、旅游资源的类型

旅游资源多种多样，既有具体的、物态的，也有抽象的、非物质性的。根据我国《旅游资源分类、调查与评价（GB/T 18972—2017）》国家标准，可将旅游资源分为 8 个主类、23 个亚类和 110 个基本类型（见表 3–2–1）。

表 3–2–1　旅游资源主类一览

大类	小类	具体介绍	典型代表
自然旅游资源	地文景观	包括自然景观综合体、地质与构造形迹、地表形态	五岳名山、桂林山水、敦煌鸣沙山、五大连池火山岩溶和四川兴文县的石海洞乡
	水域景观	包括河系、湖沼、地下水、冰雪地、海面	长江三峡、长白山天池、黄果树瀑布、昆明滇池和四川泸沽湖
	生物景观	包括植被景观、野生动物栖息地	张家界国家森林公园、内蒙古锡林郭勒草原、陕西黄帝陵的“轩辕柏”和大熊猫及其故乡四川卧龙自然保护区
	天象与气候景观	包括天象景观、天气与气候现象	蓬莱海市蜃楼、春城昆明
人文旅游资源	建筑与设施	包括人文景观综合体、实用建筑与核心设施、景观与小品建筑	深圳世界之窗、北京国家博物馆、杭州西湖、丽江古城、武夷悬棺、杭州湾跨海大桥和三峡水库
	历史遗迹	包括物质类文化遗存、非物质类文化遗存	浙江余姚河姆渡遗址、北京八达岭长城

续表

大类	小类	具体介绍	典型代表
人文旅游资源	旅游购品	包括农业产品、工业产品、手工艺品	北京烤鸭、西湖龙井茶、清蒸武昌鱼、同仁堂药材、景德镇瓷器、杭州丝绸和四川蜀绣、蜀锦
	人文活动	包括人事活动记录、岁时节令	曲阜“三孔”、昆曲、伊斯兰教民族节日、彝族“火把节”、哈尔滨冰雪节

自然旅游资源向旅游者提供自然界中各种事物和现象的自然美，使观赏者产生心旷神怡、愉悦性情的美感体验；人文旅游资源为旅游者提供旅行游览中的艺术美和社会美的审美情趣，使人们直接感受到人类劳动智慧的结晶、国家（民族）变革和游乐设施带来的快乐。人文旅游资源所包括的不可见的、但置身其中可以感觉到的非物质内容，如语言、宗教信仰、民族风采、生活习惯等，是旅游地人民的精神面貌、文化气质、风俗习惯等赋予该地区的“个性”。在实际旅游活动中，最优的旅游资源形态是自然资源和人文资源的巧妙结合。

【思考与交流】

1. 当地居民的待人态度属于人文旅游资源吗？

2. 请根据表 3-2-1，小组合作查阅资料，谈谈你知道的四川省主要旅游资源典型代表有哪些？

四、主题公园

主题公园是现代旅游业在旅游资源开发中产生新的旅游吸引物，是自然旅游资源和人文旅游资源的结合。它是传统的城镇公园和游乐园的有机结合，融众多娱乐功能、休闲功能和服务设施等为一体，满足游客娱乐、休闲、餐饮、购物等需求的现代旅游目的地。其最大的特点是利用现代科学技术赋予娱乐活动某种主题，围绕既定主题来营造娱乐的内容与形式，园内所有的色彩、造型、绿化等都为主题服务，成为游客易于辨认的特征和游园线索。它通过人造景观、音乐、舞蹈、表演、博彩游戏等手段来营造热闹气氛，取悦公众和吸引旅游者。

主题公园的代表是1954年美国洛杉矶建立的“迪士尼乐园”。迪士尼乐园设计的多种艺术形式和高科技手段的运用及其经营模式，被视为全球主题公园发展模式的典范。1983年，日本东京建立了亚洲第一个迪士尼乐园，标志着美国式的主题公园对世界的辐射和影响由此扩展。此后，主题公园的发展风靡全球，许多旅游资源贫乏的国家（地区）正是通过发展主题公园来获得旅游业发展的契机的。例如，新加坡、中国香港地区的旅游业，在短短的20年间，迅速崛起成为亚洲乃至世界的旅游胜地，也得益于现代旅游主题公园的发展。

1989年，深圳华侨城建成的“锦绣中华”，标志着现代主题公园在我国内地的兴起。其后，陆续建立的“中国民俗村”“世界之窗”与“锦绣中华”构成了“深圳三景区”。其营运中获得的巨大商业成功在全国产生了轰动效应。从此，我国各具特色的主题公园或类主题公园（以静态观赏为主的人造景观）纷纷登上旅游市场的舞台。根据主题公园的类型，可划分为情景模拟、游乐、观光、主题和风情体验、4D体验五大类。

【知识拓展】

上海迪士尼主题乐园介绍

上海迪士尼主题乐园

上海迪士尼乐园，是中国第二个、亚洲第三个（前两个在中国香港和日本），世界第六个迪士尼主题公园，也是全球建造成本最高的主题乐园之一。项目建设地址位于上海市浦东新区川沙新镇，占地116公顷。建设内容包括游乐区、后勤配套区、公共事业区和一个停车场。2011年4月8日，上海迪士尼乐园正式动工，2016年6月已开业。

上海迪士尼乐园建成后将直接拉动相关产业和周边经济，有助于刺激本土文化和产业加速发展，助力上海和长三角地区的经济结构转型，为上海及周边地区创造更多就业机会。

从概念上说，主题公园既可以视为一种新开发的旅游资源，因为它具有人文旅游资源的功能和价值；同时又可以视为一种综合性的旅游产品（项目），因为它是经过旅游经营者精心策划、设计和整合而成的结果。

现代主题公园既具有丰富而深刻的文化内涵，又有多重适应性和主动参与性的观赏、娱乐设施，更有现代化服务体验及雅俗共赏的旅游文化形式。正因为如此，它吸引着成千上万的游客前往参观游览。

【思考与交流】

你所在的城市是否有主题公园，请你谈谈它们的特色。

五、旅游资源的开发与保护

旅游资源的开发是以旅游业发展为前提，以市场为需求导向，以发挥、改善和提高旅游资源对旅游者的吸引力为着眼点，采取适当的方法，把旅游业改造成能为旅游业所利用的旅游吸引物的经济技术工程。当旅游成为一种重要的社会活动时，旅游资源相继被发现和被破坏，对旅游资源的开发和建议、修缮和保护的问题就变得十分突出。搞好旅游资源的开发和保护，成了发展旅游业的头等大事。

（一）旅游资源的开发

任何一个旅游点（城市）的开发和建设，总是以旅游资源的开发为基础，辅以各种旅游设施的建设，以及设立并健全各种旅游服务机构来实现其旅游综合接待能力的，因此旅游资源的开发，首先必须进行可行性研究。即对开发条件进行综合评价，如对潜在旅游资源的状况（主要是吸引力）、地理位置、可进入性程度、客源市场状况，以及经济发展水平和基础设施等多方面因素进行深入调查研究，制定开发的总体规划，择优开发。

旅游资源的开发应与经济效应、生态和环境效益相协调，使开发、利用和保护相统一。只有这样才能避免破坏性的建设或建设性的破坏这种缺乏科学、远见和全局思想的盲目开发现象的出现，才能使旅游和旅游业建立在可持续发展的基础上，从而造福人类及其后代子孙。所以，对旅游资源或新的旅游点的开发必须遵循一定的原则。

1. 独特性原则

独特性原则要求在旅游资源开发中首先应把挖掘当地特有的旅游资源作为出发点，尽可能突出旅游资源的特色，通过同区内、省内及国内、全球范围内的旅游资源相比较，全面认识本地区的旅游资源优势，并通过开发措施强化其独特性，从而形成强大的吸引力和完整、独立的旅游形象。如西班牙就是由于认准了本国旅游资源在“3S”（阳光、海洋、沙滩）方面的独特优势及对欧洲客源市场的强大吸引力，进而大力投资开发滨海旅游资源，以至取得了世界旅游强国的地位。

独特性原则还要求在旅游资源开发中突出民族特色，保持某些传统格调。旅游者来访问的目的之一就是要观新赏异，体验异乡风情。特定区域内的民族风情、民族习俗、民族文化，是旅游资源开发取之不尽用之不竭的源泉。在开发过程中，要突出该民族的吸引力。艺术品位、文化情趣、审美风格、民风民俗等要素的特色，从而形成鲜明的个性和浓厚的吸引力。

2. 市场导向原则

旅游资源在开发之前一定要进行市场调查和市场预测，准确掌握市场需求及其变化规律，依据旅游消费者的需求变化特点，结合旅游资源的特色生产适销对路的旅游产品，这就是市场导向原则。

3. 经济性原则

旅游资源具有满足旅游者需要的价值，因而，旅游资源具有经济价值。经济价值的大小又与它所能吸引的旅游者的多少成正比。然而，并非具有吸引力的旅游资源都能变成财富。交通不便，设施不全，旅游者进不来、散不开、出不去，就是一种潜在旅游资源。只有通过开发和利用，使自然和人文资源成为旅游者可直接进入实地观赏的旅游景观才具有经济意义。而开发旅游资源必须投资，讲究经济效益。所谓经济原则，就是在开发建设中力求投入量少、产出最多，以获得较高的经济效益。

为了取得理想的经济效益，首先是地理位置和气候条件优越及经济发展水平较高的地区应得到优先开发和建设，其次对那些旅游资源规模较大、比较集中、人文景观突出、价值较高的地区（城市）予以重点开发；同时，要充分利用现有的景观资源和设施，有的只要稍加修缮和配套就可利用，以减少投资，扩大经济效益。

4. 保护性原则

旅游资源的开发或开发新的旅游资源，想要做到一锄不挖、一草不拔是不可能的。这里强调的是不能单从开发者的经济利益出发，无视对自然环境和生态平衡的破坏；而应该有利于美化大自然、美化环境，在更好地满足国内外旅游者需要的同时，有益于当地人民生活质量的提升。实际上，旅游地生态环境的破坏，不但给旅游地人民带来危害，同时，也会削弱旅游吸引力。所以，保护原则就是要求旅游资源的开发建设要与当地自然环境相适应，有利于环境保护和生态平衡，避免建设性的破坏和破坏性的建设。

（二）旅游资源的保护

1. 旅游资源被破坏的原因

旅游资源具有经济意义、政治意义、历史文化教育意义已为世界人民所公认、所重视。因而，对旅游资源的保护也是一种世界性问题。旅游资源被破坏的原因主要有自然的破坏、人为的破坏，以及人为活动但通过自然而形成的破坏三类。

（1）自然的破坏。一方面，像地震、海啸、火山、洪灾等突发性自然灾害会毁坏旅游资源，甚至直接改变一个景区或地区的风貌，造成不可挽回的破坏。另一方面，天长日久的流水侵蚀、风吹日晒雨淋等会慢慢改变旅游资源的形态和性质。此外，虫、禽、兽等也会对各种自然旅游资源，特别是文物造成严重的破坏。

（2）人为的破坏。旅游资源人为的破坏有多方面的，这种破坏的影响力远远超过了自然资源的破坏。一方面，管理不善或故意破坏会损坏旅游资源。另一方面，旅游者的不文明行为，如攀枝折花、乱刻乱涂、踩踏等也会破坏旅游资源。此外，在城市建设和旅游资源开发中因规划或施工不当造成很容易造成对生态环境和旅游资源的破坏。比如，乱砍滥伐风景区的树木；因基本建设而乱占风景地。还有因愚昧无知或因不能正确处理保护古迹和基建的矛盾而造成的破坏。

（3）人为活动但通过自然而形成的破坏，如因工厂和稠密居民区排泄废水废气而污染自然环境或潜移默化地对文物古迹造成损害。

2. 旅游资源的保护策略

针对目前我国旅游资源严重破坏问题，对旅游资源保护提出几点对策。

（1）从管理部门来讲，在旅游资源开发中，要坚持“保护与开发并重，合理开发，优化利用”的方针。加强旅游资源的科学管理，保护资源永续利用。

（2）从司法部门的角度来讲，加大旅游资源保护的立法管理；运用法律手段，加大对旅游资源破坏行为的追责和惩处。

（3）从旅游者的角度来讲，游客要加强自身素质修养的提高，文明旅游；开展游客不文明行为记录管理，纳入国家征信系统。

【知识拓展】

全国首例故意损毁自然遗迹入刑案宣判

2020年5月，备受关注的全国首例故意损毁自然遗迹入刑案件迎来二审宣判。二审判决结果出炉：驳回上诉，维持原判，即三名被告在被判处在公众媒体赔礼道歉；两名被告人被判处有期徒刑，同时需赔偿环境资源损失计人民币600万元，用于公共生态环境保护和修复。

法院经公开开庭审理查明，仅为了拍摄视频，获取网友点击量，2017年4月15日凌晨，被告人张某明、毛某明、张某三人利用电钻、岩钉（即膨胀螺栓，不锈钢材质）、铁锤、挂片、绳索等工具，攀爬三清山风景名胜区主要景点“巨蟒峰”（见图3-2-1），并在峰顶使用无人机进行拍摄。当日，被告人毛某明、张某明、张某先后被公安机关抓获并予以行政拘留。经现场勘查，张某明在“巨蟒峰”上打入岩钉26个。经专家论证，三被告人的行为对“巨蟒峰”地质遗迹点造成了不可修复的严重损毁。

图3-2-1　三清山巨蟒峰

据专家介绍，三清山作为世界自然遗产和世界地质公园，其遗产价值、美学价值和科研价值举世无双，是不可再造的旅游资源，不可将其等同于普通的景点；而从地质构造上来说，巨蟒峰遗迹点历经3亿多年地质演化，其由风化和重力崩解作用而形成的花岗岩柱体本身较为脆弱，3名游客的行为不仅对它造成了严重破坏，他们打入的膨胀螺栓钉还会加快巨蟒峰柱体的侵蚀进程，甚至造成崩解。

项目 3 旅游业

➢**活动呈现**

2022 年春节假期前 4 天，四川省全省纳入统计的 695 家 A 级旅游景区，4 天累计接待游客 1144.90 万人次，实现门票收入 9669.72 万元。与 2021 年纳入统计的 654 家重点景区同口径比较，4 天累计接待人数增长 12.35%、累计门票收入增长 14.85%。

阿坝州、甘孜州、凉山州和攀枝花市“三州一市”开展冬季旅游的 150 家 A 级旅游景区，4 天累计接待游客 102 万人次，实现门票收入 358.30 万元。与 2021 年纳入统计的 113 家重点景区同口径比较，4 天累计接待人数增长 30.12%。

通过阅读以上材料，谈谈你对四川旅游业发展前景的看法。你觉得旅游业包括了哪些行业？

➢**方法指引**

通过阅读、小组讨论的方式，逐渐认识旅游业。

➢**学习内容**

一、旅游业的概念

旅游业是由旅游设施和各种专业人才构成的能为旅游活动提供各种服务的整个服务体系。旅游设施包括旅游基础设施和旅游服务设施。旅游基础设施是指直接或间接为发展旅游业提供基础条件的公共设施，如道路、桥梁、机场、车站、码头、供水供电系统及邮政电信系统；旅游服务设施是指专门为旅游活动服务的基本设施和设备，如饭店、餐厅、娱乐场所、旅游购物商场、旅游航班和旅游汽车、旅游轮船等。旅游业还为旅游者提供各种专业服务，如导游服务、饭店服务、购物服务等。

综上所述，旅游业的概念可以概括为：旅游业是以旅游资源为依托，以旅游设施为条件，以旅游者为对象，为旅游者的旅游活动、旅游消费创造便利条件，并提供其所需商品和服务的综合性、经济性产业。

旅游资源、旅游设施和旅游服务是旅游业经营管理的三大要素。旅行社、旅游饭店和交通运输业被称为旅游业的三大支柱产业。

二、旅游业的性质

（一）文化性

旅游是一种高级消费形式，通过旅游活动满足旅游者精神文化生活的需要，而旅游设施和各种服务的提供，也是为了帮助旅游者实现其完美的旅游愿望，因而具有明显的文化性质，即旅游业提供给旅游者的主要是精神文化消费资料。

（二）经济性

任何旅游资源的开发和旅游设施的建设都需要投资，并以产品的形式出售给旅游消费者。在市场经济条件下，这种投资无论来自政府还是企业，都必须进行经济行为的投入和产出的比较，因而具有明显的经济性质。同时，任何一个国家的旅游业，都是把旅游服务当作产品来生产和经营的，即凡是为了旅游者服务的企业和个人，都是旅游产品生产者和经营者。因此从产业性质看，旅游业是经济性产业。

三、旅游业的特点

从旅游业的职能和实际作用来看，旅游业属于国民经济中的服务行业（第三产业），因而具有服务性的特点。但是与一般服务行业相比又有着许多特殊性，在其运行的过程中显示出自身的特点，归纳起来有以下几个方面。

（一）综合性

旅游业的生产过程就是旅游企业为旅游者在旅行期间的食、住、行、游、购、娱等方面提供服务的过程。旅游者旅游活动的顺利完成需要交通、住宿、餐饮、金融、通信、商业娱乐、景区等一系列的企业提供相应的服务。这些企业按照传统的产业划分标准，又分别属于若干独立的行业，它们是为了“满足旅游者的需要”而联系在一起的，旅游业是一项综合性极强的产业。

（二）依托性

对于一个城市，旅游业的发展要依托整个城市的建设和城市环境；对于一个国家和地区，如果旅游资源的开发不能和旅游交通、旅游饭店等相关部门协调发展，就会影响整个旅游业的健康发展。因此，旅游业是一项依托性较强的产业。

（三）带动性

旅游业本身是一个关联带动性很强的产业群体。发展旅游业，必然使直接为旅游者服务的诸多行业首先得到发展；而间接为旅游者服务的诸多行业，如农副业和加工、建筑业与装修，其他如水、电、煤等行业也必然会受到旅游业发展的刺激而得到相应的发展。

（四）敏感性

实践证明，旅游市场极易受国际、国内形势变化的影响，从而导致旅游需求的波动。例如，2001 年发生在美国的“9・11”恐怖事件，不但使美国旅游业受到重创，而且波及世界。2008 年，汶川地震的发生使四川旅游遭受了重大挫折，当年四川省全年入境游人数同比下降 59%，省外游客人数同比下降 60%，主要景区景点收入同比下降 60%。

（五）涉外性

当代旅游是一种跨地区、跨国界的广泛的人际交往活动。就一国而言，既有接待外国旅游者的任务，也需要组织国内居民出国旅游。由于各国的社会制度、政治信仰乃至生活方式存在着较大差别，因此，国际旅游具有很强的政策性，尤其我们是社会主义国家的旅游业，既要讲究经济效益，又要重视通过旅游活动来促进各国人民之间的相互了解、增进友谊。因此，加强政治责任感、自觉遵守外事纪律是每个旅游从业人员的职责。

同时，因开展国际旅游活动，我国的旅游经营单位和外国旅游经营单位之间，必然要发生经济上的交往，因此，旅游业的涉外性还体现在经济上要遵循互惠互利、讲究信誉的原则。

四、旅游业的影响与作用

（一）旅游业在社会就业、创业中的影响

旅游业对就业的影响主要表现在宏观和微观两个方面：宏观上是对区域的

影响，微观上是对旅游企业和旅游从业者的影响。在区域层次上，旅游就业效应表现为国家和地区受到旅游业发展而产生的影响和旅游业就业特征的影响，包括旅游业为地区提供的就业岗位情况、增加的就业人数情况以及提高当地经济发展水平情况、当地居民收入情况等。

目前，全世界的旅游从业人员已近 4 亿人，即在全世界从业人员中每 9 个人中就有一个人从事旅游业。在旅游企业层次上，旅游就业效应表现在企业为从业者提供旅游就业岗位及付出的生产成本方面。在旅游从业者层次上，旅游就业效应突出地表现为旅游就业人员在工作岗位上获得的物质和精神两方面的收获。据统计，中国 2022 年旅游直接就业 2779.4 万人，旅游直接和间接就业 7873 万人，占全国就业总人口的 10.19%。

旅游创业是创业者自己拥有的资源，发起、维持和发展以利润为导向的旅游企业有目的性的行为。随着大众旅游繁荣发展，旅游业已经成为大众创业、万众创新最为活跃的领域，涌现出一批“旅游创客”——通过创新实践，将各种创意用于“食、厕、住、行、游、购、娱”等旅游各要素中，在创新创业的同时也推动所在地旅游经济发展。

（二）旅游业对国民经济正负两方面的影响

旅游业的经济影响是双向的，不仅会影响到旅游目的地的经济，同时对旅游客源地的经济也会产生影响。同时，旅游业也会产生负面的影响。

1. 旅游业对社会经济的积极影响

世界各国发展旅游业的经验证明，旅游业在国民经济诸产业中是具有较大优势的产业之一。发展旅游业在促进整个国民经济发展、增进国民收入方面可以发挥出更积极有效的作用，其表现可从直接作用和间接作用两方面来分析。

（1）直接作用：换取外汇，回笼货币。

就我国来说，换取外汇的主要渠道是贸易出口，兼有劳务输出、侨汇和发展国际旅游接待等，其中，旅游换取外汇更具有其特殊的优越性。因为旅游者是在旅游产品生产地（接待国家和地区）进行就地消费，可以节省商品出口时的运输、转口、关税、保险等费用，即旅游业换取外汇是由旅游者直接带来的，既容易获得，换汇率又高。同时，由于旅游业提供的主要是劳务性产品，因而消费物质商品相对较少，对发展中国家来说，依靠旅游业来换取外汇，在增强国家的外汇支付能级和平衡国际收支方面，更具有重要的现实意义。

积极发展国内旅游，不仅可以满足广大人民日益增长的文化生活需求，而且可以吸收浮游资金来回笼货币，促进国内市场的繁荣与稳定，是回笼货币、稳定市场的有效途径。旅游回笼货币，是通过旅游接待服务收费，将旅游者多余的货币转归旅游业经营单位，然后回笼到国家银行，实现了社会多余货币所有权的转移。

（2）间接作用：有利于带动国民经济相关行业的发展。

按照发达国家的经验，旅游业与公共事业的比例是 1∶5，即旅游业投入 1 元，相应的配套设备要投入 5 元。世界旅游组织统计分析认为，旅游业与相关产业的投资带动作用之比是 1∶7。旅游业的迅速发展，必然会刺激和带动诸如交通运输业、建筑业、轻工业、商业、农副食品加工业乃至工艺美术、文化教育、金融财政、文物、园林等各行各业的发展。只有国民经济各部门共同发展，才能使国家的旅游业和各个旅游产业正常运行。这些被带动的行业中，特别是与旅游关系密切的外贸、民航、建筑业所受的影响最大，其发展速度远远快于工业、农业。

（3）促进地方经济的发展，提高区域经济水平。

由于旅游业是一个关联带动性很强的行业，某个地区一旦开展旅游业，就会带动整个地区经济的全面发展，所以一些经济落后、发展工业难度大但旅游资源丰富、具备发展旅游业条件的地区，就可以大力发展旅游业，发挥旅游业的关联带动功能来促进落后地区的全面发展，提高区域经济水平，改善人民生活条件。由此可见，旅游业还具有扶贫的功能和作用。

（4）有利于消除贫困，促进乡村振兴。

旅游能够为贫困人口创造就业和收入机会，促进小商业经营，从而提高贫困人口的生活水平，助推乡村振兴。中国早在 20 世纪 90 年代初提出了旅游扶贫计划，2016 年召开的首届世界旅游发展大会上，国务院总理李克强在题为《让旅游成为世界和平发展之舟》的讲话中指出，旅游业是实现扶贫脱贫的重要支柱。旅游扶贫是通过开发旅游资源，达到扶贫、脱贫、致富的目标，即贫困地区充分利用其旅游资源，大力发展旅游业，吸引发达地区的人们前来旅游和消费，使旅游资源产生效益，使旅游商品的生产、交换、消费在贫困地区同时发生，逐步实现部分财富、经验、技术和产业转移，增加贫困地区的“造血功能”，从而使其脱贫致富。

2. 旅游业对社会经济的消极影响

（1）引起旅游接待地物价上涨。

在一些旅游热点城市，因大量旅游者的涌入，对食品、工业品等需求量大幅度增长，会给接待地的商品供应带来压力，引起物价的普遍上涨，影响居民生活。

（2）盲目发展旅游业造成资源的浪费。

当旅游业的发展失控，超过当地经济所能承受的能力时，就会产生一系列问题，诸如因投资基金过大，长期难以收回投资成本，直接造成经济损失，或因建造饭店、旅游商场和娱乐场所占地过多，使可耕农田面积减少而影响农业的发展等。

（3）对当地产业结构产生不良影响。

旅游业的快速发展，可能会使其他行业严重依赖旅游业，不利于产业结构的优化。

（三）旅游业对社会和文化的影响

现代旅游本身就是一种大规模的文化性活动，产生复杂的社会文化效应，必将对社会和文化的方方面面产生影响，如对旅游客源地、旅游接待地和旅游者本身在社会道德、价值观念、生活方式等方面产生积极和消极的影响。

1. 旅游业对社会和文化的积极影响

（1）有助于增进国家或地区间的相互了解和人际交往。

旅游业的一个特殊贡献就是不同文化背景、不同价值观念的人群不期而遇，为之提供异域文化和思想沟通的机会和环境。同时，随着旅游的重心越来越多地向文化方面转移，从宏观上说，异域的历史文化、建筑文化、民俗文化、饮食文化、宗教文化等就越来越具有吸引力。

（2）有助于促进文化教育事业的发展。

旅游业的蓬勃发展及其综合性、带动性的特点决定了需要大量直接为旅游业服务的专业人才及间接为旅游业发展的各行业人才。各类人才的需求量大幅度增加，在客观上为社会文化教育事业发展提供了契机。

（3）有助于文明的传播和良好社会风气的形成。

旅游是一种广泛的人际交往活动，旅游者之间、旅游经营者与旅游者之间的交往，从良好的职业道德和职业习惯行为中所体现出来的文明与先进的思想意识和高尚的道德精神面貌必然会影响和感染旅游者及周围群众，在思想感情上产生共鸣，并加以发扬光大，加速社会文明的传播。那么，这种彼此尊重、互助互爱的新型的人际关系就会逐步建立，助人为乐、文明礼貌的良好社会风气就会逐渐形成。

（4）旅游有利于消除贫困。

贫困既是经济问题，也是社会问题。旅游能够为贫困人口创造就业和收入机会，促进小商业经营，从而提高贫困人口的生活水平。中国早在20世纪90年代初提出了旅游扶贫计划，2016年召开的首届世界旅游发展大会上，国务院总理李克强在题为《让旅游成为世界和平发展之舟》的讲话中指出，旅游业是实现扶贫脱贫的重要支柱。农村贫困人口脱贫是全面建成小康社会最艰巨的任务，也是必须实现的目标。未来五年内，中国将通过发展旅游业使1200万人口脱贫。近年来，按照“政府引导、社会参与、贫困户受益”的原则，原国家旅游局先后通过发展“旅游扶贫试验区”“乡村旅游富民工程”等方式，引导各级政府将旅游发展与精准扶贫相结合。

2. 旅游业对社会文化的消极影响

当然，旅游业的发展也会对接待国（地）的社会文化产生一些负面效应。在旅游过程中，当不同文化碰撞时，必然会相互发生作用。

（1）对当地生活方式和价值观产生“不良示范”。

大量的国际旅游者的到来，不可避免地将自己的生活方式带到旅游接待地，其中既有文明健康、有利于接待地人民学习和仿效的积极因素，也会有一些颓废的思想意识、低级庸俗的趣味和腐朽没落的生活方式。接待地的一些意志薄弱者经不起这些不健康因素的诱惑，就会在思想上产生共鸣，甚至完全变质和堕落。

（2）导致当地传统文化的商品化。

在不断接受外来文化信息的刺激后，旅游接待地居民也会逐渐受到影响。为了迎合旅游者的欣赏心理，接待地的一些传统文化如民俗节日、宗教仪式已逐渐变成纯商业性的娱乐方式，进行现代艺术包装，从而失去原有的民族文化内涵，变得商品化。

（四）旅游业对生态环境的影响

生态环境既是旅游吸引物的重要组成部分，也是提供旅游服务的基本生产因素。旅游业是资源依赖型产业，旅游业的发展是一把“双刃剑”，如何有效地利用资源环境，同时又不对旅游地环境造成破坏，成为旅游发展过程中的重要问题。

1. 旅游发展对生态环境的有利影响

优美的环境越来越发挥出强大的旅游吸引力，因此旅游地通常会极力地造就和维持良好的旅游环境以吸引游客前来访问。旅游业发展的需要促进了旅游目的地生态环境的改善。具体来讲，旅游对生态环境的改善作用体现在以下几个方面。

（1）提高人们的环境意识。

旅游不仅能够提高目的地人们的环境意识，也有助于旅游者环境意识的提高。作为目的地居民，他们目睹了良好的环境质量带来了游客，带来了经济收入，使他们逐渐摆脱贫困走上了富裕道路，他们的环境意识自然就提高了。而作为旅游者，旅游地优美的环境使得他们的身心获得了极大的愉悦，他们无形中认识到了良好的生态环境的重要性，环保意识也随之提高。

（2）提高目的地环境质量。

旅游业发展的基础就是优美、高质量的环境。人们充满了对纯净的空气、洁净的水、优美的环境和生态、绿色的森林和大自然的向往。这种旅游者内心深处的需求，对于旅游开发经营者来说，规范了他们的开发方式和产品质量。环境的质量就是旅游产品的质量，旅游者需要开发者提供高环境质量的旅游产品。因此，旅游开发应该意味着旅游地生态环境质量的提升。

（3）旅游业收入为环境保护提供了资金来源。

目前，我国国家财力有限，无法满足旅游区、自然保护区、风景名胜区等重要旅游接待地的环境保护和资源管理。因此，通过可接受承载力下的适度旅游开发，可以筹措到一定的资金，用于景区环境质量的改善。

2. 旅游发展对生态环境的不利影响

虽然旅游业能够促进生态环境的建设和保护，但是，旅游业并不是“无烟工业”，过度的或不当的旅游开发会严重影响目的地的生态环境，使它们产生不利变化。旅游对环境的消极影响主要表现在：对大气的影响、对水体环境的影响、噪声污染、对动植物的破坏和干扰、对景观环境的破坏等方面。比如，旅游服务设施所排放的“三废”（废气、废水、废渣）和布局不当造成对环境的污染，旅游者大量的涌入带来拥挤、混乱；旅游者流动和暂时停留的过程中发生的破坏和污染；大量人口的暂时停留带来超出以往的生产、生活资料的消耗和能源的使用；旅游者自身的不良行为对生态环境的破坏等。

【思考与交流】

1. 你所在地区的旅游业发展对当地教育工作有何影响？

2. 作为未来的旅游从业人员，应担负起怎样的责任？

项目检测

一、单项选择题

1. 旅游的媒介（　）。

A. 旅游者　B. 旅游资源　C. 旅游业　D. 旅游交通

2.（　）属于旅游者的心理因素。

A. 有钱　B. 有闲　C. 身体健康　D. 旅游动机

3. 2001 年在美国发生的“9・11”恐怖事件，不但使美国旅游业受到重创，而且波及全世界，这体现了旅游业的（　）。

A 综合性　B. 依赖性　C. 垄断性　D. 敏感性

4.（　）是旅游业的生命线。

A 旅游资源　B. 客源　C. 服务　D. 旅游交通

5. 珍贵文物是不能再生产和替代的特殊产品，如埃及金字塔、我国的秦兵马俑等，说明旅游资源具有（　）。

A. 吸引性　B. 变化性　C. 垄断性　D. 季节性

二、多项选择题

1. 旅游者的个人条件包括（　）。

A. 社会富裕和社会闲暇　B. 有钱有闲

C. 旅游动机　D. 身体健康

2. 对人文景观的破坏主要是对历史文物古迹的破坏，主要有（　）等类型。

A. 自然性的破坏　　B. 人文的破坏

C. 人文通过自然而形成的破坏　　D. 乱砍森林树木造成的破坏

3. 旅游资源开发应遵循的原则有（　）。

A. 特色原则　　B. 经济原则　　C. 市场原则　　D. 保护原则

4. 旅游资源的特点包括（　）。

A. 吸引性　　B. 变化性　　C. 垄断性

D. 季节性　　E. 参与性

5. 下列对旅游资源开发应遵循的特色原则描述正确的有（　）。

A. “既雕既琢，复归于朴”

B. 选择不可替代性的资源开发

C. 处处见罗汉、三步建亭台、五步造假山

D. 因地制宜，突出人文景观的地位

三、判断题

1. 因工厂和稠密居民区排泄废水废气而污染自然环境属于对人文景观的破坏。（　）

2. 中国第二个、亚洲第三个，世界第六个迪士尼主题公园是香港迪士尼乐园。（　）

3. 旅游活动中最优的旅游资源形态是自然资源和人文资源的巧妙结合。（　）

4. 曲阜“三孔”属于建筑与设施人文旅游资源类。（　）

5. 价值性是旅游者想要亲临其境的动力，是旅游资源的灵魂。（　）

单元4　旅游业的运转——旅游业的构成

背景研习

“食、住、行、游、购、娱”精辟概括了旅游的基本要素，是直到现在对旅游业描述最简洁、最准确、传播最为广泛的概念。随着旅游市场需求的持续升级和旅游产业融合的不断演进，在旅游基本要素基础上，又衍生出了新的六要素，即旅游发展发展要素：商、养、学、闲、情、奇。今后还会拓展出更新、更多的旅游发展要素，这是旅游业蓬勃发展的大趋势。

项目研习

学习目标

1. 了解旅游业运转构成部门，掌握旅游七大基础要素的含义及类型。

2. 理解旅行社、旅游交通、旅游购物、旅游娱乐业等在旅游业中的重要作用。

3. 理解旅游厕所革命的概念、在旅游业发展中的意义及措施。

4. 利用所学知识分析和解决旅游业发展中的问题，增强对旅游业的热爱。

内容结构

- 旅游业的运转——旅游业的构成
  - 项目1 旅行社
    - 一、旅行社的概念
    - 二、旅行社的类型
    - 三、旅行社的作用
    - 四、旅行社的业务
  - 项目2 旅游饭店
    - 一、旅游饭店的概念
    - 二、旅游饭店的类型
    - 三、旅游饭店的等级
    - 四、旅游者对饭店的要求
  - 项目3 旅游厕所革命
    - 一、旅游厕所革命的概念
    - 二、旅游厕所革命的成效
    - 三、旅游厕所革命的意义
  - 项目4 旅游交通
    - 一、旅游交通的概念
    - 二、旅游交通的作用
    - 三、旅游交通工具
    - 四、旅游交通工具的选择
  - 项目5 旅游景区
    - 一、旅游景区概述
    - 二、旅游景区的类型
  - 项目6 旅游购物
    - 一、旅游购物品的概念
    - 二、旅游购物品的特点
    - 三、旅游购物品的分类
  - 项目7 旅游娱乐
    - 一、旅游娱乐的概念
    - 二、旅游娱乐设施的分类
    - 三、旅游娱乐业的作用

知识与技能

项目1 旅行社

➢**活动呈现**

讲述一次参与旅行社组团的旅游活动。

➢**方法指引**

通过讲述法、讨论法认识到旅行社的重要性，并学会正确选择旅行社。

➢**学习内容**

旅行社是旅游业的重要组成部分，是沟通旅游者和旅游产品之间的中介组织，它是通过旅游产品的销售，为旅游者提供服务来获取利润的企业。在国外，旅行社又被称为“旅游中间商”。

一、旅行社的概念

国务院于2009年5月1日正式实施了《旅行社条例》，按照条例规定，旅行社是指从事招徕、组织、接待旅游者等活动，为旅游者提供相关旅游服务，开展国内旅游业务、入境旅游业务或者出境旅游业务的企业法人。其旅游服务主要包括：为旅游者安排交通、住宿、餐饮、观光游览、休闲度假等服务，提供导游、领队、咨询、旅游活动设计等服务。

旅行社起源于19世纪40年代的英国，自1845年英国人托马斯·库克创办世界上第一家商业性旅行社起，旅行社得到快速发展。现在，旅行社已遍布全球，为世界旅游业的发展做出了积极的贡献。我国旅行社自20世纪80年代后期起发展迅猛，到2022年年底，全国旅行社总数为45162家。

二、旅行社的类型

旅行社的种类很多，按经营业务范围的不同划分，中华人民共和国成立至20世纪80年代中期，我国先后成立了中国国际旅行社、中国华侨旅行社和中国旅行社（后合并为中国旅行社）、中国青年旅行社四大旅行社。1985年5月，国务院颁布的《旅行社管理暂行条例》把我国的旅行社划分为一类旅行社、二类旅行社和三类旅行社三种类别。1996 年 10 月，国务院颁布的《旅行社管理条例》把我国旅行社分为国际旅行社和国内旅行社。2009 年 5 月起施行的《旅行社条例》规定，我国旅行社可分为：经营国内旅游业务和入境旅游业务的旅行社；经营国内旅游业务、入境旅游业务和出境旅游业务的旅行社。目前，我国三大旅行社的 Logo 如图 4–1–1 所示。

图 4–1–1　我国三大旅行社的 Logo

【知识拓展】

国内旅游业务、入境旅游业务、出境旅游业务的含义

国内旅游业务，是指旅行社招徕、组织和接待中国内地居民在境内旅游的业务。

入境旅游业务，是指旅行社招徕、组织、接待外国旅游者来我国旅游，香港特别行政区、澳门特别行政区旅游者来内地旅游，台湾地区居民来大陆旅游，以及招徕、组织、接待在中国内地的外国人，在内地的香港特别行政区、澳门特别行政区居民和在大陆的台湾地区居民在境内旅游的业务。

出境旅游业务，是指旅行社招徕、组织、接待中国内地居民出国旅游，赴香港特别行政区、澳门特别行政区和台湾地区旅游，以及招徕、组织、接待在中国内地的外国人、在内地的香港特别行政区、澳门特别行政区居民和在大陆的台湾地区居民出境旅游的业务。

三、旅行社的作用

（一）中间媒介作用

旅行社是旅游产品的组织者，它将各种旅游产品组合起来供旅游者选择和消费，如根据游览线路特点制订旅游日程计划。旅行社又是旅游产品的销售者，在旅游产品与旅游者之间起着中介作用。旅游者在旅游活动中的各种事宜也需要旅行社来安排和协调解决。

（二）销售旅游产品

旅游产品主要由食、厕、住、行、游、购、娱等相关的旅游项目和服务组成。尽管它们各自的经营部门也直接向旅游者出售自己的产品，但在现代旅游活动中，较大部分的旅游产品则是通过旅行社销售的。旅行社有庞大的销售网，精于销售旅游产品，能为各类旅游产品招徕大量旅游者。

（三）服务旅游者

旅行社以各种形式向人们传播旅游信息，为旅游者提供各方面的旅游咨询服务，为旅游者提供出行前、旅游过程中和旅游结束后所需要的全部服务，让人们在有限的时间内获得最佳的旅游体验。旅行社还为旅游者提供办理护照签证、组织兑换业务等其他与旅游相关的服务。

四、旅行社的业务

不同国家和地区的旅行社在业务上有差异，旅行社的类型和规模不同，其业务范围也会有所差异。旅行社的基本业务主要表现在以下几个方面。

（一）生产业务

旅行社的第一基本业务是生产业务，即旅游产品的设计开发。旅行社要随时了解和掌握旅游市场的需求动向，根据旅行社自身的条件和能力，结合旅游目的地的旅游资源和旅游服务设施情况，设计开发出能吸引旅游者的适销对路、各具特色的旅游产品。

（二）销售业务

随着竞争的加剧，旅游产品的宣传促销显得尤为重要。旅行社要制定正确的销售策略，选择适当的销售途径，规划恰当的价格，通过发放宣传资料、举办展销会、广告媒体宣传等方式进行促销，把旅游产品推向市场，吸引消费者购买。

（三）接待业务

旅行社应做好接待准备工作、接待服务工作，向消费者提供信息咨询服务。接待人员应具有较高的素质和较强的业务能力，以争取到更多的消费者购买产品。旅行社在游程结束后还要做好回访工作，处理好旅游者的投诉，做好善后服务工作。

（四）计调业务

旅行社计调是计划与调度的结合称谓，主要任务是旅游者的用车、住宿、吃饭、门票、司机导游的安排、成本的核算、同行间的相互交接等。它是旅行社为业务决策和实现计划目标而进行的各项工作的总和。

（五）导游业务

导游业务是旅游接待工作中的中心环节，导游人员在接待服务过程中起着沟通和协调的重要作用。导游人员要按照旅游接待行程，安排好游客的餐饮、住宿、交通、娱乐等，要为游客做好导游、讲解和宣传工作，要保护游客的人身与财产安全，维护他们的正当权益，妥善处理旅途中的各类问题。

【知识拓展】

旅行社质量保证金

1. 旅行社质量保证金的概念

旅行社质量保证金是指由旅行社缴纳，旅游行政管理部门管理，用于保障旅游者权益的专用款项。有下列情形之一的，旅游行政管理部门可以使用旅行社的质量保证金：

（1）旅行社违反旅游合同约定，侵害旅游者合法权益，经旅游行政管理部门查证属实的。

（2）旅行社因解散、破产或者其他原因造成旅游者预交旅游费用损失的。

2. 旅行社质量保证金的缴纳

根据 2009 年 5 月 1 日起施行的《旅行社条例》规定，旅行社应当自取得旅行社业务经营许可证之日起 3 个工作日内，在国务院旅游行政主管部门指定的银行开设专门的质量保证金账户，存入质量保证金，或者向作出许可的旅游行政管理部门提交依法取得的担保额度不低于相应质量保证金数额的银行担保。

经营国内旅游业务和入境旅游业务的旅行社，应当存入质量保证金 20 万元人民币；经营出境旅游业务的旅行社，应当增存质量保证金 120 万元人民币。

旅行社每设立一个经营国内旅游业务和入境旅游业务的分社，应当向其质量保证金账户增存 5 万元人民币；每设立一个经营出境旅游业务的分社，应当向其质量保证金账户增存 30 万元人民币。

质量保证金的利息属于旅行社所有。

项目 2 旅游饭店

➢活动呈现

讲述旅游过程中吃或住的一次经历。

➢方法指引

运用讲述法、讨论法、角色扮演法，了解旅游饭店的现状，理解饭店服务工作，树立正确的服务和择业观念。

➢学习内容

旅游过程中吃、住是不能缺少的环节，选择什么样的饭店，在饭店里的感受如何？决定着旅游者对旅游质量好坏的评判。旅游饭店的类型、等级、旅游者对饭店的要求都是安排旅游活动需要考虑的问题。

一、旅游饭店的概念

“饭店”一词来源于法语，原指接待贵宾的乡间别墅，后来被欧美国家沿用，内涵逐步扩大，渐渐演变成现代意义的饭店。我国对饭店的称谓还有酒店、宾馆、旅馆、旅店、旅社、客栈、度假村等。无论其设施简单还是豪华，它们都必须具备餐饮和住宿这两项基本服务功能，这被称为饭店的基本条件。现代化饭店还附带有会议、购物、康乐、通信、交通等综合服务设施，以满足客人食、厕、住、行、游、购、娱等需求。

用于旅游服务的饭店称为旅游饭店，但实际上和饭店是难以区分的。旅游饭店是指以有形的空间、设备、产品和无形的服务为凭借，在旅游消费服务领域从事生产和营销活动，具有法定独立性的经济实体。旅游饭店是旅游业的重要组成部分，是一个国家发展旅游业的重要的物质基础，是获得旅游经济收入的重要来源。

【思考与交流】

说一说，你所在地区有哪些知名的饭店。

【知识拓展】

绿色饭店

绿色饭店是指在规划、建设和经营过程中，以节约资源、保护环境、安全健康为理念，以科学的设计和有效的管理、技术措施为手段，以资源效率最大化、环境影响最小化为目标，为消费者提供安全、健康服务的饭店。

绿色饭店以"安全、健康、环保"三大理念为核心，在安全方面重视消防安全、治安安全、食品安全、消费安全和职业安全；在健康方面突出绿色客房、绿色餐饮和卫生操作；在环保方面重视清洁生产，关注节能、降耗和垃圾处理。

创建"绿色饭店"始于20世纪80年代的欧洲饭店行业，并很快成为国际饭店业的潮流。我国于2007年发布并从2008年3月1日起开始实施《绿色饭店国家标准》，根据饭店在节约资源、保护环境和提供安全、健康的产品和服务等方面取得不同程度的效果，绿色饭店分为五个等级。用银杏叶标识，从一叶到五叶，五叶级为最高级。

二、旅游饭店的类型

世界上对饭店类型的划分并没有统一的标准，分类方法很多，现简要列举几种，如表4-2-1所示。

表 4-2-1　旅游饭店的类型

划分依据	具体分类
饭店特色和客人特点	观光型、商务型、度假型、会议型、长住型、汽车旅游饭店等
饭店规模	大型、中型、小型旅游饭店
饭店设施档次	高档、中档、低档旅游饭店
饭店地理位置	城市、机场、海滨、车站码头旅游饭店等
饭店经营方式	独资、合资、连锁、股份制旅游饭店
饭店计价方式	欧式、美式、修正美式、欧陆式、百慕大式计价旅游饭店

一个饭店往往具有多种特征，可以同时被列入几个分类中，而一个饭店也不只具有某一项功能，而是兼具了多种功能。除以上旅游饭店外，主题饭店、快捷酒店、民宿旅馆等新型饭店也在快速发展。

（一）观光型旅游饭店

这类旅游饭店主要接待观光旅游客人，目前观光旅游客源仍然是世界旅游的主导客源市场。这类饭店要突出观光旅游客人的需求特点，使饭店富有吸引力：既要价格便宜、经济实用，又要美观舒适、服务周到；既要照顾客人的食宿习惯，又要让客人品尝到当地的传统特色食品，体会到民族特色、异域风情。

（二）商务型旅游饭店

这类旅游饭店主要接待商务旅游者，多建于大、中城市的中心地区，商务型旅游饭店在旅游饭店业中占有较大的比重。饭店各类服务设施较豪华且齐全，尤其是从事商务活动所需要的设施设备一应俱全。这类旅游饭店的服务质量和服务水平比较高，讲求服务效率。

（三）度假型旅游饭店

这类旅游饭店主要接待游乐、度假、疗养的旅游者，多建于海滨、湖畔、山区、温泉、风景名胜等地。为了适应旅游市场的需要，现在也出现了度假型与商务型旅游饭店相结合的趋势，成为现代饭店发展的方向。这类旅游饭店的选址和所提供服务项目的吸引力是其成功与否的关键。比较成功的有上海天马山世茂深坑酒店（见图 4-2-1）、浙江湖州喜来登温泉度假酒店

（见图 4-2-2）。

图 4-2-1　上海天马山世茂深坑酒店

图 4-2-2　浙江湖州喜来登温泉度假酒店

（四）会议型旅游饭店

这类旅游饭店主要接待各种会议团体，多建于政治、经济、文化中心等大都市或者交通方便的旅游胜地。会议型旅游饭店拥有各种会议室和多功能厅，配备有专门的会议设备，如视听设备、同声传译装置等，提供专业化的会议接待服务。这类旅游饭店的会议接待质量和服务效率是保证其经营成功的关键。

（五）长住型旅游饭店

长住型旅游饭店又称公寓式饭店，以接待驻当地的商务机构办事人员、度假客人与家庭旅游者为主。客人住店时间较长，饭店内一般采用家庭式的布局，客房以套房为主，并配备有客人长期居住所需要的家具、家电、厨房设备等。这类旅游饭店强调营造家庭式的气氛和主动、热情、周到的服务。

（六）主题饭店

主题饭店也称为“特色酒店”，是以某一特定的主题，来体现饭店的建筑风格、装饰艺术，以及特定的文化氛围，同时将个性化的服务项目融入主题，让游客获得独特的文化感受。例如，成都京川宾馆以三国文化为经营特色。

（七）快捷酒店

快捷酒店是相对于传统的全面服务酒店而存在的一种酒店业态，其目标市场是一般商务人士、工薪阶层、普通自费旅游者和学生群体等，服务模式为住宿+早餐，最大的特点是房价便宜。快捷酒店一般以连锁化的加盟或特许经营模式为主，通过连锁经营达到规模经济，提高品牌价值，这也是快捷酒店区别于其他星级酒店和社会旅馆的一个明显特征。

（八）民宿旅馆

民宿是居民利用自家闲置的房屋向旅游者提供食宿服务，从而获得一定收益的小型接待设施。它不同于传统的饭店，也没有高级奢华的设施，但能让人体验当地风情、感受主人的热情与服务，并体验有别于以往的生活。民宿旅馆因其经济适用、富有特色而迅速发展，受到越来越多的旅游者喜爱。比较成功的有雅安上里古镇民宿（见图 4-2-3）、摩梭人木楞房（见图 4-2-4）。

图 4-2-3　雅安上里古镇民宿

图 4-2-4　摩梭人木楞房

【思考与交流】

说一说，你所在地区的知名饭店分别属于哪些类型。

【知识拓展】

旅游驿站

旅游驿站是指以家庭（户）为基本旅游接待单位，并形成一定规模的经营主体。主要为游客提供可亲身参与体验当地的日常生产、生活和休闲娱乐活动的独立经营主体。其中，比较有代表性的有都江堰茶马驿站（见图 4-2-5）、呼伦贝尔三十三湿地旅游驿站（见图 4-2-6）。

图 4-2-5　都江堰茶马驿站

图 4-2-6　呼伦贝尔三十三湿地旅游驿站

三、旅游饭店的等级

饭店的等级，是指饭店在建筑、装饰、设施设备、服务质量等标准下所达到的水准和等级。但凡重视发展旅游业的国家和地区，普遍都对该地的饭店实行分等评级，以方便旅游者选择适合自己住宿的饭店，保护旅游者的利益，以及协调饭店之间的关系，促进旅游饭店业的发展。

目前，世界上有 80 多种饭店等级制，被采用的饭店等级制度与表示方法主要有三种：星级制、字母表示法和数字表示法。大多数国家包括我国在内采用星级制，分为五个等级，即一星级、二星级、三星级、四星级、五星级（含白金五星级）。星级越高，等级越高，旅游饭店的档次越高。星级标志由长城与五角星图案构成，用一颗五角星表示一星级，以此类推，五颗五角星表示五星级（见图 4-2-7），五颗白金五角星表示白金五星级。星级的有效期和标志的使用权为三年。

图 4-2-7　五星级饭店标识

国家旅游局在 1988 年制定了《中华人民共和国评定旅游涉外饭店星级的规定和标准》，并于当年 9 月 1 日开始执行。该标准已先后经历了多次不同程度的修改，2010 年 10 月 18 日，国家质检总局、国家标准化管理委员会批准发布国家标准《旅游饭店星级的划分与评定》（GB/T 14308—2010），新标准于2011年1月1日起实施。星级的评定办法按五项指标执行：设施设备评定标准、设施设备的维修保养评定标准、清洁卫生评定标准、服务质量评定标准、宾客意见评定标准。星级评定工作为各种旅游者创造了更好的旅游饭店接待环境，使我国的旅游饭店提高了服务水平、增强了经营特色。

【思考与交流】

想一想，常听人说七星级、八星级饭店是怎么回事。

【知识拓展】

白金五星级饭店

国家旅游局在2004年版的《旅游饭店星级的划分与评定》标准中，首次提出了“白金五星级”的概念，即在原有的五个星级基础上，在五星级饭店中，增加和包含一个新的等级——白金五星级。在最新的2010年版的《旅游饭店星级的划分与评定》标准中，保留了“白金五星级”的概念。

白金五星级的参评标准比五星级标准更上一层楼，如要求具有两年以上五星级饭店资格，地理位置处于城市中心商务区或繁华地带，行政楼层提供24小时管家式服务等，普通客房面积不小于36平方米等，其他方面的要求也很高。2007年，北京中国大饭店、上海波特曼丽嘉酒店、广州花园酒店被评定为白金五星酒店。

创建白金五星级饭店，树立代表国内最高水平的饭店标杆，是顺应饭店产业发展的要求，可以促进国内旅游饭店进一步与国际接轨，引领国际饭店业发展的潮流。

四、旅游者对饭店的要求

饭店凭借无形的服务和有形的设施设备等产品，让客人获得美的感受，留下深刻的好印象。旅游者不仅自己成为回头客，还向亲朋好友宣传，饭店就能获得更好的经济效益和社会效益。因此，饭店服务与管理人员必须要了解旅游客人的需求。

（一）安全

人们常说，出门在外，安全第一。安全是旅游的前提，饭店是客人的家外之家。旅游饭店必须要有严格的安全保卫制度，并进行有效的安全控制，确保住店客人的生命和财产安全。

（二）舒适

舒适与否是由旅游饭店的硬件和软件两方面的条件决定的。硬件方面，如饭店整洁、优雅的环境，齐全、优良的设施设备等；软件方面，如员工主动、热情、周到、高效的服务等，都是使住店旅游者感到舒适的因素。

（三）方便

方便是旅游者选择饭店时要考虑的因素，如饭店的交通便利，客人外出办事方便，客人在店内使用设施设备方便，Wi-Fi 信号好，自驾游客人需要停车方便等。饭店在选址、服务等方面都要让客人感到方便。

（四）经济

“价廉物美”是人们选择所有产品的重要标准，旅游饭店也一样。能够以有竞争力的价格向旅游者提供最佳的饭店服务产品，是旅游饭店吸引旅游者的主要手段和体现其经营管理水平的重要标志。

（五）特色

饭店有特色才有竞争力、生命力和吸引力。旅游者在物质需求得到满足的同时，还注重精神上的享受与共鸣，具有差异性、新颖性、独特性的饭店更受消费者喜爱。因此，饭店应树立自己独特的形象，提高市场竞争力。

【思考与交流】

每个人对饭店的要求是不一样的，说一说你的要求。

项目 3　旅游厕所革命

➢活动呈现

介绍当地旅游景区厕所的特色。

➢方法指引

通过小组讲解、讨论，了解旅游景区厕所的真实情况，了解旅游厕所对景区形象的影响。

➢**学习内容**

良好的如厕环境不仅为人们日常生活所必需，也是一个国家经济实力强弱、文明程度甚至是价值取向的一个重要标志。旅游厕所是游客出行必需的生活设施，是旅游公共服务水平高低的直接体现，更是反映旅游业文明进步程度的重要标志。作为旅游接待大国，旅游厕所问题不是小事，是游客的共同呼声，是事关民生的大事。

一、旅游厕所革命的概念

（一）厕所革命

厕所革命是指对发展中国家的厕所进行改造的一项举措，最早由联合国儿童基金会提出，厕所是衡量文明的重要标志，改善厕所卫生状况直接关系到这些国家人民的健康和环境状况。

世界厕所日由世界厕所组织于 2001 年提出，并得到全世界的关注。2013 年 7 月 24 日，第 67 届联合国大会通过决议，把每年的 11 月 19 日定为“世界厕所日”，其标志如图 4-3-1 所示。世界厕所日旨在通过全世界人民的努力，共同改善世界卫生问题，倡导人人享有清洁、舒适及卫生的如厕环境，提高全人类的健康水平。世界厕所日希望鼓励各国政府展开行动、改善环境卫生及建立卫生习惯，这些行动对于减少霍乱、肠道寄生虫、痢疾、肺炎、腹泻及皮肤感染等恶疾将有很大助益。世界厕所日活动的开展，提高了各国、各级政府及普通民众对厕所问题的认识，并推动了各国有关部门采取措施加快对有关问题的解决。

图 4-3-1 世界厕所日标志

（二）旅游厕所革命

旅游厕所革命，是原国家旅游局针对旅游景区厕所脏乱差的现象发起的一场清理整治活动。由于中国的旅游公共服务设施与游客要求和国际旅游标准有较大差距，其中旅游厕所问题尤为突出，存在数量过少、质量低劣、分布不均、管理缺位等问题。因此，原国家旅游局在全国范围内发动了一场旅游厕所建设管理大行动。经过多年建设，中国旅游公共服务设施有了很大改观。

二、旅游厕所革命的成效

截至 2017 年年底，全国共完成建设旅游厕所 7 万座，超额完成 3 年 5.7 万座的计划任务。根据国家旅游局发布的《全国旅游厕所建设管理新三年行动计划（2018—2020）》要求，2020 年是厕所革命收官之年，厕所革命工作重心由“建”向“管”转变，努力提升厕所建设管理社会化、市场化水平。在国务院印发的《“十四五”旅游业发展规划》中，明确提出将实施旅游厕所质量提升工程，发挥旅游厕所在旅游公共服务体系建设中的引领示范作用，建设一批新型智能化旅游厕所，推进旅游厕所人性化，完善旅游厕所无障碍设施，增加旅游厕所家庭卫生间覆盖率。

三、旅游厕所革命的意义

（一）撬动我国旅游服务系统的升级

厕所革命不应仅仅在于解决厕所问题，而可以此为支点，撬动我国旅游服务系统的升级，让游客真正在大地上自由而愉快地行走。

（二）促进旅游服务体系完善

联合国世界旅游组织在《马尼拉宣言》中曾提出，旅游是人类社会基本需要之一，各国政府应将旅游纳入本国社会发展的内容，使旅游度假成为人人享有的权利。为满足人们旅游的基本需要，就应当建立起完整的旅游服务体系。围绕游客的旅游核心需求，政府和旅游企业要配套交通、信息、食宿等一系列旅游过程中必要的服务内容，其中当然也包括厕所。很多旅游目的地的厕所有“脏、乱、差、少、偏”等问题。如果连游客最基本的生理需要都无法满足，谈何旅游品质、旅游体验、旅游之美。“厕所革命”有利于掀起一场旅游服务体系的革命。

（三）建立游客导向的服务意识

旅游的真正价值不在于美景、美食、高大上的设施，而存在于游客的眼睛、味蕾和切身感受，游客才是价值的决定者。旅游目的地和企业在规划和设计旅游产品时，不仅仅要考虑成本、管理的需要，更要考虑游客的需求。厕所革命是个契机，旅游从业者应认识到，只有建立起游客导向的服务意识，围绕游客的需求来提供服务、设计旅游产品、塑造旅游特色，才能赢得持久的竞争力。

（四）构建全要素旅游服务链

旅游服务的核心价值在于为游客创造美好体验。而游客的体验是全要素的，是游客在旅游的过程中看到、听到、接触到、感受到的所有旅游服务要素的综合结果。不完整的旅游服务只会让游客留下残缺或失败的体验，不少国外游客上厕所的经历都是“步步惊心”，一次糟糕的如厕经历可能让游客再也不想回到某个目的地。因此，旅游服务应当建立起完整的服务链条，要从游客进入到目的地之前到他们离开的完整过程来构建旅游服务链。甚至在游客离开目的地之后，都可以保持联系并为游客提供信息服务，争取回头客。

厕所革命是一个起点，应当形成以点带面之势，构建起旅游服务的全要素链条，让游客在旅游的整个过程中都能感受到旅游的愉悦和美好。

（五）升级旅游服务水平

旅游所需要的服务内容是多样化和复杂的，虽然旅游厕所具有公共服务性质，但并不是所有的厕所都必须由政府来建设和管理。不同的服务内容可以有不同的供应机制，还可以变招创新。例如，德国政府把公厕拍卖承包给企业来运作，形成了成功的模式。瓦尔公司向市政府免费提供公厕设施，回报是获得了这些厕所外墙广告的经营权。香奈尔、苹果这些高大上的公司都在厕所做过广告，甚至还把广告印在了手纸上。瓦尔公司依靠广告每年盈利几千万欧元。柏林因此还形成了“厕所游”热潮，很多游客要使用一下瓦尔公司的厕所。因此，旅游服务可以通过模式创新改变传统的管理和经营方式，恰当的商业力量能够推动公共服务模式创新、实现旅游服务升级。

【知识拓展】

旅游厕所革命案例

第5空间

2015年11月19日，首个新型公厕样板间“第5空间”率先在北京房山区政府前广场建成并投入使用（见图4-3-2）。

在房山区政府对面的小广场上，一栋新建成的蓝色建筑格外引人注目，建筑门口不见常见的“WC”标志，而是标有醒目的“第5空间”几个大字。外墙上挂有公厕、ATM、无线局域网和电动汽车充电桩等多个图标，外面有ATM机的棚子、电动汽车充电桩、饮料瓶纸张智能回收机等设施。“希望这里能够成为继家庭空间、工作空间、社交空间和虚拟空间之后的第5空间”，北京环卫集团副总经理、新闻发言人罗伟表示。

从轮椅可以自由出入的缓坡进入第5空间，右手边的房间是宽敞明亮的综合服务区和电商终端，两台自动售卖机挨着墙壁摆在屋子一侧，一台机器中售卖各种冷热饮料，而另一台则出售各种小食品。工作人员说，现金、支付宝、微信都可以支付。

窗户边还挂着一台自助缴费机，供暖费、电费、电话费、水费、燃气费和歌华有线的费用都能在这台机器上自助缴纳。把电话听筒摘下来，插入电话卡，还能打电话。

图4-3-2 第5空间

进入单独的厕位隔间，墙壁上安装有平板显示器，正在循环播放环保宣传片。公厕原本的化粪池已经拆除，在40平方米左右的设备间配备了一套全球先进的循环处理设备，按动墙上的不同按钮，可以选择单独冲尿液或是单独冲粪便，尿液与粪便将被分类回收，分别转化为尿素和有机肥料进行再利用。

“第5空间”内还新增了第三卫生间，不同高度的大小马桶、婴儿安全座椅和专门为婴儿更换尿布的尿布台，是专为残障人士、老人以及母婴如厕设计的。

项目4 旅游交通

➢活动呈现

讲述一次自己乘坐飞机、火车、汽车、轮船等（选一种）的趣闻。

➢方法指引

在讲述、讨论的过程中，感受我国近年来旅游交通方面取得的巨大成就，了解选择不同交通工具的利弊。

➢学习内容

现代旅游之所以大规模发展，成为世界性、大众性活动，一个重要的原因就是得益于现代交通运输的发展，旅游和交通二者相辅相成，共同发展。旅游交通成为旅游业的重要组成部分，是旅游业发展的命脉。

一、旅游交通的概念

旅游交通是指旅游者为了实现旅游活动，借助某种交通工具，实现从一个地点到另一个地点之间的空间转移过程。它既包括旅游者的常住地和旅游目的地之间的往返过程，也包括旅游目的地之间、同一旅游目的地内各旅游景点之间的移动过程。旅游交通是为旅游者进行旅游活动提供的交通设施与服务。

二、旅游交通的作用

交通发展始终是旅游活动的先导，旅游交通良好发展是一个国家和地区旅游业稳步发展的前提和保证。

（一）旅游交通是旅游者实现旅游活动的必要手段

人们外出旅游，首先需要解决的问题就是如何抵达旅游目的地，以完成从常住地向目的地的空间移动。人的时间和体力是有限的，没有合适的交通工具，旅游者会改变对目的地的选择，甚至放弃旅游计划，尤其是现在旅游者所到达地区越来越远，交通工具是必不可少的。从这个意义上说，人们外出旅游离不开旅游交通这一必要手段。

（二）旅游交通是旅游业发展的命脉

旅游业是依赖旅游者而生存的产业，有旅游者的到来，旅游资源和旅游服务等才能真正发挥作用，其使用价值和价值才能真正实现。旅游交通承担着输送旅游者的任务，因而成为发展旅游业的命脉。旅游业发达的地区，其旅游交通也必然发达。

（三）旅游交通是旅游业创收的重要来源

旅游者外出旅游，用于支付交通的费用是必不可少的基础性的旅游消费，旅游交通费收入在旅游业中所占份额相当大，占总收入的30%~40%，是旅游业创收的重要稳定来源。而且旅游目的地距离越远，交通费用越大。

（四）旅游交通设施本身是宝贵的旅游资源

旅游交通工具不仅为人们提供安全、舒适、快速的便利条件，各具特色的交通设施也为游览增添了许多乐趣，很多交通设施本身也是旅游地一项宝贵的旅游资源。如具有民族特色的羊皮筏、牦牛，地方风格的滑竿、乌篷船，现代特色的水上摩托艇、热气球、索道缆车等。

【知识拓展】

青藏铁路

青藏铁路介绍

青藏铁路，这条世界上海拔最高、线路最长的高原铁路，被誉为“天路”（见图4-4-1）。它东起青海省西宁市，南至西藏拉萨市，全长1956公里。

图 4-4-1 青藏铁路

在 2006 年青藏铁路全线开通以前，西藏自治区是我国唯一不通铁路的省级行政区。西藏旅游资源丰富而独特，秀美的山川，纯净的湖泊，纯朴的民族，神秘的宗教，特别是那雄伟的布达拉宫，使西藏成为中外游客向往的“旅游天堂”。但长久以来，由于交通不便，严重地影响了游客的进出，使得“出国容易进藏难”。

青藏铁路的建成突破了制约西藏旅游业发展的交通瓶颈，众多游客专程选择乘坐青藏铁路列车进入西藏，以此体验全球海拔最高的铁路。2013 年，西藏旅游接待海内外旅游者近 1300 万人次，乘坐铁路进藏旅游者所占总人数比例从 2006 年的 26% 增加到 2013 年的 52%。

青藏铁路公司专门开通了豪华旅游专列，途经青海湖、昆仑山、可可西里、三江源、藏北草原、布达拉宫等世界著名的景区景点。青藏铁路旅游观光列车是目前国内最先进的，卧铺车还设有带洗浴设施的包房。观光车上有宽敞的玻璃窗、舒适的座椅，客车内部装饰既豪华现代，又充分展现青藏地区的民族风情，旅客可以尽情观赏沿线风光。车内除配备供氧设备外，还预备配置医务人员、器械及药品，建立游客生命保障系统。

【思考与交流】

想一想，“要想富，先修路”这句话对发展旅游业同样适用吗？

三、旅游交通工具

旅游交通工具各有优缺点，在旅游过程中，它们往往是相互配合、交替使用、相互补充的，以方便旅游者，完善旅游活动。

（一）主要交通工具

1. 水上运输——船舶

船舶是人类最古老的交通工具之一，水上运输主要是船舶运输，分为海上运输和内河湖泊运输两种形式。在航空运输崛起之前，水上运输曾是国际的一种主要交通方式，在世界旅游发展史上曾经有过一段比较辉煌的历史。内河航运在一些国家和地区也是旅游交通中的重要组成部分，如我国的长江和大运河南段。

优点：客运量大、运行自由、能耗小、舒适、经济、悠闲、运输成本低等。缺点：速度慢、时间长、灵活性差、易受气候和水域情况影响。

2. 铁路运输——火车

火车是最早出现的现代交通运输工具，在很长一段历史时期，也是人们旅游的主要交通工具。在我国，铁路旅客运输占有很重要的地位，长期以来有"铁老大"之称。随着高速公路和航空运输的进步和完善，普速列车受到很大的冲击。因此，近年来许多国家在对铁路运输进行改革，动车（时速在 200 公里级别）、高铁（时速在 300 公里级别）等速度快的火车陆续出现。我国第一条具有完全自主知识产权、世界一流水平、最高时速达 350 公里的京津城际铁路的问世，标志着我国"高铁时代"的到来。高速铁路的发展导致国内运输市场格局巨变，使空铁竞争势态愈演愈烈。

优点：客运能力强、环境污染小、费用低、较安全、较舒适方便、受季节和气候的影响小等。普速列车缺点：速度较慢、长时间旅行容易使人疲劳。但动车和高铁已经弥补了这些缺点，具备了快捷、时效、正点率高等优点。

【知识拓展】

高铁时代

高铁诞生之前，水上运输、铁路运输、公路运输、航空运输四大运输系统分工明确，优势互补。然而，时速达到 300 公里以上机车投入使用后，铁路运输一定程度上具备了"高速"这一曾独属于航空运输的特点，在其覆盖的所有地区形成与民航全面争夺商务、公务等高端旅客的态势。

随着京津城际、武广高铁、郑西高铁、京沪高铁等相继开通运营，我国全面进入高铁时代。根据国务院批准的《中长期铁路网规划》，中国将规划建设“四纵四横”铁路快速客运通道及三个城际快速客运系统。

四纵为：①北京—南京—上海客运专线；②北京—武汉—广州—深圳客运专线；③北京—沈阳—哈尔滨（大连）客运专线；④杭州—宁波—福州—深圳客运专线。四横为：①徐州—郑州—兰州客运专线；②杭州—南昌—长沙客运专线；③青岛—石家庄—太原客运专线；④南京—武汉—重庆—成都客运专线。三个城际快速客运系统：环渤海地区、长江三角洲地区、珠江三角洲地区城际客运系统，覆盖区域内主要城镇。

3. 公路运输——汽车

汽车是最普遍的短途运输工具，是目前世界上使用最多的旅游交通工具。乘汽车外出旅游包括客运汽车和私人汽车两种形式。近年来，各国在提高公路等级、完善公路沿线的配套服务、增加汽车班次、改善售票和候车条件、推出绿色环保汽车等方面做出了较大努力，以吸引更多的乘车旅游者。我国私人汽车已普及，自驾游灵活方便，行止自由，费用相对较低廉等，已经成为度假旅游的一种普遍方式。如今新兴的共享汽车因经济、方便、环保而受到消费者青睐，房车旅游也更加普遍（见图 4-4-2）。

图 4-4-2　房车旅游

优点：普及性广、费用低、适应性强、灵活方便。缺点：运载量小、安全性差、易造成污染环境，活动范围小，不适合长线旅游。

4. 航空运输——飞机

成都天府国际机场介绍

飞机是现代长途旅游最主要的交通工具，它使旅游者的空间移动变得既快捷又方便。快捷的航空交通创造了旅游界的一句名言：“旅游，一个迅速缩小的世界。”航空运输起步晚却发展最快，一个国家的航空运载能力和其机场的吞吐量已成为该国国际旅游发展水平的重要标志。目前，各大航空公司都千方百计不断更新设施设备，采用各种促销方式，提供安全、准时、方便、舒适及实惠等完善、优质的服务，以吸引更多的顾客，争取更大的市场份额。目前载客量最大的飞机为空客A–380，全机最高载客量为840人，舒适载客量为555人（见图4–4–3）。

优点：速度快、舒适、安全、省时、灵活性大、受地域限制小。缺点：运载量小、票价高、能耗大、噪声大、受气候条件影响大、只能完成从点到点的旅行等。

图4–4–3　空客A–380

【思考与交流】

说一说，你所在的地区有哪些大型的码头、火车站、汽车站、机场，有哪些重要的航道、铁路线、高速公路、国道、航线。

（二）非主要交通工具

除了以上四大主要交通工具外，要顺利完成旅游地各景点之间、城市内购物和娱乐等各种活动，还必须依赖其他交通工具。这些交通工具往往各具特色，有较强的技术含量和更高的娱乐性、享受性。

1. 市内交通工具

（1）地铁或轻轨：大城市内的主要交通工具，运量大、速度快、不受地面气候影响、不受其他车辆和行人的干扰，准时、安全、舒适（见图 4-4-4）。

（2）公共汽车：价格低廉、运行路线和班次多、运量大。

（3）出租汽车：随叫随停、灵活方便。

图 4-4-4 受欢迎的交通工具：地铁、轻轨

2. 辅助性交通工具

（1）机械动力交通工具类，如缆车、机动船（含气垫船）、摩托车、机动三轮车等。

（2）自然力交通工具类，如帆船和冰帆。

（3）畜力交通工具类，包括各类坐骑（如马、牛、驴、骆驼、牦牛等）、畜力车（如马、牛、羊、骆驼等拉的车）以及爬犁（如马、狗等拉的雪爬犁等）。图 4-4-5 所示为骑骆驼感受大漠风光。

（4）人力交通工具类，如自行车、人力三轮车、木筏、竹排、皮划艇、乌篷船、雪橇、轿子、滑竿、羊皮筏子等。图 4-4-6 所示为乘乌篷船体验水乡风情。

图 4-4-5 骑骆驼感受大漠风光

图 4-4-6 乘乌篷船体验水乡风情

【知识拓展】

旅游专列

旅游专列通常会连接具有代表性的景点，满足游客想一次游览众多景点的愿望。相对普通火车买票难的现象，旅游专列具有定时、定点、定线等特点，可以发挥“一线多游”的优势，即一条旅游线路可以提供多种旅游选择。图4–4–7所示为丽江民族文化旅游专列、图4–4–8所示为丝绸之路——兰州旅游号。

图4–4–7　丽江民族文化旅游专列

图4–4–8　丝绸之路——兰州旅游号

四、旅游交通工具的选择

交通运输工具的多样性决定了人们选择出游方式的多样性。对旅游交通工具的选择，是每个旅游者首先要考虑的问题。人们对交通工具的普遍要求是安全、便捷、舒适、经济，但不同的旅游者选择是不一样的。影响旅游者选择交通工具的因素主要有以下几点。

（一）旅游者个人需求

旅游交通工具的选择存在明显的个体差异，旅游者的旅游目的、年龄、偏好、经验以及个人所具备的条件等都影响着他们对交通工具的选择。

（二）目的地状况

旅游目的地的距离、可进入性等影响旅游者对交通的选择，如距离远时，以飞机、火车为主，距离近时，以汽车、火车为主，而游长江三峡应该选择游轮。

（三）交通工具特性

每种旅游交通工具都各有优劣，如安全系数、价格高低、速度快慢等，旅游者往往根据自身的各种条件来选择适合自己的交通工具。

【思考与交流】

说一说，主要交通工具的优劣势。

项目5　旅游景区

➢活动呈现

说出家乡最好玩的地方及它们的旅游宣传口号。

➢方法指引

通过讲述、讨论，明确旅游者对旅游景区的要求，并争做优秀旅游地居民。

➢学习内容

旅游景区作为旅游业的重要组成部分，是旅游者来访的对象物，是旅游吸引力的本源。旅游景区通过向旅游者提供层次丰富、形式多样的各类旅游产品和服务，以满足人们观光体验、度假休闲、康体娱乐、科学考察、探险寻访、文化修养等多层次的精神需求。因此，旅游景区的发展水平，直接影响到旅游目的地的整体形象和竞争能力。

一、旅游景区概述

（一）旅游景区的定义

旅游景区是指具有参观游览、休闲度假、康乐健身等功能，具备相应旅游服务设施并提供相应旅游服务的独立管理区。从广义上来讲，任何一个可供旅游者来访、游客参观游览或开展其他休闲活动的场所都可以称为旅游景区。它的空间跨度差别很大，大至一个国家，小至一个乡村、一所博物馆、一处名人故居。

中华人民共和国国家标准《旅游景区质量等级的划分与评定》中对旅游景区的定义为：经县级以上（含县级）行政管理部门批准成立，有统一管理机构，范围明确，具有参观、游览、度假、康乐、求知等功能，并提供相应旅游服务设施的独立单位。

（二）旅游景区的条件

一个地区要成为吸引旅游者前来游览参观、休闲度假、求知考察的旅游景区，必须具备以下条件。

1. 具有观赏、文化或科学价值

旅游景区是供游人开展各项休闲活动的场所，参观、游览、娱乐等是最主要的内容。所以，旅游景区必须具有观赏价值，以满足人们的参观、游览、度假、娱乐等需求。

旅游景区的文化价值是指旅游景区的景观或景物要含有一定的文化知识内容。随着物质生活得到满足之后，旅游者越来越重视旅游的文化内涵，要求在观赏景物、获得美感的同时，还能增长知识、开阔视野。

旅游景区的科学价值是指旅游景区的景观或景物由于其本身的独特性而具有科学考察或科学研究价值，能够为某些领域的科学研究工作提供佐证。

2. 环境优美，景物集中，具有一定的规模效益

旅游景区主要以景物为特征，或是自然景物，或是人文景物，或是两者的有机结合、合理布局，以便营造出优美的环境，给人以充分的美感。同时，要求旅游景区景物集中，有一定的规模效益，便于旅游者游览，节省游览时间，也有利于景区的管理。

3. 能够满足旅游者的不同需求

旅游者具有参观、游览、度假、康乐、求知或科学文化活动等不同需求。人们往往把观光旅游、休息娱乐与增长见闻、丰富知识、提高修养等精神活动结合在一起，以增加旅游活动、休闲活动的品位。因此，旅游景区在规划时应根据自身的特点和旅游者的旅游目的，确定差异性的功能，并有所侧重。

（三）旅游景区的特点

1. 专用性

旅游景区是指定的用来供游人开展参观、游览、度假、康乐、求知、科学文化等各类休闲活动的场所。这种专用性的指定要么出于商业性的决策，要么

出于政府有关部门的公益性决策。但不管出于哪种，旅游区的上述职能都不可发生改变，否则，不能称为旅游景区。例如，工厂、学校、乡村和部队军营也都可供旅游者参观或游览，但它们都不属于旅游景区，因为它们的职能都不是供游人参观。

2. 长久性

旅游景区必须有其长期固定的场址，并利用这一场址发挥其固有的职能。例如，某时某处临时举办的展览、娱乐活动、流动演出及民间盛会等这些暂时性的旅游吸引物，因没有长期专用的固定场所，所以，不属于旅游景区的行列。

3. 可控性

旅游景区必须有相关部门、相关人员进行专门的管理，必须能够对游人的出入进行有效的控制，否则，从旅游业经营的意义上看，便不属于真正的旅游景区，而只能是一般的公众活动区域。这一定义下的旅游景区也包括了那些有人行使管理但对游人实行免费参观的旅游景区，这类景区多见于政府部门和社会团体出于社会公益目的而兴办和管理的参观和游览场所。

（四）旅游景区的等级

根据中华人民共和国国家质量监督检验检疫总局发布的《旅游景区质量等级的划分与评定》中的规定，中国的旅游景区划分为五级，从高到低依次为5A、4A、3A、2A、A级旅游景区。等级划分的依据是景观质量与生态环境体系、旅游服务要素体系、游客评价体系。

【知识拓展】

国家5A级旅游景区

5A级是全国旅游景区最高等级荣誉，其标志如图4-5-1所示。申报的5A级旅游景区要通过旅游交通、游览区域、旅游安全、接待能力等12道坎，在《服务质量与环境质量评分细则》中，5A级旅游景区需要拿到总分1000分中的900~950分。

2007年5月22日，国家旅游局在其官方网站发布通知公告，经全国旅游景区质量等级评定委员会派的评定小组现场验收，全国旅游景区质量等级评定委员会审核批准，决定批准北京市故宫博物院等66家景区为首批国家5A级旅游景区。

图4-5-1　国家5A级旅游景区

截至2023年7月，全国共有国家5A级旅游景区319家。其中，江苏省有25家，排名第一；四川省有16家，排名第四。

二、旅游景区的类型

根据《旅游景区质量等级的划分与评定》，旅游景区包括风景区、文博院馆、寺庙观堂、旅游度假区、自然保护区、主题公园、森林公园、地质公园、游乐园、动物园、植物园及工业、农业、经贸、科教、军事、体育、文化艺术等各类旅游景区。

（一）风景区

风景区是旅游景区的一种类型，是特指一定地域空间上风景旅游资源富集，并与相应旅游服务设施及配套旅游条件有机结合，能满足旅游者旅游活动目的的地域综合体。凡是具有观赏、文化或科学价值，自然景观、人文景观比较集中，环境优美，具有一定规模和范围，可供人们游览、休息或进行科学考察、文化活动的地区，被划为风景名胜区。

（二）文博院馆

文博院馆是指博物馆和美术馆。博物馆可分为两大类：一类是以特定收藏品为展示内容的博物馆，另一类则是以特定场址为展示内容的博物馆。美术馆多数以收藏和展览历史或传统的美术作品为主，一般是公益性的。

（三）寺庙观堂

寺庙观堂是宗教界和信教群众的宗教活动场所，其中多数也是旅游者向往的观光游览胜地。

（四）旅游度假区

为适应现代旅游休闲度假的需求，在环境质量好、旅游度假资源丰富、交通便捷的地方，建立了以度假休闲产品为主的综合性景区。如海南亚龙湾旅游度假区、四川邛海旅游度假区等。

（五）自然保护区

自然保护区是指为了保护各种生态系统及其环境，拯救濒临灭绝的物种，保护自然历史遗产而设立的区域。保护区内通常环境优美、动植物资源丰富、保持了较好的自然生态平衡，如我国的长白山、神农架、卧龙等。四川卧龙国家级自然保护区如图 4–5–2 所示。

图 4–5–2　四川卧龙国家级自然保护区

（六）主题公园

主题公园多以某一中心主题为基调而兴建的大型人造游览娱乐园区。如美国的迪士尼乐园、深圳的世界之窗、北京的欢乐谷等。

（七）森林公园

森林公园是指以森林自然景观为旅游吸引物，供旅游者参观、游览、健身、科学考察、观赏秀丽风景、了解民族习俗等以休闲度假为主要活动内容的旅游区域。森林公园内自然面貌呈现一定的原始状态，森林覆盖率高，是一个天然的氧吧，有益于身心健康；品种繁多的奇花异树、珍禽怪兽，给科学考察提供了一个广阔的空间。

（八）地质公园

地质公园是指以具有特殊地质科学意义、稀有的自然属性、较高的美学观赏价值、一定规模和分布范围的地质遗迹景观为主体，并融合其他自然景观和人文景观而构成的一种独特的自然区域。地质公园既是旅游场所，又是地质遗迹景观和生态环境的重点保护区，还是地质科研与普及的基地。

（九）游乐园

游乐园是指设有游艺机和游乐设施，开展各项游艺、游乐活动，主要供游客娱乐、健身的场所。

（十）动物园

动物园是指专门饲养各种野生动物供展览、观赏、科学教育与科学研究，吸引对此有强烈兴趣的旅游者前来，以满足他们求知、考察等需求的场所。

（十一）植物园

植物园是指专门搜集、种植各种植物，以科学研究为主，并进行科普教育和供旅游者观赏的园林。

（十二）其他

主要指工业、农业、经贸、科教、军事、体育、文化艺术等各类旅游景区。

【思考与交流】

列举你所在地区的主要旅游景区，它们分别属于什么类型？

【知识拓展】

"智慧九寨"

智慧景区指景区能够通过智能网络对景区地理事物、自然资源、旅游者行为、景区工作人员行迹、景区基础设施和服务设施进行全面、透彻、及时的感知，对游客、景区工作人员实现可视化管理，优化再造景区业务流程和智能化运营管理，同旅游产业上下游企业形成战略联盟，实现有效保护遗产资源的真实性和完整性，提高对旅游者的服务质量，实现景区环境、社会和经济的全面、协调和可持续发展。

2010年10月29日上午，全国首个具有自主知识产权的景区可量测实景影像服务平台，在位于四川省阿坝藏族羌族自治州的九寨沟景区内，通过院士专家们的评审验收。这意味着九寨沟正式变身成为全国首个“智慧景区”。

“智慧九寨”是九寨沟景区管理的智能化，它是建立在集成的、高速双向通信网络的基础上，通过先进的传感和测量技术、先进的控制方法以及先进的决策支持系统的应用，有效改善九寨风景区商业运作和公共服务关系，实现九寨沟旅游资源的优化使用、生态环境的有序开发和保护、游客满意度提升、产业效益最大化的目标。

“智慧九寨”的建设重点是通过信息化手段，解决旅游旺季景区景点游客拥挤、乘车站点的拥挤、车辆调度不畅等问题，实现优化的综合实时管理调度。智能化的管理系统在城市的交通、能源、城市管理等多个领域中已经得到了应用，同时该项技术也表现出了良好的发展前景。因此，我们有理由相信，智能信息技术在旅游行业中的应用，必将推动中国旅游产业信息化建设快速迈进。

【思考与交流】

根据你的旅游经历，完全达到上述要求的景区有哪些？

项目6　旅游购物

➢活动呈现

旅游过程中给你留下深刻印象的旅游纪念品有哪些？

➢方法指引

通过讲述、讨论，了解当地的旅游购物市场，明确旅游购物品的特点。

➢学习内容

旅游购物是旅游业创收的重要支柱，是促进地方经济发展的重要力量。在旅游要素中，食、住、行、游是“有限”的花费，而旅游购物则是“无限”的花费，因此世界上许多旅游业发达国家和地区十分重视发展旅游购物。

一、旅游购物品的概念

旅游购物品是指旅游者在旅游活动中所购买的具有纪念性、针对性、艺术性和礼品性的物质产品。旅游购物品是旅游业的重要组成部分，承载了满足旅游者购物需求和传播旅游地形象的双重价值。

旅游购物品的供应，不仅可以丰富旅游生活、弘扬旅游地文化，而且销售物品的收入在整个旅游收入中占有相当大的比重。

二、旅游购物品的特点

旅游购物品既有一般商品的特点，又不同于一般商品，其特点主要表现在以下几方面。

（一）纪念性

纪念性是旅游者对旅游购物品的最基本要求。旅游者每到一地或结束旅游时，总希望购买一些能反映旅游地文化古迹、风土人情的纪念品，或自用，或馈赠亲友。旅游购物品就成为传递旅游目的地信息的主要媒介，因此旅游购物品要突出纪念性的特点。

（二）特色性

旅游购物品是旅游目的地为了满足远道而来进行观光、游览或其他活动的旅游者的购物需要而生产和经营的具有民族和游览地特色的物质产品。千篇一律的低质旅游商品无法吸引旅游者的兴趣，只有反映出当地历史文化特色、独特的旅游纪念品才能让旅游者产生强烈的购买欲望。

（三）艺术性

旅游购物品的整体设计要新颖、美观，能给旅游者带来美的艺术享受。要使旅游购物品具有艺术性，不仅要提高生产工艺，还要把民族风格和地方特色，与当地景观、文化传统及时代特色巧妙融合，使商品新颖奇特、美观别致，具有艺术欣赏价值。

（四）礼品性

旅游购物品中的相当部分是用来馈赠亲友的，当旅游者完成一次旅游活动，把旅游购物品带回常住地馈赠亲朋好友时，受礼者也会感到荣幸。一件精美的旅游购物品能够使旅游者显示出自己的经历、身份等，个性化时代，游客更青睐与众不同、包装精美的旅游购物品。

【思考与交流】

分组讨论旅游纪念品的开发原则有哪些，如何开发特色旅游商品。

三、旅游购物品的分类

按旅游购物品的特色，可以将旅游购物品分为旅游工艺品、文化艺术品、旅游纪念品、风味土特产品、名贵饰品、特色服装等几类（见表 4-6-1）。其中，旅游工艺品中比较有代表性的有四川蜀绣（见图 4-6-1），风味土特产品比较有代表性的为贵州茅台酒（见图 4-6-2）等。

表 4-6-1 旅游购物品的主要类型

旅游购物品类型	主要内容	典型代表
旅游工艺品	我国的工艺品历史悠久、品种繁多、技艺精湛，如陶瓷、刺绣、织锦、染织、地毯、雕塑、漆器、玩具、金属工艺、编织工艺等	景德镇瓷器、四川蜀绣
文化艺术品	包括书画、古玩、拓片仿古书画、古董复制品、古籍影印本、文房四宝及乐器等，它们既具有历史、艺术和科学价值，又具有教育和纪念意义	齐白石字画仿品等
旅游纪念品	以旅游景点的文化古迹、历史人物或自然风光为题材，利用当地特有的原料，体现当地传统工艺和风格，富有纪念意义的小型纪念品。往往标上产地地名或用产地的特征作商标	天安门游览纪念品、四川蜀南竹海根雕
风味土特产品	风味土特产品一般是指具有浓郁的地方特色和风味，唯本地出产最佳的产品，包括各种有地方特色的名酒、名茶、风味小吃、药材和其他农副产品等	云南普洱茶、贵州茅台酒
名贵饰品	名贵饰品指金银、珠宝、玉石等首饰，如项链、戒指、手镯等	新疆和田玉
特色服装	包括有地方特色的丝绸制品、棉毛制品、呢绒制品和皮革制品、款式别致的民族服装和装饰品等	杭州丝绸

图 4-6-1　四川蜀绣

图 4-6-2　贵州茅台酒

【知识拓展】

四川旅游商品

四川旅游商品资源极其丰富，品类繁多，涉及食品、纺织、工艺、美术、医疗保健、电子、机械等行业，共有 20 多个大类，5000 多个品种，其中蜀南竹海的竹根及竹雕、攀西的彝族工艺品等闻名海内外。主要巴蜀特产中，酒类有五粮液、泸州老窖、剑南春、全兴大曲、郎酒、沱牌大曲等；茶类有蒙顶石花、峨眉毛峰、青城雀舌、早白尖功夫、三花牌茉莉花茶等；食品类有涪陵榨菜、宜宾芽菜、天府花生、夹江豆腐乳、郫县豆瓣、叙府糟蛋、广汉缠丝 江安血橙、梁平柚等；工艺美术类有蜀锦、蜀绣、瓷器、竹编、江安竹簧等。高质量的旅游商品能够提升四川旅游的形象和声誉，增加旅游业的收入，促进旅游业的良性发展。

项目 7　旅游娱乐

➢活动呈现

为班级春游策划娱乐活动。

➢方法指引

通过讲述、讨论，明确旅游娱乐不仅要给客人安排娱乐活动，还要真正使他们感受到快乐。

➢学习内容

一、旅游娱乐的概念

旅游娱乐是指旅游者在异地旅游过程中，寻找精神愉悦、身体放松、内心满足和个性发展的旅游活动，以及旅游目的地融合这些需求的产业所提供的服务。

旅游娱乐是旅游者在旅游过程中穿插进行的一种文娱活动项目，强调娱乐性和参与性。随着经济的发展，旅游娱乐的范围不断扩大，并且受旅游者的推动，旅游娱乐服务走上了产业化的道路，逐步与日常休闲活动接近、融合，成为人们生活的必需内容。如今，旅游娱乐的地位越来越重要，个性化、多样化、等级化成为旅游娱乐的基本特征。

二、旅游娱乐设施的分类

根据旅游者的不同需求，旅游娱乐设施可以划分为文化、休闲、体育、娱乐四种类型。

（一）文化类

文化类旅游娱乐设施包括各地著名的博物馆、音乐厅、歌剧院、舞剧院、艺术中心等。一般是由政府支持修建的国家和地区标志性、象征性建筑或者历史文化保护遗址，且举办思想性、科学性、艺术性、时代性强的精神文化性的旅游娱乐活动。

（二）休闲类

休闲类旅游娱乐设施，具有参与性、趣味性的特点，消费水平适中，包括电影院、游乐场、游艺厅、公园等。

（三）体育类

体育类娱乐设施场地设备水平比较高，并提供裁判、教练、陪练服务，并附设管理较好的淋浴室、更衣室、医疗中心等，以保证旅游者的隐私和生命财产安全。因为体育项目具有竞争性、规则性的特点，体育旅游娱乐设施及设备条件，直接影响旅游者的练习、比赛效果和成绩。

（四）娱乐类

娱乐类旅游娱乐设施具有享乐性的特点，包括 KTV、组织大型娱乐或游乐项目的主题公园等。强调项目的更新、产品的档次及专业技术性，强调娱乐企业服务和管理的规范化、标准化、现代化、国际化，旨在树立娱乐品牌形象。

三、旅游娱乐业的作用

（一）实现劳动力再生产，创造新型工作方式

繁忙的工作以后，人们参加旅游娱乐活动，不但可以获得欢乐，恢复精力，提高工作效率，还可以获得知识和灵感，完善和发展自我，增强创造力。办公已不再局限于传统意义上的工作时间内，工作与娱乐的区分变得模糊，人们在娱乐、观光中互相学习、交流、洽谈业务，使工作内容变得丰富多彩。

（二）完善旅游产业结构，丰富旅游文化生活

在生活质量受到高度重视和世界旅游产业结构加速调整的今天，旅游活动的内涵已经大大延伸，单纯经营观光型旅游产品的旅游产业结构面临严峻挑战，完善旅游娱乐设施、提高旅游娱乐服务质量，已经成为旅游接待国家和地区的重要任务。另外，旅游娱乐业在满足旅游者观光以外的文化精神需求的同时，还可以丰富当地居民的社会文化生活。

（三）发挥行业带动作用，推动地区经济发展

几乎所有的现代旅游娱乐活动，都需要专门的设备和服务。在市场经济条件下，这些旅游市场需求为许多经济行业提供了难得的市场机遇，形成了良好的经济和社会效益，充分体现了旅游娱乐业社会化、专业化的特点。首先，旅游娱乐业为生产和销售各种娱乐活动所需要的专门设备的厂商带来巨大商机；其次，旅游娱乐业为提供专门场地和服务的娱乐企业带来了极大的经济效益；再次，旅游娱乐业也带动了一些第一、第二产业经济部门的发展，如观光农业、陶艺作坊等；最后，旅游娱乐业的快速发展，也为国家带来了更多的税收，有力地促进了国家和地区的经济建设。

（四）是地区经济发展水平的标志

旅游娱乐行业的经营状况是地区经济发展的晴雨表。旅游娱乐在社会消费结构中属于非必需性消费，一个地区经济发展、居民生活水平提高时，人们的娱乐消费就会增加，相反，当该地区经济衰退时，人们则首先压缩娱乐消费的支出，使得旅游娱乐业成为率先滑坡的行业。因此，许多国家和地区十分重视

研究旅游娱乐行业的生命周期，不断适时推出更新的旅游娱乐项目，以保持经济的增长。

（五）是国家和地区旅游业发展水平的标志

现代旅游业不但能够满足旅游者的各种需求，而且会引导和创造他们的期望。拥有旅游娱乐设施的综合性旅游企业，对旅游者和当地各界人士构成极大的吸引力，成为该地区政治、经济、文化的活动中心和旅游业充满活力的象征。如美国的拉斯维加斯是世界上最富有想象力的、高级饭店最密集的城市，它十分典型地表现出了旅游娱乐业的特色。

旅游娱乐业的发展离不开政府和法律的监督和管理，畸形发展的旅游娱乐，不仅会败坏社会风气，还会造成社会危害。我国提倡通过旅游娱乐，积极促进旅游者的全面发展，使旅游娱乐建设与文明城市建设相统一。

项目检测

一、单项选择题

1. 旅游饭店星级的有效期为（　）年。

A.1 年　　B.3 年　　C.5 年　　D.15 年

2. 旅行社质量保证金由（　）管理。

A. 旅行社　　B. 旅游行政管理部门

C. 旅游者　　D. 旅游组织

3. 旅游者对旅游购物品最基本的要求是（　）。

A. 纪念性　　B. 礼品性　　C. 针对性　　D. 艺术性

4. 富有独立性、灵活性、短程旅游速度快、方便等特点的运输方式是（　）。

A. 航空　　B. 铁路　　C. 公路　　D. 水路

5. 世界厕所日为（　）。

A. 11 月 19 日　　B. 11 月 9 日　　C. 12 月 6 日　　D. 9 月 11 日

二、多项选择题

1. 旅游资源开发的原则有（　）。

A. 特色　B. 市场　C. 安全　D. 经济　E. 保护

2. 影响旅游者选择旅游交通的因素主要有（　）。

A. 各类旅游交通自身的性能　B. 旅游目的地的可进入情况

C. 旅游者自身各种因素　D. 旅游距离的远近

E. 社会治安

3. 我国三大旅行社分别是（　）

A. 中国旅行社　B. 中国国际旅行社

C. 中国青年旅行社　D. 中国华侨旅行社

4. 旅游景区等级划分的依据是（　）。

A. 景观质量与生态环境体系　B. 旅游服务要素体系

C. 游客评价体系　D. 环境质量体系

E. 服务质量体系

5. 博物馆可分为两大类，即（　）。

A. 以特定收藏品为展示内容的博物馆

B. 以特定场址为展示内容的博物馆

C. 以私人藏品为展示内容的博物馆

D. 以某种主题藏品为展示内容的博物馆

E. 以出土文物为展示内容的博物馆

三、判断题

1. 风景名胜区是指具有观赏、文化或科学价值，自然景观、人文景观比较集中，环境优美、具有一定规模和范围，可供人们游览、休息或进行科学考察、文化活动的地区。（　）

2. 旅游景区是经省级以上（含省级）行政管理部门批准成立，有统一管理机构，范围明确，具有参观、游览、度假、康乐、求知等功能，并提供相应旅游服务设施的独立单位。（　）

3. 自然保护区是以森林自然景观为旅游吸引物，供旅游者参观、游览、健身、科学考察、观赏秀丽风景、了解民族习俗等以休闲度假为主要活动内容的

旅游区域。(　)

4. 1995 年颁布的《旅行社管理条例》规定，我国的旅行社分为国际旅行社和国内旅行社。(　)

5. 各种交通工具可载旅游者总量应当同往返在旅游者常住地与旅游地的总人数相适应，客运总容量要略大于旅游者总量。(　)

模块二

旅游业的未来

单元 5 未来的就业平台——旅游市场的发展

背景研习

“十四五”时期是我国开启全面建设社会主义现代化国家新征程、向第二个百年奋斗目标进军的第一个五年，我国文化和旅游市场发展仍处于重要战略机遇期。我国已转向高质量发展阶段，经济长期向好，人民群众对美好生活的向往日益广泛，文化和旅游市场发展空间广阔。

近年来，广西老年旅游市场发展持续向好。广西依托旅游资源特色、文化特色、气候资源等，发展老年旅游，逐步打造形成了秋冬暖游，短途休闲观光和“候鸟式”旅居并重的旅游市场发展格局。截至 2021 年年底，广西已成功创建 21 个广西养生养老小镇。目前，广西全区共有国家森林康养基地 4 家，全国森林康养基地试点建设单位、试点县 22 个，遴选推出了 26 家中医药健康旅游示范基地、22 家中医药特色医养结合示范基地。此外，桂林市被列为国家健康旅游示范基地创建单位，南宁市被列为国家中医药健康旅游示范区创建单位。

项目研习

学习目标

1. 能掌握旅游市场、旅游市场细分的概念。
2. 能掌握旅游市场形成的条件。
3. 能掌握旅游者的流动规律。
4. 能熟悉我国旅游市场细分的类型。

5. 能掌握我国旅游市场的类型、发展情况和特点。

6. 让学生对我国旅游市场的发展充满信心，建立文化自信。

内容结构

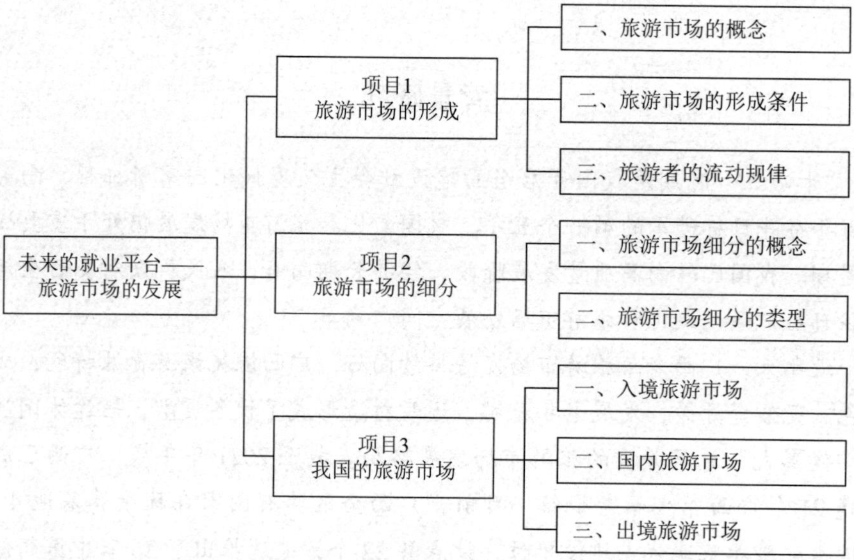

知识与技能

项目1　旅游市场的形成

➢活动呈现

思考一下，我们身边都有哪些市场，这些市场是否含义一样。想一想这些市场和我们接下来要学习的旅游市场是否一样。

➢方法指引

利用生活经验知识，以及通过网络查询知识的方式，以小组合作的方式完成任务，明确旅游市场形成的条件。

➤**学习内容**

一、旅游市场的概念

旅游市场是社会经济发展到一定程度，旅游活动商品化、社会化的产物。因研究目的和认识角度的不同，人们对旅游市场的理解不尽一致，通常有经济学和市场营销学上的旅游市场两种角度。

（一）经济学意义上的旅游市场

经济学意义上的旅游市场是指在旅游产品交换过程中所反映的各种经济行为和经济关系的总和。常说的“卖方市场”“买方市场”等就是指这一层意思。

旅游市场是社会分工进一步深化、商品生产发展到一定阶段的产物。早期的旅游活动并不是以商品形式出现的，而是一种社会文化现象。随着社会生产力的发展、社会分工的深化，商品生产和商品交换得到了发展，旅游活动逐渐商品化。随着旅游商品交换的发展，旅游市场随之产生并扩大。

（二）市场营销学上的旅游市场

市场营销学上的旅游市场是指一定时期内，某一地区中存在的对旅游产品具有支付能力的现实的和潜在的购买者。所谓现实购买者，是指既有支付能力又有购买兴趣的人；潜在购买者是指可能具有支付能力和购买兴趣的人。简而言之，旅游市场就是指旅游需求市场和客源市场。它既可以是旅游者本人，也可以是旅游者所委托的购买者或购买组织，即旅游中间商。

二、旅游市场的形成条件

旅游市场的形成必须具备人口因素、具有购买能力、具有旅游的愿望和旅游者拥有旅游的权利四个基本条件。

（一）人口因素

人口是构成市场的基本因素。旅游者的存在才能产生对旅游活动过程中的食、住、行、游、购、娱等各种需求，才能构成市场，同时旅游者情况的变化也直接影响了旅游市场的变化。一个地区的人口越多，现实和潜在的消费需求就越大，现实和潜在的旅游者就越多。

（二）具有购买能力

购买能力是人们支付购买商品或劳务的能力。人们必须具有一定的购买能力，才能够实现旅游愿望。在现实生活中，一个国家或地区人均收入的多少，标志着一个国家或地区人民生活水平和购买能力的高低。人均收入水平越高的国家或地区，用于旅游的开支占个人消费总额中的占比就越大。

（三）具有旅游的意愿

旅游意愿是指消费者购买旅游产品的动机、愿望或要求，主要是由旅游者对旅游产品的心理上的需要引起的。旅游意愿是消费者愿意把潜在的购买力变为现实旅游活动的重要条件，因此它也是形成旅游市场的基本条件。由于人们的个性、兴趣、爱好和所处环境各异，在同样具有经济实力和闲暇时间的情况下，是否具有购买旅游产品的意愿是各不相同的。旅游者由于各自旅游目的不同、追求的满足不同，出游的主观动机也是多种多样的。为了满足心理需要而产生购买意愿是形成和影响旅游市场的根本动力。

（四）拥有旅游的权利

对旅游市场而言，特别是国际旅游，经常会受到某些国际事务关系，或者旅游目的地国或旅游客源国一方的政策限制，如拒绝给旅游者发放旅游签证、限制出境等。这样的情况下，即使是人们拥有旅游意愿、有钱，但由于旅游权利受阻，也无法形成国际旅游市场。例如，韩国在1989年以前实行出国禁令，限制了国民的出国旅游，后解除出国禁令，出游人数激增，1989年出国旅游的人数达到121万人次，比1988年增长67.8%。

人口因素是旅游市场形成的前提，没有旅游者就没有市场，人口多而居民收入又高的国家或地区才是真正具有潜力的市场。有了人口和收入，还必须使旅游产品符合消费者的需求，引起其购买欲望，并在具备旅游权利的情况下，使潜在旅游市场变成现实旅游市场。综上所述，旅游市场形成的四个条件缺一不可。

三、旅游者的流动规律

（一）近距离旅游流动量最大，远距离旅游流动量逐渐增大

旅游的远近是影响旅游流动的重要因素。一般来讲，国内旅游的规模大于国际旅游规模，因为近距离旅游更方便快捷，更容易实现。

但是，随着世界经济的发展、科学技术的进步，特别是交通工具的现代化和信息技术的革命，远距离旅游的吸引力不断增加。世界上权威的旅游统计和研究机构的调查报告显示，许多经济发达国家者在距离惯常居住地200公里以内旅游的人数在全国旅游者总数中的比例逐渐减少，而到距离其惯常居住地1000公里以外的地方旅游的人数比例却在逐渐增加。根据国际航空协会的估计，今后距离在2500公里以上的远途客运量占世界航空客运总量的比重将会不断上升，远距离旅游将有广阔的前景。

（二）旅游流动量和流向集中在经济发达的国家和地区

欧美经济发达国家一直占据世界旅游市场的主导地位，国际旅游者及其支出的80%左右产生并流向这一区域。经济发达的国家和地区生产力水平高、基础设施完善、旅游资源丰富、旅游接待能力强、旅游需求比较旺盛，人们闲暇时间也较多，因此这些国家和地区成为世界主要旅游客源国和目的地。据统计，经济发达的国家旅游接待总量达到了世界旅游市场总量的50%。

（三）政治、经济和文化中心城市成为主要的旅游流向

一个国家和地区的政治、经济、文化中心一般拥有独特的自然和人文旅游资源，能够比较全面地反映出该国家和地区的经济实力、城市化发展水平等，成为国家和地区的象征，因此受到旅游者的青睐。同时，作为中心城市，也是主要的交通枢纽和旅游集散地，旅游者需要首先到达这些城市再分散到各地旅游。

（四）旅游流向风景名胜区和文化特色显著区

旅游活动中最优的组合是自然旅游资源与人文旅游资源的结合。风景优美、特色鲜明的风景名胜区和文化内涵丰富的景区对旅游者吸引力最大。因此，旅游客流主要流向这些风景名胜区和文化特色显著的区域。

项目2　旅游市场的细分

➢活动呈现

收集现在针对老年人的旅游线路和旅游产品。思考一下，针对中老年人的旅游产品设计和开发有什么特点，为什么会出现这样的特点。

➢方法指引

利用生活经验知识，以及通过网络查询知识的方式，以小组合作的方式完成任务，了解旅游市场的类型。

➢学习内容

一、旅游市场细分的概念

旅游市场细分是指根据旅游者的来源及其需求、购买动机与习惯爱好等方面的特点，把市场划分为不同类型的旅游需求者群。旅游需求者群就是一个市场部分，或者称为细分市场。

为了有效占领旅游市场，旅游企业必须对旅游市场进行合理的细分，选择某一类或者某几类客源对象作为目标市场，然后通过市场定位、采取合理的旅游开发与营销组合策略。因为，任何一个旅游产品的提供者都不可能从根本上满足所有旅游客源的需求。因此，各旅游产品的提供者必须首先确定自己的市场范围，以满足某一部分旅游市场的需求。

二、旅游市场细分的类型

旅游市场种类繁多，可按以下不同标准进行分类。

（一）按地理因素划分

这是一种传统的市场划分法，即根据地理、经济、文化、交通及旅游者流量等方面的联系，将整个世界划分为六个大的区域，即欧洲市场、美洲市场、东亚及太平洋地区市场、南亚市场、中东市场和非洲市场。

（二）按国境划分

可划分为国内旅游市场和国际旅游市场。国内旅游市场主要是境内本国居民在国内各地的旅游。国际旅游市场则是越过国境的一种旅游，包括入境旅游和出境旅游，既可以是组织本国居民赴境外旅游，也可以是接待境外旅游者前来本国旅游。

（三）按消费水平划分

可分为高档旅游、中档旅游和经济档旅游市场。收入是决定旅游者消费的最根本因素，不同收入的人必然会有不同的旅游消费需求。高档旅游市场主要针对社会上层人士，他们注重旅游活动对自己的地位、身份的体现，对价格不敏感。因此，高档与豪华的饭店、餐饮、宴会、娱乐场所等很受他们欢迎。中档旅游市场则主要针对广大的中等收入者，他们有固定收入，一方面对旅游活动较为积极，同时也很关心价格。低档旅游市场则主要针对那些无固定收入者。广大青年学生往往把旅游视为一种陶冶情操、结交朋友、锻炼身体的有意义活动，但因为没有固定收入，所以他们不大关注旅游物质条件。

（四）按旅游目的与内容划分

旅游者的动机和目的影响旅游活动的形式，可以将旅游行为划分为九大基本类型，即观光型旅游市场、商务型旅游市场、探险型旅游市场、度假型旅游市场、宗教型旅游市场、娱乐型旅游市场、文化教育型旅游市场、探亲访友型旅游市场、购物型旅游市场。

（五）按旅游组织形式划分

按旅游组织形式可划分为团体旅游市场和散客旅游市场。团体旅游也称团体包价旅游，旅游者通常通过旅行社交付所需的基本费用，包括住宿、餐饮、门票、交通费等。散客旅游因其灵活性，所以在旅游市场中占有重要的地位。

（六）按照年龄划分

按照人口年龄段，旅游市场可细分为老年人、中年人、青年人、少儿四个细分市场。

1. 老年旅游市场

老年旅游市场又叫“银发市场”，是世界旅游市场广泛关注的特定细分市场之一。通常认为他们具有成熟、活力、自由、好奇、富有五个特点。我国2020年第七次人口普查数据表明，60岁及以上人口为2.64亿人，占18.70%，其中65岁及以上人口为1.90亿人，占13.50%。与2010年第六次全国人口普查相比，60岁及以上人口的比重上升5.44个百分点，65岁及以上人口的比重上升4.63个百分点。这表明我国已经跨入了老龄化社会阶段，充分说明老年市场具有很大的发展空间和市场潜力。适合老年市场的产品要求较高，一般来说，旅游目的地不宜太远、不能太偏僻，游览节奏要慢、品质要高、服务要周到细致等。

2. 中年人旅游市场

中年人旅游市场是当今旅游市场的主力。中年人年富力强，收入较高，一般以观光、会议、商务旅游居多，携家度假旅游的也不少，比较看重与自己年龄、身份相称的旅游项目，是旅游业较理想的目标市场。

3. 青年人旅游市场

青年人旅游市场是一个人数众多，不容忽视的市场。青年人精力旺盛，体力充沛，喜欢选择刺激性、探险性的旅游项目，需求更趋时尚化、个性化。

4. 少儿旅游市场

少儿旅游一般须由学校组织或成人带领，通常选择知识性、趣味性的旅游项目，注重安全、卫生、近便等因素。

（七）按照性别划分

旅游需求的性别差异也比较显著。一般情况下，女性游客比较注重旅游目的地的选择，喜欢结伴出游，注重自尊和人身与财产安全，喜欢购物，对价格较敏感。而男性游客独立性较强，倾向知识性、运动性、刺激性较强的旅游活动，公务、体育旅游者较多。

以上是旅游市场几种常用的划分。在进行具体营销活动时，还应进一步结合旅游者的人口特征、心理因素与消费者行为等方面进行细分，这样才能在细分中发现越来越多的市场机会。

项目3　我国的旅游市场

➢活动呈现

收集你所在的地区外国游客主要来自哪里，分析一下为什么会是这些国家的游客较多。

➢方法指引

利用生活经验知识，以及通过网络查询知识的方式，以小组合作的方式完成任务，了解入境旅游市场。

➢学习内容

一、入境旅游市场

（一）发展概况

根据世界旅游组织的解释，入境旅游是指非该国居民在该国的疆域内进行的旅游。我国对入境旅游市场的界定是，入境旅游市场又称海外旅游市场，它由三部分构成：外国人（包括外籍华人）、海外华侨（指持有中国护照但长期侨居外国的中国同胞）、港澳台同胞。

入境旅游市场是衡量国家旅游业发展水平的关键指标因素，是我国从旅游大国迈向旅游强国的固本之基，在我国旅游业发展中的地位十分重要且突出。回顾改革开放以来的发展历程，中国入境旅游在推动旅游接待体系构建、服务水平提升，以及树立国际形象、弘扬中华文化、促进中外文化交流等方面均发挥了巨大的作用。

我国将外国人和香港、澳门、台湾同胞分开统计。因此，我国的入境旅游市场主要分为我国港澳台地区市场和客源国市场两部分。

1. 港澳台市场

自改革开放以来，港澳台同胞一直是祖国大陆接待人数最多的入境旅游者。港澳台地区与祖国大陆有着文化传统、民族血缘关系，同时三地经济都很发达，与内地有着不可阻隔的经济联系。香港、澳门回归祖国以后，随着“一国两制”的贯彻实施，港澳同胞到内地旅游更加方便，继续推动港澳入境旅游客源的发展。

2. 客源国市场

（1）亚洲市场。

中国的主要客源市场以亚洲为主体，其中我国的港澳台游客占有较大比重。除此之外，在所有的外国人客源市场中，仍以亚洲为主体，欧洲和北美为两翼。

①日本市场。

一方面，中国旅游资源尤其文化类资源对日本游客有着厚重的吸引力，日本传统文化深受中国传统文化影响。近20年来，中国作为旅游目的地综合条件的改善，包括两国间航线增多、运力增大，中国越来越成为一个方便的选择。另一方面，日本海外旅游者倾向时间更短、距离更近、花费更少的目的地，中国成为一个合适的选择。短期停留增大再访率的机会，中国地域广阔、历史悠久，旅游产品品位高、类型多样，也是一个值得多次再访的目的地。此外，中日两国间日益频繁的经贸往来和各种交流带来大量的商务客流。

近年来，日本旅华市场增速减慢，但日本仍然是极具潜力的市场，在今后的市场拓展中，除了追求总量增加外，还要增大其再访率。

②韩国市场。

韩国是亚洲经济实力较强的国家之一，也是世界上重要的国际旅游客源市场之一。韩国自 1989 年开始实行出境旅游自由化的政策，出国旅游人数激增，并且其旅游者的消费水平也较高。

韩国市场强劲的原因是韩国与中国位置较近，旅行距离较短，交通日益方便。中韩历史文化源远流长，韩国、日本与我国的文化同属东方文化，在语言、文字、宗教、文化等方面深受我国儒家文化、佛教文化的影响，韩国民众对中国文化有亲近感。

③东南亚市场。

东南亚是我国传统的入境旅游市场，主要指新加坡、马来西亚、菲律宾、泰国、越南、印度尼西亚等国家。虽然东南亚市场总体规模已经很大，但依然存在巨大的发展空间，尤其越南和印度尼西亚旅华市场潜力巨大。

（2）欧洲市场。

①俄罗斯市场。

近年来，俄罗斯受经济下滑的影响，公民出境旅游受到了极大的抑制。加之与中国接壤地区的边境旅游市场大幅萎缩，俄旅华市场出现了断崖式滑坡，旅华人数仅占外国人入境市场的 5%。当前，两国人文各领域交流频繁，旅游合作机制不断完善。一旦俄罗斯经济走出阴影，俄罗斯旅华市场也必将触底反弹，呈现新一轮增长。

②西欧市场。

西欧地区是全世界最大的国际客源市场，是我国主要的客源市场之一。该地区经济普遍发达，社会福利保障体系健全，人们受教育程度高，有外出旅游的习惯和传统。

西欧市场中旅华人数最多的国家依次是英国、德国、法国等。英国一直是我国欧洲市场（除俄罗斯外）最大的客源国。德国经济实力位居世界第四，是欧洲富人最多的国家，国民的贫富差距不太悬殊，就业人员的带薪假期长。国人将可支配收入的 3.6% 用于旅游，3/4 的人口（6300 万）每年外出旅游，目前是世界最大的国际旅游客源国。法国是世界第五大国际旅游客源国，每年外出度假的旅游者人数占其总人口的一半以上，是我国主要的客源国之一。

欧洲各国旅游者对亚太地区的旅游兴趣正在提升，因而其出境旅游尤其是远程旅游有很大的发展空间。由于时空距离的存在，我国对这块市场的开发力度还远远不够。

③美洲市场。

我国的美洲入境旅游市场客源主要来自北美市场的美国和加拿大。整个北美地区人口规模大，经济、文化发达，人们的富裕程度、受教育水平和城市化程度等较高，是全球第二大客源地，也是我国主要的客源地之一。由于欧美传统文化与我国传统文化存在很大的差异，欧美旅游者来我国的主要目的是欣赏文化古迹、游览我国的名山大川、了解我国风土人情等。

④大洋洲市场。

大洋洲市场主要指的是澳大利亚市场。澳大利亚是亚太地区少数发达国家之一，工薪阶层每年有 4 周的带薪假期，出国旅游非常流行。澳大利亚与我国的空间距离近，进入我国主要依靠航空工具。但由于文化方面的影响，澳大利亚出国旅游的主目的地是新西兰、英国和美国，到我国旅游的比例较低，从长远看，市场潜力巨大，将是我国重要的国际市场。

（二）特点

1. 港澳台客源市场主力地位稳固，“一带一路”沿线国家活跃度上升

近年来，港澳台地区仍然是内地（大陆）入境旅游市场的主力，占全部市场份额的七成以上。2021 年入境旅游市场中，排名前 15 的入境旅游客源市场为中国澳门、中国香港、缅甸、越南、中国台湾、菲律宾、蒙古国、韩国、俄罗斯、日本、美国、印度、印度尼西亚、马来西亚和加拿大。综合来看，入境客源市场结构已显露出优化趋势，“一带一路”沿线国家在入境旅游市场中的活跃度正持续上升。

【知识拓展】

“一带一路”倡议取得的成就

“一带一路”（The Belt and Road，B&R）是“丝绸之路经济带”和“21 世纪海上丝绸之路”的简称，2013 年 9 月和 10 月由中国国家主席习近平分别提出建设“新丝绸之路经济带”和“21 世纪海上丝绸之路”的合作倡议。它将充分依靠中国与有关国家既有的双多边机制，

借助既有的、行之有效的区域合作平台，“一带一路”旨在借用古代丝绸之路的历史符号，高举和平发展的旗帜，积极发展与沿线国家的经济合作伙伴关系，共同打造政治互信、经济融合、文化包容的利益共同体、命运共同体和责任共同体。

2015 年 3 月 28 日，国家发展改革委、外交部、商务部联合发布了《推动共建丝绸之路经济带和 21 世纪海上丝绸之路的愿景与行动》。

2016 年 6 月底，中欧班列累计开行 1881 列，其中回程 502 列，实现进出口贸易总额 170 亿美元。2016 年 6 月起，中欧班列穿上了统一的“制服”，深蓝色的集装箱格外醒目，品牌标志以红、黑为主色调，以奔驰的列车和飘扬的丝绸为造型，成为丝绸之路经济带蓬勃发展的最好代言与象征。

2. 主要旅行目的是游览观光及休闲度假

对国内 8 个入境旅游典型城市的调研结果显示，入境游客中首次到访中国的游客占大多数；游览观光和休闲度假是入境游客访华的主要目的。旅游交通、天气等生活信息、旅游景区接待情况、旅游产品和服务介绍、特色文化娱乐活动等是入境游客最为关注的出行决策参考要素；文物古迹、山水风光、文化艺术、美食烹调是入境游客最为喜爱的旅游项目。

【知识拓展】

阿联酋、阿曼、巴林、卡塔尔、科威特和沙特阿拉伯海湾六国居民收入高，出游比例高。据世界旅游组织统计，这些国家出境旅游平均消费全球最高，而这些国家居民来华旅游人数却屈指可数。有关调查显示，海湾国家民众对中国认知度低，来华意愿不高，究其原因，主要是与中国交流少，中国在该地区旅游宣传少。随着“一带一路”倡议的推进，中国与海湾国家双向合作会进一步加强，未来该地区有可能成为中国重要的入境游客源市场之一。

中东欧国家是丝绸之路经济带腹地，是“一带一路”倡议重点之一。中东欧国家人口超过 1 亿，大部分国家政局稳定、人民富足，是中国入境旅游的潜力市场。当前，由于两地交通不便，两地旅游市场潜力没有得到充分挖掘，双向旅游交流规模提升的空间较大。近年来，两地将旅游合作提上重要议事工程，旅游企业已经看到了两地旅游合作的前景，不少航空公司正积极开拓两地直航航班。经过一段时间的发展，两地交通将更加便利，中东欧这片欧洲的“发展中国家”，必将成为中国入境旅游市场的重要增长极。

【思考与交流】

要想让海湾相关国家成为中国入境市场重要增长极，作为入境旅游接待国我们应该如何做?

二、国内旅游市场

（一）发展概况

国内旅游是指一个国家的居民离开自己的惯常居住地到本国境内的其他地方进行旅游。一般而言，国内旅游呈现从近到远、渐进发展、国内旅游先于国际旅游（出境旅游）的普遍规律，这主要是因为国内旅游的路途比较短，所需要的时间和资金成本比较少，也不需要办理繁杂的手续。国内旅游也因此具有强大的生命力，通常在旅游市场中占据最大比重，国内旅游的人数总是远远高于国际旅游的人数。国内旅游市场是指国内旅游客源市场和旅游供给市场的总和。我国已经成为世界上人数最多的国内旅游市场。

（二）特点

1. 国内旅游市场持续高速增长

随着人们受教育程度的普遍提高、收入的增加、带薪休假的增多，以及交通设施的日益完善、国家不断出台相应的扶持政策，国民对旅游的需求将更加普遍，国内旅游市场的发展潜力将不可限量，旅游成为小康社会人民美好生活的刚性需求。

2012—2019 年国内旅游实现了旅游人数和旅游收入的稳步增长，受到新冠肺炎疫情影响，2022 年国内游客为 25.30 亿人次，国内旅游收入为 20444 亿元，分别较上年下降 22.1% 和 30.0%（见图 5–3–1）。

根据国内旅游抽样调查统计结果，2023 年上半年，国内旅游总人数 23.84 亿人次，比上年同期增加 9.29 亿人次，同比增长 63.9%。国内旅游收入（旅游总花费）2.30 万亿元，比上年同期增加 1.12 万亿元，同比增长 95.9%。从 2023 年上半年国内旅游人数、旅游收入统计情况来看，国内旅游经济的发展呈快速复苏的趋势。

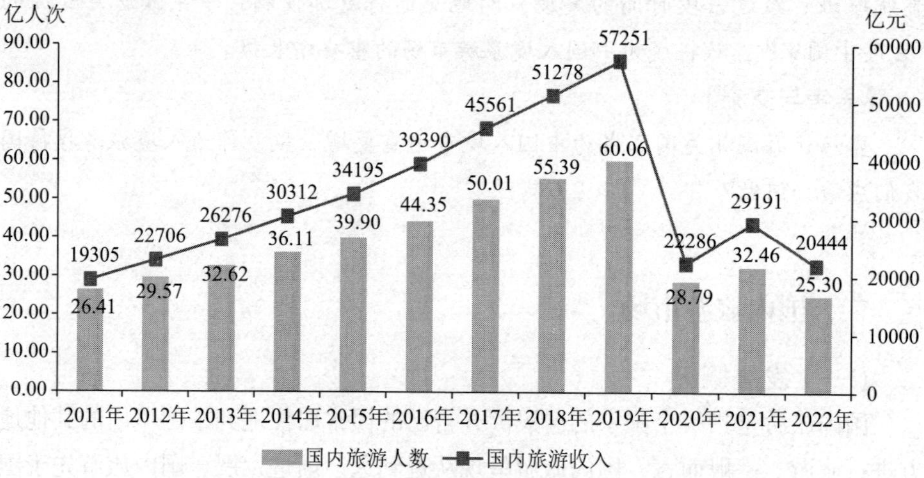

图 5-3-1　2011—2022 年我国国内旅游人数及旅游收入情况

数据来源：文化和旅游部 2022 年旅游发展公报。

2. 城镇居民是国内旅游的主要客源市场

从城乡划分来看，城镇居民是我国国内旅游的主要客源市场。2021 年城镇居民出游 23.42 亿人次，占旅游总人数的 72.1%；农村居民出游 9.04 亿人次，占旅游总人数的 27.9%（见图 5-3-2、图 5-3-3）。

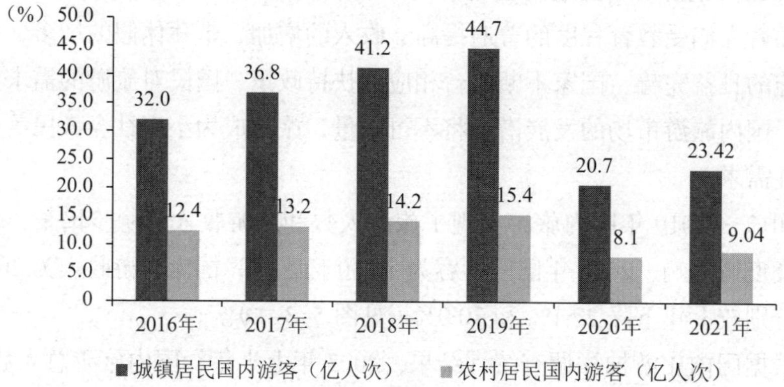

图 5-3-2　2016—2021 年国内旅游城乡客源市场

数据来源：国家统计局。

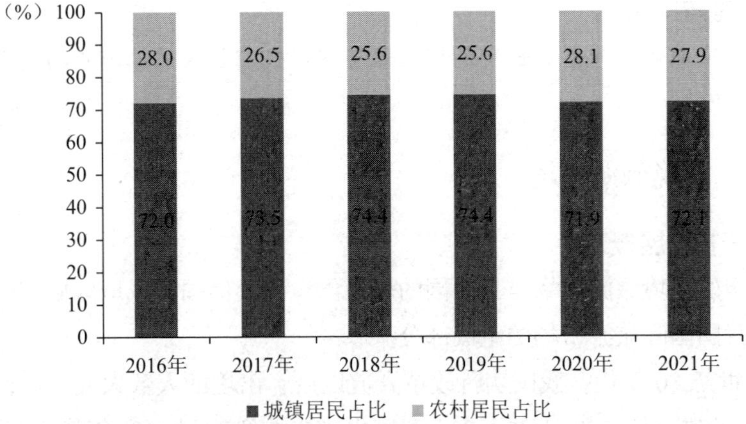

图 5-3-3　2016—2021 年国内旅游人数城乡比重

数据来源：国家统计局。

2021 年城镇居民旅游消费 2.36 万亿元，占旅游总收入的 81.2%；农村居民旅游消费 0.55 万亿元，占旅游总收入的 18.8%。某种程度上讲，城镇居民的出游特征引领了中国居民的整体特征。但随着乡村振兴战略全面推进，农村居民的出游率和旅游消费在稳步提升，是国内旅游发展的重要潜在市场。

3. 短程旅游比重大，散客比重较高

从出游的距离来看，短途一日游占较大比重，散客比重高于团队旅游者。交通基础设施和公共交通设施建设的不断完善，使得短途旅游和一日游变得更加便利。信息化技术的不断发展，以及在大量旅游信息的帮助下，旅游者特别是新时代的年轻人更容易自我开展相关的旅游活动。

4. 休闲度假比重提升

就旅游的目的来说，大多以观光旅游和休闲度假为主。但近十年来，休闲度假的比重提升是市场主导特征。中国旅游研究院《2022 中国旅游度假发展报告》指出，人们积极找寻各种机会旅游度假，利用带薪休假进行休闲度假型旅游的人也越来越多。观光式度假是我国休闲度假型旅游最多的类型，休闲度假型旅游总体满意度比较高，旅游产品性质比和服务质量还有进一步提升空间。

【思考与交流】

我国城镇和农村居民出游的变化趋势图对我们将来的旅游市场的开发具有哪些启示？

三、出境旅游市场

（一）发展概况

我国的出境旅游市场是指我国的居民出境到其他国家或地区旅游的客源市场，是我国国际旅游市场的组成部分。

20 世纪 80 年代，我国实行改革开放以后，出境的人数大大增加，但其中真正因为旅游而出国的人并不多。我国出境旅游到20世纪90年代才发展起来，经历了从无到有、从小到大的发展过程，并保持着强劲的发展势头，已经影响世界旅游市场的走向（见表 5–3–1）。

表 5–3–1　我国出境旅游人数对比统计

时间	旅游人数
1979 年	28 万人次
2000 年	1000 万人次
2014 年	1 亿人次
2017 年	1.31 亿人次
2019 年	1.55 亿人次

2014 年，中国游客海外花费同比增加 27%，达 1650 亿美元；2017 年出境旅游花费 1152.9 亿美元，同比增长 6.9%。2019 年，中国公民出境旅游人数达 1.55 亿人次，比上年同期增长 3.3%。受可支配收入提高、人民币汇率坚挺、旅行设施改善和出境旅游限制减缓等利好因素的影响，中国出境游市场在过去 20 年增速喜人。中国贡献了全球旅游收入的 13%，让全球一批目的地特别是亚太地区的目的地获益匪浅。中国已成为世界第一大出境旅游消费国和第四大入境旅游接待国，并拥有全球最大的国内旅游市场。

（二）特点

1. 出境市场仍处于初步发展阶段

我国出境游已经进入“亿人次”时代，但从客源产出、空间流向、市场规模、消费结构等方面来看，中国出境市场仍处于与国情相适应的初步阶段。

我国出境游客客源主要集中在东部地区，中部与西部地区的客源产出能力梯次下降，由此可见，出境旅游还没有成为一种普遍的大众化消费活动。从空间流向来看，超过 60% 的出境游客流向港澳台地区。从市场规模来看，基于人口总量的相对规模，特别是严格意义上的出国旅游率，与发达国家比较均相对滞后。

2. 出境旅游环境逐渐优化

中国出境旅游庞大的市场与巨大的消费能力，使得境外目的地越来越重视保障中国公民在旅行和旅游活动中得到公正、公平、优惠的待遇，包括提供更宽松优惠的签证权利、设立更多的中文标识与服务和提供更符合中国游客喜好的产品等。

3. 出境游以近程市场为主

目前，我国出境旅游空间格局仍以近程市场为主，突发事件对部分地区的旅游流量影响比较显著。2020 年，中国（内地）出境旅游目的地排前两位依然是中国香港和中国澳门，占总量的 60% 以上。排名前 15 的出境旅游目的地依次是中国澳门、中国香港、越南、韩国、日本、泰国、柬埔寨、美国、新加坡、中国台湾、马来西亚、英国、澳大利亚、加拿大和印度尼西亚。在新冠肺炎疫情影响之下，我国出境由市场呈现出以近程市场为主的特点显现得更加明显。

4. 旅游购物是旅游消费的主体项目

中国旅游研究院的调查显示，有超过 8 成的出境游客认为购物是最主要的消费项目，主要目的地与购物退税的数据也印证了这一点。世界最主要购物退税机构的数据显示，中国游客购物退税消费总额连续十年居全球首位。2019 年，我国的出境旅游市场仍然保持了增长态势，规模达到 1.55 亿人次，相比 2018 年同比增长了 3.3%，中国出境旅游市场的增长速度放缓，出境游客境外消费超过 1338 亿美元，增速超过 2%。

新冠肺炎疫情冲击下，2020 年全年出境旅游人数为 2033.4 万人次，同比减少 86.9%（见图 5–3–4）。相比疫情前超过亿人次的出游规模，出境旅游依然基本处于停滞状态。但 2023 年上半年旅游统计数据表明，随着疫情的结束，我国出境旅游开始逐步恢复和进一步发展。

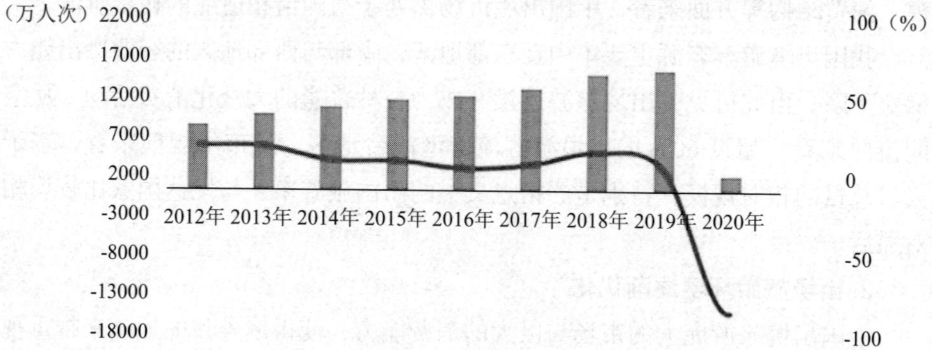

图 5–3–4　2012—2020 年出境旅游人数和变动情况

项目检测

一、单项选择题

1. 为了有效占领市场，旅游企业必须首先对旅游市场进行合理的（　）。

A. 规划　　B. 细分　　C. 定位　　D. 分析

2. 与旅游市场形成同步的是（　）。

A. 城市发展　　B. 国家政策　　C. 经济兴衰　　D. 国民消费

3. 旅游市场划分为老年人、中年人、青年人等细分市场是根据（　）。

A. 人数标准　　B. 规模标准　　C. 年龄标准　　D. 特点标准

4. 俄罗斯市场属于（　）。

A. 欧洲市场　　B. 亚洲市场　　C. 西欧市场　　D. 美洲市场

5. 冬天选择去哈尔滨冰雪节的旅游者属于（　）。

A. 观光旅游者　　B. 公务旅游者

C. 度假保健旅游者　　D. 娱乐休闲旅游者

二、多项选择题

1. 旅游市场形成的条件有（　）。

A. 人口　　B. 购买力　　C. 旅游意愿　　D. 旅游权利

2. 旅游市场按照消费水平划分，可分为（　）。

A. 高档旅游　　B. 中档旅游　　C. 低档旅游　　D. 经济档旅游

3. 我国的旅游市场主要有（　）。

A 入境旅游市场　　B. 国内旅游市场　　C. 国际旅游市场　　D. 出境旅游市场

4. 2020 年，我国出境旅游目的地前两位的是（　）。

A. 中国香港　　B. 中国台湾　　C. 中国澳门　　D. 韩国

5. 旅游者流动的规律（　）。

A. 近距离旅游流动量最大，远距离旅游流动量逐渐增大

B. 流动量和流向集中在经济发达的国家和地区

C. 流向政治、经济和文化中心

D. 流向风景名胜区和文化特色显著区

三、判断题

1. 国内旅游呈现从近到远、渐进发展、国内旅游先于国际旅游（出境旅游）的普遍规律。（　）

2. 我国的出境旅游市场是指我国的居民出境到其他国家或地区旅游的客源市场，是我国国际旅游市场的组成部分。（　）

3. 针对老年人市场，一般来说，所去目的地可以远一些，因为他们有时间，而且节奏要慢，品质要高，服务要更加周到细致等。（　）

4. 根据国际航空协会的估计，今后，距离 1500 公里以上的远距离客运量占世界航空客运总量的比重会不断上升，说明远距离旅游将有广阔的前景。（　）

5. 我国出境游已经进入“亿人次”时代，说明我国已经进入了出境旅游发展的成熟阶段。（　）

单元 6 未来的产业前景——旅游业发展趋势

背景研习

旅游业可持续发展强调未来旅游资源开发、旅游相关产业的创新与开发要与保护相协调，旅游业发展速度要与发展质量相协调，发展规模要与自然承载能力相协调，经济效益要与生态效益相协调，实现“生态—经济—社会”的良性互动。只有充分了解了世界旅游业和我国旅游业的发展趋势，未来旅游业良性循环状态才能顺利进行，才能促进人们对未来的旅游愿望转化为现实的旅游需求。学习未来的产业前景——旅游业发展趋势，有利于培养学生思考问题的能力，使学生具有前瞻意识，能培养当代学生对旅游创新创业环境的认识能力，使之成为具有一定的职业素养和开拓精神的从业人员。

项目研习

学习目标

1. 了解世界旅游业发展趋势，理解我国旅游业的发展趋势。

2. 掌握新时代中国旅游特征，掌握全域旅游的定义和发展全域旅游的思路。

3. 培养学生思考问题的能力，使学生具有前瞻意识，提高学生对旅游知识学习的兴趣。

4. 培养学生对创新创业环境的认识能力，使其具有一定的职业素养和开拓精神。

内容结构

- 未来的产业前景——旅游业发展趋势
  - 项目1 世界旅游业的发展趋势
    - 一、旅游业继续成为世界上最大的产业，国际旅游客流的互动效应明显
    - 二、世界旅游区域重心向亚太地区转移
    - 三、作为政治、经济、文化中心的首都将是旅游目的地中心
    - 四、国际旅游方式趋向多样化、全球国际旅游客流由内陆向沿海地区及岛屿移动
    - 五、中远程旅游渐趋兴旺、远距离旅游流动量逐渐增大，呈现出较好的发展前景
    - 六、国际旅游对旅游安全更为重视
  - 项目2 我国旅游业的发展趋势
    - 一、新时代中国旅游特征
    - 二、我国旅游业发展的新趋势
    - 三、全域旅游
  - 项目3 数字化转型下的新业态——智慧旅游
    - 一、智慧旅游的含义
    - 二、智慧旅游的智慧表现与主要功能
    - 三、智慧旅游的特点
    - 四、智慧旅游的发展趋势

知识与技能

项目1　世界旅游业的发展趋势

➤活动呈现

学生认真阅读本章内容，然后通过抢答的方式，将本章关于世界旅游业发展的内容向全班表述，以回答流畅、遗漏的知识点少为胜出者。

➢方法指引

小组合作学习，汇总世界旅游业发展趋势，小组代表上台参加答题，完成学习检测。

➢学习内容

世界旅游业从形成到发展，现在进入了稳定发展时期，21 世纪将是旅游业发展的第二个黄金时代。尽管各个国家的政治、经济情况以及旅游业的发展模式不同，但就整个国际旅游业来看，将出现以下发展趋势。

一、旅游业继续成为世界上最大的产业，国际旅游客流的互动效应明显

旅游业作为世界上最大的新兴产业，每年国际旅游业的交易额已超过 5000 亿美元。据世界旅游组织预测，到 2025 年年底，国际旅游人数有望达到 18.6 亿人次，相当于世界总人口的 30% 左右。旅游收入将增至 10000 亿美元，旅游业将取代石油工业、汽车工业，成为世界上最大的创汇产业。

国际旅游客流的互动效应，是指国际旅游客源在关系密切的国家之间相互移动的特征。旅游客流相互移动的两个国家，或有民族的亲缘关系，或有同质的语言文化，或有较密切的政治经济联系，或有相同的宗教信仰等。以澳大利亚为例，其旅游者出境旅游目的地的第一位为新西兰，随后是英国、美国，虽然英、美两国距澳大利亚较远，但同质语言文化的吸引力由此可见一斑。近几十年来，世界经济一体化的趋势不断加强，各种政治、经济联盟相继成立，最典型的当数欧洲联盟（简称欧盟），是一个政治和经济共同体，有 27 个成员国（英国脱欧），主要位于欧洲。1993 年欧盟正式成立，实现了商品、资本、人员、劳务的四大自由流通，大大促进了欧盟各国国际旅游客流流动的强度。

二、世界旅游区域重心向亚太地区转移

20 世纪 80 年代以前，由于历史的原因和交通条件的限制，国际旅游者的流向与流量主要集中在欧洲和北美地区。欧美地区作为最主要的旅游目的地，吸引了全球超过 85% 的入境过夜客源。随着 20 世纪 80 年代亚太地区旅游业的日益崛起，欧洲和北美的旅游市场日趋饱和，世界旅游格局开始发生新的

变化，欧美市场份额逐渐下降。与此同时，亚太地区对旅游业发展的重视程度不断加强。经过数十年的建设和发展，亚太地区独特的历史文化遗产和优美的自然旅游资源，吸引着越来越多的西方旅游者来此旅游。亚太地区的旅游基础设施也日趋完善，旅游服务质量不断提高，旅游投资不断加大。2010年之后，亚太地区已经取代美洲成为第二大国际旅游目的地。随着亚太地区经济的迅速发展，人们生活水平的不断提高，加上地区内各国经济、文化联系日益加强，旅游需求不断上涨，形成了强大的区域内旅游流向和流量。预计到2030年，亚太地区接待的入境过夜旅游者将从目前的2.18亿人次增长到5.35亿人次。

三、作为政治、经济、文化中心的首都将是旅游目的地中心

经济发达的国家和地区地理位置都比较优越，自然旅游资源得天独厚，是近代、现代文明的发源地，基础设施完善，旅游接待能力强，人均收入水平较高，带薪假期时间比较长，旅游需求旺盛，是主要的旅游目的地和客源地。统计表明，经济发达国家的旅游接待量占世界旅游市场的份额超过了50%。而发展中的国家和地区，在世界旅游中只能充当旅游接待国和旅游接待地区的角色，凭借其异于发达国家的自然资源及独特的文化资源，吸引经济发达的国家和地区的人们前来观光游览。据估计，每年从发达国家流入发展中国家的旅游者人数占国际旅游总人数的20%左右，而发展中国家居民到发达国家旅游的人数仅占总人数的5%左右。人们外出旅游的主要目的是消遣和增长见识。一个国家的首都往往就是这个国家的政治、经济、文化中心，一般拥有得天独厚的人文旅游资源和自然旅游资源，在经济发展、城市建设和现代化程度等方面具有较高水平，代表着该国在政治、经济、文化等方面的总体发展水平。从某种意义上讲，一个国家的首都就是这个国家的缩影，是世界了解这个国家的窗口。因此，首都成为旅游中心，吸引着世界各国的旅游者前往参观游览。

四、国际旅游方式趋向多样化、全球国际旅游客流由内陆向沿海地区及岛屿移动

从近年来国际旅游业发展的特点看，随着世界各国经济的发展与生活水平的提高，众多旅游者越来越不满足多年一贯制的观光旅游，而希望能够在旅游

中结合自己的兴趣爱好进行积极的探索、参与，人们将更加重视精神疲劳的消除，这样就要求旅游企业推出丰富多彩的旅游产品。那些单纯游山玩水的消遣观光，将逐渐为多样化的旅游方式和项目所取代。国际上传统的旅游方式分为四种，即娱乐型、观光型、疗养型和商务型，大多数旅游活动更多的是各种方式特征兼而有之。一个国家或地区的旅游方式是由其资源条件、地理位置、市场条件等多方面因素决定的，不同的旅游方式也有不同的产品、价格、市场对策等，同时旅游者也有不同的消费要求和消费特点。当今，国际旅游消费动向的重大变化是消费由“目的”变为“手段”，人们消费是为了实现自我爱好，为了表现丰富的情感等。传统的观光、娱乐等旅游方式已不能满足旅游者的需求，旅游方式朝着个性化、多样化、文化化的方向发展，各种内容丰富、新颖独特的旅游方式和旅游项目将应运而生。

世界三大海滨旅游区——地中海、加勒比墨西哥湾和东南亚沿海是国际旅游者的主要目的地。沿海地区及岛屿国家一般气候宜人，太阳、海洋、沙滩等旅游资源得天独厚，是旅游者度假、休闲的天堂。随着世界经济的发展及内陆国家经济实力的增强，人们可自由支配收入和休闲时间的增加，内陆国家旅游者对“3S”资源的向往之情促使他们涌向沿海或岛屿的国家，国际旅游客流量会因此大增。

五、中远程旅游渐趋兴旺、远距离旅游流动量逐渐增大，呈现出较好的发展前景

旅游距离的远近受限于时间和经济等因素的影响，目前，飞机的飞行速度越来越快，续航技术日新月异，世界正变得越来越小，距离在旅游限制因素中的作用日趋减弱，人们外出旅游将乘坐更快捷的飞机和高速火车。据专家预测，到2025年，新一代的超音速飞机，从伦敦飞到东京，航程9585公里，只需3小时；短途旅行可坐时速550公里的超导火车，速度比现在的高速火车快近一倍。加之闲暇时间增多，今后将有更多的人加入中远程旅游的行列中来。

六、国际旅游对旅游安全更为重视

世界局势的缓和，使世界避免爆发全球性毁灭战争成为可能，但世界上

局部战争和冲突时有发生，民族冲突、宗教冲突、国际恐怖主义随时对国际旅游业的发展形成局部威胁。在具备闲暇时间和支付能力的条件下，唯一能使旅游者放弃旅游计划的因素就是对安全的顾虑。旅游者考虑的安全因素主要有：局部战争和冲突，恐怖主义活动，旅游目的地政局不稳定，传染性疾病流行，恶性交通事故的发生，社会治安状况恶化等。旅游者只有对各方面的安全因素确定无疑后才会启程。因此，各旅游接待国或地区都越来越重视安全因素对市场营销的影响，力求从每一个环节把好安全关。针对一些不可预测的不安全因素，为游客预先代办保险，这样做一方面可以减轻游客的后顾之忧，另一方面一旦事故发生，可以将其对市场的冲击力降低到最低程度。

项目 2　我国旅游业的发展趋势

➢活动呈现

认真阅读以下材料，为老王和小王找到解决矛盾问题的方法，每组选派一位代表阐述本组观点，活动结束，老师点评。

老王和小王的家庭风波

老王，从 1992 年起，便长期在成都某专门从事九寨、黄龙专线的旅行社门市部门工作，很熟悉九黄线的操作流程，经他接待和安排的团队，几乎没有任何问题，业界人称“老九黄”。老王有个帅哥儿子人称小王，从小受父亲的影响，也喜爱旅游，中专阶段就学习旅游专业，到大学后又系统学习了多项旅游专业知识和技能，毕业论文《试论在全球化模式下体验式旅游、个性化定制等特色旅游在未来的走向》，获得优秀论文称号，人送外号“新锐旅游才子”。毕业后先在成都某旅行社工作，随着对旅游业的不断熟悉和喜爱，小王萌发了开一家自己的旅行社的想法，得到号称“老九黄”父亲的大力支持，2018 年春节，成功申办了一家属于他自己的旅行社，父子俩踌躇满志，期待创出一片新天地来，但是，还不到半年，父子俩就从欢天喜地变成行同路人。究其原委，两人都委屈，都说对方想把旅行社整垮。原来，是经营理念和运作方式让两人产生了矛盾，小王说他父亲就喜欢盯着九寨黄龙线发团，还精心准备“路早”，导致团量上不去，浪费钱不说，还费力不讨好，生意不好，就想先低价接团，再想办法加购物店打擦边球，是典型的违规操作，旅行社迟早要垮。而老王说，九黄线是精品线，景色又独特，只要服务和安排周全，好好按照他以前的操作流程执行，巧做安排，就会有生意，还批评小王不仅资历浅，还天天搞些特色民宿线上推广，川西美景美人照片秀是瞎胡闹，还把多个景区点之间的公路里程、道路结冰状况、山里水果成熟时间表、牧民家帐篷的使用方法和租赁费用等也发到微信，要让世界人民都知道川西旅游特色等，这是典型的不务正业，这样搞迟早旅行社会垮。就这样，原本和谐的家，每天都硝烟弥漫……

资深“老九黄”老王和“新锐旅才子”小王都很苦恼。

➢方法指引

通过预习和阅读，分组讨论为老王和小王找到解决问题的方法（要善于从旅游业发展的多样化趋势、全球化趋势、旅游业将日益走向规范和法治之路趋势，以及旅游服务逐渐向人性化和社会化方向发展，旅游业科技化趋势日益突出等方向去思考）。

➢学习内容

一、新时代中国旅游特征

迈入新时代，我国旅游市场依然主要分为三部分——入境旅游市场、国内旅游市场、出境旅游市场，这三大市场的发展呈现出相对均衡的局面。从世界范围来看，三大旅游市场发展迅猛，接待规模和国际竞争力大幅提升，对世界旅游业的影响和贡献日益突出，在国际旅游大舞台上扮演着越来越重要的角色，备受世界瞩目。

首先，在“十三五”期间，我国旅游业在稳步发展和不断创新的基础上，呈现以下特征。

（一）旅游业的战略地位得到真正提升

旅游业对我国经济社会发展全局具有重要战略意义，国家对旅游业也越来越重视。习近平总书记强调，旅游是传播文明、交流文化、增进友谊的桥梁，是人民生活水平提高的一个重要指标。旅游业是综合性产业，是拉动经济发展的重要动力。旅游是修身养性之道，中华民族自古崇尚“读万卷书、行万里路”。李克强总理则要求，围绕发挥旅游在扩内需、稳增长、增就业、减贫困、惠民生中的独特作用，砥砺开拓，扎实工作，着力创新旅游管理体制，着力依法规范旅游市场，着力推进现代旅游产业发展，着力培育旅游经济增长点，让旅游更安全、更便利、更文明、更舒心，为推动经济提质增效升级、人民群众生活水平跃升做出新贡献。汪洋副总理更指出，旅游业“量”的扩张和“质”的提升，将带动一大批相关产业发展。在新常态下，旅游业是稳增长的重要引擎、是调结构的重要突破口、是惠民生的重要抓手、是生态文明建设的重要支撑、是繁荣文化的重要载体、是对外交往的重要桥梁，在国民经济和社会发展中的重要战略地位更加凸显。

党的十八届五中全会提出“创新、协调、绿色、开放、共享”五大发展理念，这将从根本上改善旅游发展环境，激发旅游发展动力。据统计，我国已形成40亿人次的国内旅游市场，超过2.5亿人次的出入境市场，旅游对经济和就业的贡献率均超过10%。“十三五”旅游业发展规划首次纳入国家重点专项规划，充分体现了党中央、国务院对旅游业发展的高度重视，对全国旅游行业是巨大的鼓舞和鞭策，旅游业的战略性地位日益凸显。

（二）旅游业与一、二、三产业深度融合得到进一步加快

旅游业消费潜力大、消费层次多、持续能力强，不是一个独立的产业或独立的行业，而是一个跨产业的消费构成和多产业融合的综合结构。

现代旅游业发展呈现出快速增长的良好态势，应该按照“科学发展、加快发展”的工作基调，一、二、三业产融合发展，使旅游产业与现代科技运用、信息产业发展、城乡一体化建设融合发展。政府工作报告提出，落实带薪休假制度，加强旅游交通、景区景点、自驾车营地等设施建设，规范旅游市场秩序，迎接正在兴起的大众旅游时代，引起了诸多旅游企业的关注。如今，旅游业早已不是看景点、住酒店这么简单，而是与一、二、三产业深度融合发展的综合性产业。

要立足旅游综合改革手段与机制的构建，落实跨部门协调机制，形成行业部门、综合功能、综合保障的新格局。

1. 优化签证政策等便利化保障

充分利用中国庞大的出境消费能力，通过双方、多方谈判，为中国公民便利的出境旅行争取更多的签证便利；完善我国目前的签证政策，建立多元化的签证便利体系，探索更便利、多层次、分阶段的签证体系。通过鼓励民营资本

的境外旅游投资，完善对外旅游投资专业顾问团队机制，以出境旅行消费带动我国对外旅游及相关领域的投资等，树立“中国服务”品牌，推动“中国服务”走向全球。

2. 提高旅游目的地营销的制度保障

签证费用与国家旅游发展基金尤其是旅游目的地营销经费挂钩。远程市场的开发严重依赖航空运力的安排和航空制度的创新，应进一步探索航权开放安排，为旅华市场的产品创新提供扎实的基础。重视休闲度假类国家标准的研发与施行，建设真正国际化的休闲度假环境，全面提升中国入境产品和服务的吸引力。

3. 强化旅游投资负面清单制度和公共服务的保障

对于境外来华旅游投资及民营旅游领域投资，需要建立包括生态环境保护等核心指标在内的旅游投资负面清单制度，实现事前规制和引导；落实差别化旅游投资管理，重点在土地供给、金融支持、财税管理等方面加强引导和保障。

对于中国对外旅游投资有以下四点：一是鼓励民营资本的境外旅游投资，限制跟风式、不负责任甚至是资产转移、逃避监管的国企对外旅游投资。二是完善对外旅游投资聘请法律、税务、财务等专业顾问团队的机制，引导有效利用境外居间投资公司模式推进对外旅游投资。三是建立对外旅游投资的特色智库。四是以出境旅行消费带动我国对外旅游及相关领域的投资，树立“中国服务”品牌，推动“中国服务”走向全球。

4. 公共基础设施建设得以加强，旅游软硬环境的保障得到持续改善

核心在于未来的公共基础设施的建设必须考虑到休闲旅游发展的需要，预留休闲旅游发展用地。新的公共基础设施投资需要优先考虑主要旅游目的地及新型旅游形态空间，增拨在旅游公共服务设施建设方面的财政预算。规范旅游市场秩序，优化旅游软环境，用互联网思维来制定旅游市场秩序治理的新制度。

5. 提升旅游业人才队伍水平的保障

除了传统的旅游人才供求关系的平衡发展外，还要在旅游领域设立国家重点实验室、人文社科重点基地等高层次人才培养机制。要研究与国家社科规划办、国家自科办的合作，争取设立旅游类专项国家社科、国家自科基金的评审合作机制，争取将旅游学科建设纳入国家新一期世界一流特色学科建设的总盘子中。

二、我国旅游业发展的新趋势

“十四五”时期，我国旅游业发展环境总体上利大于弊。全面建成小康社会奠定基本发展格局，高质量发展成为主线，消费持续升级，基础设施不断完善，科技迅速发展，生态文明建设迈上新台阶，这些都为旅游业发展创造了良好条件。但与此同时，旅游业发展也需要更加关注经济发展中的结构性调整、消费升级带来的市场需求变化、社会老龄化趋势以及世界秩序深刻变化等问题。“十四五”时期文化旅游业发展面临着以下发展趋势。

（一）文旅融合新时代

2018 年 3 月，文化部、国家旅游局整合为国家文化和旅游部。促进文化和旅游的融合发展，成为一个关系到国民社会经济发展的重要命题，一场自上而下的改革与尝试正式揭开序幕。经过两年多来的磨合和探索，“十四五”时期，文旅融合的实践将进入实质阶段，文旅融合已经成为广泛的社会共识。“十四五”期间，我们将坚持以文化和旅游融合发展为主线，推动文化和旅游在更广范围、更深层次、更高水平实现融合发展。推进文化和旅游领域供给侧结构性改革，全面提升文化和旅游发展的综合质量和效应。同时，旅游与一、二、三产业的深度融合，激发了发展动力，旅游新业态将加快发展。

（二）观光旅游转为休闲度假已成大势所趋

休闲度假是人民群众对美好生活的新期待。休闲度假作为人民群众美好生活的重要组成部分，正在从中国老百姓的“调味盐”，变成日常生活的“刚需”。突如其来的新冠肺炎疫情对全球旅游业造成巨大冲击，休闲度假作为高频次、低密度的消费模式，正在成为疫情之下旅游业发展的“定心丸”和“基本盘”，也将成为“十四五”期间旅游业转型升级的“引爆点”和“先行者”，并将在未来中国以国内大循环为主体、国内国际双循环相互促进的新发展格局中发挥更大的作用。

旅游业要满足人民群众对美好生活的新期待，就需要大力推动休闲度假的发展。休闲度假是中国旅游业未来发展的重要方向。发展休闲度假产业有利于丰富中国旅游业的类型，有利于增加中国旅游业的效益，有利于提高中国旅游业的整体竞争力，是实现中国旅游业高质量发展的必由之路。

（三）康养旅游势不可当

在大健康时代，人们对于养生和大健康的需求已不单单是治疗，而是表现在预防、治疗、修复、康养“四结合”。康养是生活新方式，所以大健康时代催生康养旅游，正在逐渐成为“十四五”期间大众旅游的常态模式之一，康养旅游产业未来发展也会势不可当。

（四）乡村旅游迎来“高光时刻”

近年来，乡村旅游因为满足了上班族和城市家庭短期度假的需求，已经成为我国旅游经济一个非常重要的增长点，并正在成为旅游业态发展的一种新趋势。发展乡村旅游是实现乡村振兴的重要抓手，是推动农村迈向现代化进程的重要力量。“十四五”期间，乡村旅游发展关键在于保持乡村传统魅力，比如乡土建筑、乡土物产；乡村的公共服务水平应该达到城市的标准。从文化形态上来说，应该保持传统的乡土风格，但从人文气质上来说，应该与城市接轨。

（五）以优质旅游推进高质量发展

当前，我国经济已由高速增长阶段转向高质量发展阶段，旅游业作为国民经济战略性支柱产业，无论从国家宏观发展要求还是从自身发展需要来看，都到了从高速旅游增长阶段转向优质旅游发展阶段的关键节点。推动高质量发展是“十四五”期间确定发展思路、制定经济政策、实施宏观调控的基本要求。“十四五”时期旅游业发展也将以高质量发展为主线，从高速发展模式向优质旅游发展的阶段过渡，通过创新转型实现质量和效益的提升。

（六）建设数字中国与数字文旅

“十四五”期间，全球将迎来新一轮科技革命和产业革命，互联网、文创、虚拟现实等当代科技新要素为旅游业高速增长、融合发展、高质量增长提供了全新的动能。在科技进步和消费升级的双重驱动下，文旅产业或将迎来高速发展的黄金时代。以 5G 为主要标志的新技术将进入应用区，形成全球最大的应用市场，将拉动中国数字经济迅猛增长。科技发展将深刻而广泛的改变旅游业，成为驱动旅游业创新、创业最活跃的因素。借助新的科技力量，打破传统产业格局，实现产品创新、业态创新、制度创新、服务创新，构建出现代旅游产业体系。

三、全域旅游

（一）全域旅游的定义

全域旅游是指在一定区域内，以旅游业为优势产业，通过对区域内经济社会资源尤其是旅游资源、相关产业、生态环境、公共服务、体制机制、政策法规、文明素质等进行全方位、系统化的优化提升，实现区域资源有机整合、产业融合发展、社会共建共享，以旅游业带动和促进经济社会协调发展的一种新的区域协调发展理念和模式。

（二）全域旅游的本质

全域旅游本质上是一种发展模式，目标就是实现促进旅游业从单一景点景区建设管理向综合目的服务转变，从门票经济向产业经济转变，从粗放低效方式向精细高效方式转变，从封闭的旅游自循环向开放的“旅游+”转变，从企业单打独享向社会共建共享转变，从围墙内民团式治安管理向全面依法治理转变，从部门行为向党政统筹推进转变，努力实现旅游业现代化、集约化、品质化、国际化，最大限度满足大众旅游时代人民群众消费需求的发展新模式。

（三）全域旅游产生的背景

全域旅游作为供给侧改革的重要方式，来自需求侧的推动。从游牧社会、农业社会、工业社会、后工业社会，到未来要追求更高生活质量的社会阶段，在生产方式、生活方式重叠和分离的过程中，旅游的需求会越来越旺盛，旅游方式和旅游地位也会发生变化。团队游时代的旅游体验，其质量可以通过节点的管控来加以控制和保障，而散客化时代由于游客行动空间的分散性，加大了旅游体验质量的保障难度。散客化发展潮流所推动的全域化旅游发展，要求旅游行政管理体制的及时调整与创新。一方面，旅游领域的政府主导应该更多地突出旅游目的地公共服务体系的建设；另一方面，则需要及时调整旅游行政管理体制的规格，以强化对公共资源的调控能力，通过资源协调、服务对接等具体措施来保证全域旅游理念的落地。

【思考与交流】

学习了以上内容后，以小组为单位，开展“你是怎么理解新时代中国的旅游特征”的讨论，选出代表上台陈述。

项目 3　数字化转型下的新业态——智慧旅游

➢**活动呈现**

学生认真阅读本章内容，然后通过抢答的方式，将本章关于旅游新业态——智慧旅游的内容向全班表述，以回答流畅、遗漏的知识点少为胜出者。

智慧旅游介绍（1）

➢**方法指引**

小组合作学习，聚焦旅游新业态发展趋势，小组代表上台参加答题，完成学习检测。

➢**学习内容**

世界旅游业的发展，是随着社会的进步不断发展的，科技的引领和人们生活水平的提高，必然促进旅游业上升到全新的发展模式。数字化技术的日趋发展以及旅游业的多元发展模式必将使得智慧旅游呈现强劲势头。

一、智慧旅游的含义

智慧旅游介绍（2）

智慧旅游，也被称为智能旅游。就是利用云计算、物联网等新技术，通过互联网 / 移动互联网，借助便携的终端上网设备，主动感知旅游资源、旅游经济、旅游活动、旅游者等方面的信息，及时发布，让人们能够及时了解这些信息，及时安排和调整工作与旅游计划，从而达到对各类旅游信息的智能感知、方便利用的效果的统称。

智慧旅游发展需要两个依托。第一，智慧旅游是依托云计算为基础，以移动终端应用为核心的，以感知互动等高效信息服务为特征的旅游信息化发展新模式，核心是以游客为本的高效旅游信息化服务。智慧旅游的建设与发展最终将体现在旅游管理、旅游服务和旅游营销的三个层面。第二，智慧旅游依托信息化的技术，把一些旅游资源进行整合，然后为广大游客量身定制，提供适需对路的旅游产品。

【思考与交流】

小组讨论：阅读以上文字，思考旅游的新业态——智慧旅游为什么能在最近几年蓬勃发展？同学们在小组讨论上做交流发言。

二、智慧旅游的智慧表现与主要功能

（一）智慧旅游的智慧表现

“智游天府”介绍

智慧旅游的“智慧”，主要体现在“旅游服务的智慧”“旅游管理的智慧”“旅游营销的智慧”这三大方面。

1. 旅游服务的智慧

智慧旅游从游客出发，通过信息技术提升旅游体验和旅游品质。游客在旅游信息获取、旅游计划决策、旅游产品预订支付、享受旅游和回顾评价旅游的整个过程中都能感受到智慧旅游带来的全新服务体验。智慧旅游通过科学的信息组织和呈现形式让游客方便快捷地获取旅游信息，帮助游客更好地安排旅游计划，并形成旅游决策。智慧旅游通过基于物联网、无线技术、定位和监控技术，实现信息的传递和实时交换，让游客的旅游过程更顺畅，提升旅游的舒适度和满意度，为游客带来更好的旅游安全保障和旅游品质保障。智慧旅游还将推动传统的旅游消费方式向现代的旅游消费方式转变，并引导游客产生新的旅游习惯，创造新的旅游文化。

2. 旅游管理的智慧

智慧旅游将实现传统旅游管理方式向现代管理方式转变。通过信息技术，可以及时准确地掌握游客的旅游活动信息和旅游企业的经营信息，实现旅游行业监管从传统的被动处理、事后管理向过程管理和实时管理转变。智慧旅游将通过与公安、交通、工商、卫生等部门形成信息共享和协作联动，结合旅游信息数据形成旅游预测预警机制，提高应急管理能力，保障旅游安全。实现对旅游投诉以及旅游质量问题的有效处理，维护旅游市场秩序。智慧旅游依托信息技术，获取游客信息，形成游客数据积累和分析体系，全面了解游客的需求变化、意见建议以及旅游企业的相关信息，实现科学决策和科学管理。

3. 旅游营销的智慧

智慧旅游通过旅游舆情监控和数据分析，挖掘旅游热点和游客兴趣点，引导旅游企业策划相应的旅游产品、营销主题，从而推动旅游行业的产品创新和营销创新。智慧旅游通过量化分析和判断营销渠道，筛选效果明显、可以长期合作的营销渠道。智慧旅游还充分利用新媒体传播特性，吸引游客主动参与旅游的传播和营销，并通过积累游客数据和旅游产品消费数据，逐步形成自媒体营销平台。

（二）智慧旅游的主要功能

从使用者的角度出发，智慧旅游主要包括导航、导游、导览和导购（简称“四导”）四个基本功能。

1. 导航

将位置服务（LBS）加入旅游信息中，让旅游者随时知道自己的位置。确定位置有许多种方法，如 BDS 北斗导航、GPS 导航、基站定位、Wi-Fi 定位、RFID 定位、地标定位等，未来还有可能实现图像识别定位。其中，BDS 北斗导航、GPS 导航和 RFID 定位能获得精确的位置。现在一般智能手机上都有 GPS 导航模块，如果用外接的蓝牙、USB 接口的 GPS 导航模块，就可以让笔记本电脑、上网本和平板电脑具备导航功能，个别电脑甚至内置有 GPS 导航模块。GPS 导航模块接入电脑，可以将互联网和 GPS 导航完美地结合起来，进行移动互联网导航。

智慧旅游将导航和互联网整合在一个界面上，地图来源于互联网，而不是存储在终端上，无须经常对地图进行更新。当 GPS 确定位置后，最新信息将通过互联网主动地弹出，如交通拥堵状况、交通管制、交通事故、限行、停车场及车位状况等，并可查找其他相关信息。与互联网相结合是导航产业未来的发展趋势。通过内置或外接的 GPS 设备 / 模块，用已经连上互联网的平板电脑，在运动中的汽车上进行导航，位置信息、地图信息和网络信息都能很好地显示在一个界面上。

2. 导游

在确定了位置的同时，在网页上和地图上会主动显示周边的旅游信息，包括景点、酒店、餐馆、娱乐、车站、活动（地点）、朋友 / 旅游团友等的位置和大概信息，如景点的级别、主要描述等，酒店的星级、价格范围、剩余房间数等，活动（演唱会、体育运动、电影）的地点、时间、价格范围等，以及餐馆的口味、人均消费水平、优惠等。

智慧旅游还支持在非导航状态下查找任意位置的周边信息，拖动地图即可在地图上看到这些信息。周边的范围大小可以随地图窗口的大小自动调节，也可以根据自己的兴趣点（如景点、某个朋友的位置）规划行走路线。

3. 导览

点击（触摸）感兴趣的对象（景点、酒店、餐馆、娱乐、车站、活动等），可以获得关于兴趣点的位置、文字、图片、视频、使用者的评价等信息，深入了解兴趣点的详细情况，供旅游者决定是否需要它。

智慧旅游则像是一个自助导游员，有比导游员更多的信息来源，如文字、图片、视频和 3D 虚拟现实，戴上耳机就能让手机 / 平板电脑替代数字导览设备，无须再租用这类数字导览设备。导览功能还将建设一个虚拟旅行模块，只要提交起点和终点的位置，即可获得最佳路线建议（也可以自己选择路线），推荐景点和酒店，提供沿途主要的景点、酒店、餐馆、娱乐、车站、活动等资料。如果认可某条路线，则可以将资料打印出来或储存在系统里随时调用。

4. 导购

经过全面而深入的在线了解和分析后，游客只需在网页上自己感兴趣的对象旁点击“预订”按钮，即可进入预订模块，预订不同档次和数量的产品。由于是利用移动互联网，游客可以随时随地进行预订。加上安全的网上支付平台，就可以随时随地改变和制订下一步的旅游行程，而不浪费时间和精力，也不会错过一些精彩的景点与活动，甚至能够在某地邂逅特别的人，如久未谋面的老朋友。

【思考与交流】

结合智慧旅游在当今旅游市场上的主要功能，以小组为单位，针对旅游新业态下的“食、住、行、游、购、娱”变化，在小组讨论上做交流。

三、智慧旅游的特点

智慧旅游作为新业态，表现出了以下四个智联互通的特点：

（1）全面物联——智能传感设备将旅游景点、文物古迹、城市公共设施物联成网，对旅游产业链上下游运行的核心系统实时监测。

（2）充分整合——实现全市景区、景点、酒店、交通等设施的物联网与互联网系统完全连接和融合，将数据整合为旅游资源核心数据库，提供智慧的旅游服务基础设施。

（3）协同运作——基于智慧的旅游服务基础设施，实现旅游产业链上下游各个关键系统和谐高效地协作，达成城市旅游系统运行的最佳状态。

（4）激励创新——鼓励政府、旅游企业和旅游者在智慧的旅游服务基础设施之上进行科技、业务和商业模式的创新应用，为城市提供源源不断的发展动力。智慧旅游试点城市的确定可以促进旅游新业态的快速形成。

四、智慧旅游的发展趋势

智慧旅游的发展方向分成四大方面：互联网＋旅游、大数据＋旅游、物联网＋旅游、人工智能（AI）＋旅游。

（一）互联网＋旅游

新时代背景下，旅游业发展需要有新思维和新模式。其中，旅游业与互联网的结合必不可少。简单来说就是，旅游通过互联网进行线上和线下结合，比如通过公众号、微博、小红书、抖音等媒体等互联网平台进行宣传营销，或者通过线上的分享来促进消费，比如用小程序等线上平台进行购票、网上消费等，还可以通过互联网提升景区内容和体验，以此来促进消费者向上游生产者转变，形成供需两侧的良性互动。

（二）大数据＋旅游

从广义上讲，旅游大数据是指旅游行业的从业者及消费者所产生的数据，包括景区、酒店、旅行社、导游、游客、旅游企业等所产生的数据。其中，每一位游客都对应多个属性信息，包括年龄、性别、常住地、职业、兴趣偏好等，即游客属性信息数据。在开发个性化旅游服务产品、改善旅游产品体验、提升旅游服务水平中，应用价值最大的一块则是游客属性数据。通过这些游客属性数据分析，就可以结合营销推广目标进行线上精准营销策略、产品开发和旅游决策。

（三）物联网＋旅游

物联网技术作为智慧旅游的关键技术，自助导览、电子导航、一键导购是其主要的四大应用，加上移动互联网的应用和安全的网上支付平台，使得游客可以随时随地制订或改变旅游计划和行程。物联网在旅游业中具有极大的发展与应用空间，通过全新的方式将智能设备、系统、处理器以及人联系在了一起，在民宿、景区、游览车、租车之间形成了串流。同时这些联系之中产生的数据可以帮助市场为游客提供更私人化的服务，从而增强游客的旅游体验。

（四）人工智能（AI）+ 旅游

人工智能 + 旅游也是旅游业未来的发展趋势之一，随着现代化技术的发展，现在的旅游业也越来越依赖科技，比如人工智能、AR\VR、5G 等，都会成为驱动新型旅行的因素。比如经典搭配“5G+ 无人机 +VR 全景直播”，即使在千里之外，带上 VR 眼镜，也像自己身在无人机上，开启了不同视角。除了这些，还可以精准规划行程路线，百度地图通过打造智能旅游生态，以 AI 导游、AR 导览、VR 全景虚拟游的多样化方式，为游客打通了视听一体化感知真实世界的渠道，沉浸式领略自然和历史的风貌。

项目检测

一、单项选择题

1. 世界旅游业从形成到发展，现在进入了稳定发展时期，21 世纪将是旅游业的（　）个黄金时代。

A. 第一　　B. 第二　　C. 第三　　D. 第四

2. 据世界旅游组织预测，到 2025 年年底，国际旅游人数可望达到（　）亿人次，相当于世界总人口的 30% 左右。

A. 16.8　　B. 18.6　　C. 18.8　　D. 16.6

3.（　）年欧盟正式成立，实现了商品、资本、人员、劳务的四大自由流通，大大促进了欧盟各国国际旅游客流流动的强度。

A. 1991　　B. 1992　　C. 1993　　D. 1994

4. 预计到 2030 年，亚太地区接待的入境过夜旅游者人数将从目前的 2.18 亿人次增长到（　）亿人次。

A. 6.43　　B. 4.12　　C. 5.35　　D. 5.53

5. 世界三大海滨旅游区——地中海、加勒比墨西哥湾和（　）是国际旅游者的主要目的地。

A. 西班牙沿海　　B. 阿拉斯加沿海

C. 澳大利亚黄金海岸　　D. 东南亚沿海

二、多项选择题

1. 内陆国家旅游者对“3S”，即（　）资源的向往之情促使他们涌向沿海或岛屿的国家，国际旅游客流量会因此大增。

A. 太阳　B. 滑水　C. 大海　D. 沙滩

2. 全域旅游本质是一种发展模式，目标就是实现“六个转变”，努力实现旅游业（　），最大限度地满足大众旅游时代人民群众消费需求的发展新模式。

A. 现代化　B. 集约化　C. 品质化　D. 国际化

3. 党的十八届五中全会提出“创新、协调、（　）”五大发展理念，这将从根本上改善旅游发展环境，激发旅游发展动力。

A. 融通　B. 绿色　C. 开放　D. 共享

4. 智慧旅游的智慧表现主要体现在（　）。

A. 旅游服务的智慧　B. 旅游管理的智慧

C. 旅游营销的智慧　D. 旅游信息的智慧

5. 智慧旅游的主要功能主要表现在（　）。

A. 导航　B. 导游　C. 导览　D. 导购

三、判断题

1. 根据国际惯例，当人均 GDP 超过 3000 美元时，旅游形式将由观光旅游向休闲旅游和度假旅游转变。(　)

2. 传统意义上的旅游产业要素就是人们经常提到的“食、住、行、游、购、娱”，如今的旅游产业要素已扩展为“食、住、行、游、购、娱、商、养、学、闲、情、奇”，它们相互交织组合，构成了一个紧密结合多元化的旅游产业链。(　)

3. 全域旅游本质上是一种发展模式。(　)

4. 智慧旅游的发展方向分成三大方面：互联网 + 旅游、大数据 + 旅游、物联网 + 旅游。(　)

5. 提升旅游业人才队伍水平的保障，除了传统的旅游人才供求关系的平衡发展外，还要在旅游领域设立国家重点实验室、人文社科重点基地等高层次人才培养机制。(　)

单元 7　未来的职业发展——四川旅游业的发展趋势

背景研习

“天府三九大，安逸走四川”介绍

2019 年 4 月 15 日，四川省文化和旅游厅召开新闻发布会，宣布四川省文化和旅游新版宣传口号为“天府三九大，安逸走四川”。

“天府三九大”包含了当地特色文化和旅游资源。“三九大”是四川最有代表性的三张名片，“三”指三星堆，是古老神秘的巴蜀文明的象征；“九”指九寨沟，是四川神奇瑰丽自然风光的精华；“大”指大熊猫，是家喻户晓、人见人爱的国宝。

“安逸走四川”中的“安逸”指四川文化旅游生活指数，是广大游客体验四川文化旅游和幸福生活的感受。安逸本是成都人的口头禅，形容很满意、很享用。具体到成都而言，生活的核心就是安逸，安逸的载体则是城市。成都的“安逸”也成了一张彰显城市文化旅游魅力的名片。“安逸”一词正表现了川人对生活的最高赞美，也最能展示成都文化旅游形象的城市特质。

“天府三九大，安逸走四川”不仅是四川文化和旅游目的地形象的集中表达，也体现了四川文旅融合发展的时代特征。

项目研习

学习目标

1. 理解四川旅游业发展趋势和四川全域旅游发展新格局。

2. 掌握四川文旅产业全域布局的内容：建设成都文旅经济发展核心区、建设四川文旅经 济带、建设四川十大文旅精品、建设四川四大文旅走廊。

3. 熟练掌握四川全域旅游的现状、四川主要的“旅游+”的产业发展状况。

4. 掌握行之有效的互联网手段，有效运用到未来的就业当中。

5. 理解四川“聚合度假”的内涵和意义，能基本进行“聚合度假”产品设计。

6. 较为熟练地运用相关知识，做一名乐业、敬业、爱业的旅游人。

内容结构

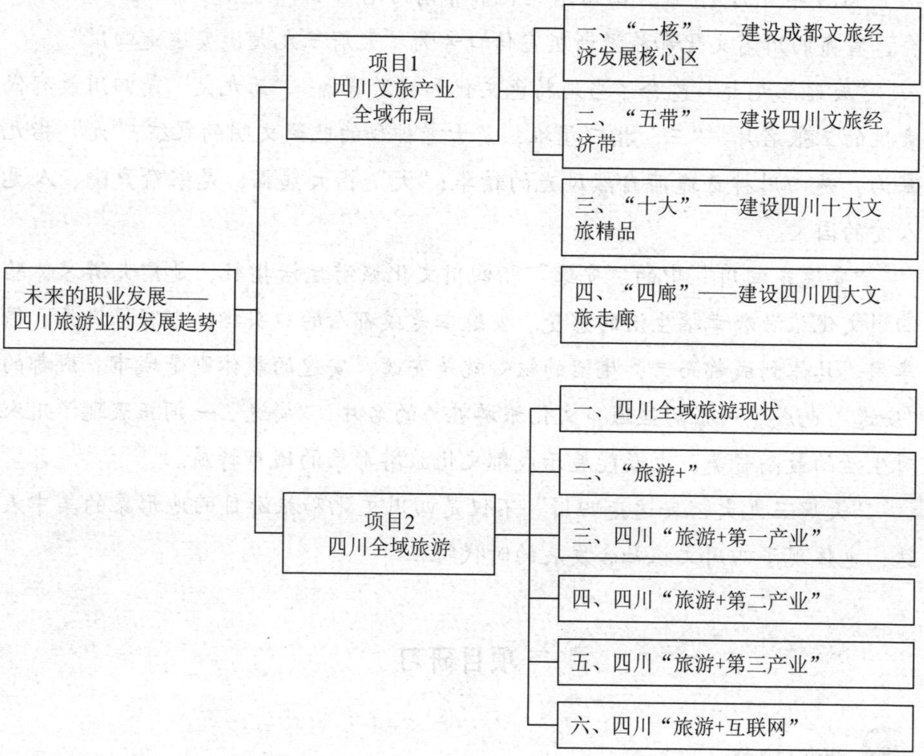

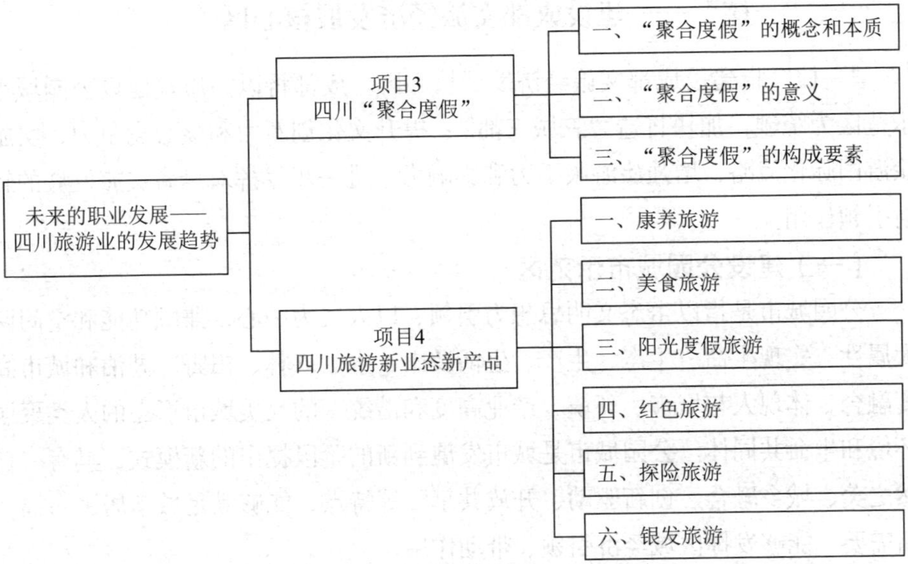

知识与技能

项目1　四川文旅产业全域布局

➢活动呈现

讲述去过哪些四川旅游景区。

➢方法指引

通过讲述，了解四川的主要文旅旅游区、旅游线。

➢学习内容

《四川省“十四五”旅游业发展规划》提出构建“一核、五带、十大、四廊”文旅产业全域新布局。“一核”即成都文旅经济发展核心区，“五带”即环成都、川南等五条四川文旅经济带，“十大”即大九寨等十大旅游精品，“四廊”即巴蜀文化旅游走廊等四大文旅走廊。展望2035年，四川文旅产业将深度融合，成为世界重要旅游目的地，全面建成文化强省旅游强省。

一、“一核”——建设成都文旅经济发展核心区

“一核”指建设成都文旅经济发展核心区。成都将以高质量建设公园城市示范区为统领，加快打造“三城三都”，提升文化创新力和核心竞争力，实施旅游国际化战略，增强旅游吸引力和影响力，进一步发挥对全省文旅发展的辐射引领作用。

（一）建设公园城市示范区

公园城市是指以生态文明思想为引领、以人民为中心，兼顾功能和空间两大属性，实现生命、生态、生产、生活及山、水、森林、田野、湖泊和城市高度融合，体现人与城市、环境、产业高度和谐统一的大美城市形态的人类聚居环境和生命共同体。公园城市是城市发展到新的阶段提出的新模式，具有“自然之美、城乡融合、创新驱动、开放共享”等特点，能够满足城市居民幸福生活需要，能够发挥区域经济引领、带动作用。

2018 年 2 月，习近平总书记在成都视察期间首次提出的“公园城市”理念。作为公园城市的首提地，成都以打造“城市践行绿水青山就是金山银山理念的示范区”“城市人民宜居宜业的示范区”“城市治理现代化的示范区”为发展定位，通过塑造公园城市优美形态、创造宜居美好生活、营造宜业优良环境、健全现代治理体系，全面推进公园城市示范区建设，建设创新、开放、绿色、宜居、共享、智慧、善治、安全城市，打造山水人城和谐相融的公园城市。

（二）打造“三城三都”

“三城三都”的提法最早出现在 2017 年 12 月 9 日至 11 召开的中共成都市委十三届二次全会，“三城三都”指世界文创名城、世界旅游名城、世界赛事名城，国际美食之都、国际音乐之都、国际会展之都。“三城三都”城市品牌建设，是成都打造世界文化名城的“金字招牌”和时代表达。

1. 世界文创名城

世界文创名城，是指在世界范围内拥有强大的文化影响力、辐射力和集聚力，在文化保存或者创意产业发展等方面具有全球领先优势、深厚文化底蕴的城市。成都打造世界文创名城，将全面提升城市文化影响力、凝聚力和创造力，形成人文魅力享誉世界、文化人才充分汇聚、文创产业实力突出、精品力

作不断涌现、创新创造活力强劲的发展新格局，加快建设蜀风雅韵的历史文化名城、享誉全球的文化旅游目的地、具有世界影响力的文化创意之城。

2. 世界旅游名城

世界旅游名城，是指具有世界级的旅游核心吸引物、全球性知名度和美誉度、完善基础设施和国际化公共服务体系、在国际上具有不可替代旅游地位和不可复制旅游竞争力的世界性城市。成都作为中国最佳旅游城市，将对标法国巴黎、美国奥兰多、西班牙马德里等世界旅游名城，围绕独具特色的旅游资源和独具魅力的天府文化，坚持以文化为魂，聚焦世界品质，遵循全域旅游发展理念，大力推进“旅游 +”思维，把成都打造成旅游产业体系完备、旅游产品享誉全球、旅游服务精致温暖、城市环境优质宜人，彰显天府文化休闲特质、充满国际时尚魅力的世界旅游目的地。

3. 世界赛事名城

世界赛事名城，是适应经济全球化不断加速，推动经济结构转型升级，完善城市功能，提升城市在世界城市体系中的影响力，自主选择以体育为突破口的创新型城市，是宣示城市的崛起和融入国际社会的重要标志。成都将创建具有一流体育场馆、顶级品牌赛事、发达体育产业、丰富全民健身活动和深厚体育文化底蕴的世界赛事名城。

4. 国际美食之都

国际美食之都，是联合国教科文组织授予以美食为创意主题的城市称号。成都高品位建设国际美食之都，就是要坚持弘扬美食历史传承，积极推进美食产业发展，积极回应人民群众对美好生活的向往，并使国际美食之都成为成都的响亮城市名片和核心竞争力。

5. 国际音乐之都

国际音乐之都，是城市音乐生活具有广泛国际影响力和吸引力的现代都市，建设国际音乐之都是成都建设世界文化名城的重要支撑。成都既有深厚音乐底蕴又有现代音乐风尚，建设国际音乐之都，促进音乐事业和音乐产业协调发展，不断提升成都在高品质音乐演艺领域的国际知名度和影响力。

6. 国际会展之都

国际会展之都，是国际知名的会议与展览中心城市的统称，是全球范围内会展城市发展的高级形态，代表了会展业发展的较高水平。成都以品牌化、专业化、国际化、信息化发展方向，全面贯彻新发展理念加快推动成都会展高质量发展，将成都会展业打造成全面开放型经济体系的重要平台，加快建成“一带一路”会展门户城市和具有全球影响力的国际会展之都。

二、“五带”——建设四川文旅经济带

“五带”指环成都文旅经济带、川南文旅经济带、川东北文旅经济带、攀西文旅经济带、川西北文旅经济带。

（一）环成都文旅经济带

建设与大熊猫文化、古蜀文明、天府文化等交相辉映的环成都文旅经济带。推进三星堆文化、三国文化、三苏文化、道教、佛教、石刻等文旅资源内涵共融、联动传播。重点培育数字出版、动漫游戏、移动电视、无线音乐等产业，争创国家文化出口基地。推进旅游一体化发展，加强世界遗产、环龙门山、环龙泉山等文旅资源和线路协同开发、整体推广，提升旅游发展品质和国际化程度。

（二）川南文旅经济带

建设长江文化、民俗文化等紧密结合的川南文旅经济带。推动酒文化、竹文化、灯文化、盐文化等为主题的文化产业发展，发挥自贡国家文化出口基地带动作用，提升对外文化贸易能级。围绕长江黄金水道建设开发水上旅游产品，促进文旅资源综合利用，实现乡村旅游、研学旅游、工业旅游等业态共同发展，构筑四川南向国际旅游经济走廊。

（三）川东北文旅经济带

建设与巴文化、三国文化、蜀道文化等相互促进的川东北文旅经济带。深入挖掘巴人文化、革命文化、春节文化、丝绸文化内涵，丰富载体展现形式，打造特色文化品牌，培育国家重点文化出口企业。大力发展蜀道三国文化游、伟人故里红色游、秦岭南麓生态康养游、嘉陵江山水人文游，建设国内一流的山水生态与历史文化旅游目的地。

（四）攀西文旅经济带

建设与彝文化、“三线”文化、康养文化等联动发展的攀西文旅经济带。以摩梭文化、茶马古道文化为重点建设彝族文化体验区。依托“三线”建设、航天科技、水电工业等资源打造“三线”文化观光走廊。推进安宁河流域和金

沙江沿岸农业文旅融合发展，围绕阳光康养发展生态农业、体育运动、文化创意、红色教育等业态，建设国际阳光康养旅游目的地。

（五）川西北文旅经济带

建设与高原生态文化、藏羌民族文化、长征文化等融合发展的川西北文旅经济带。把生态功能和文化保护放在首位，坚持以文旅发展为主导。深入挖掘藏羌民族优秀传统文化，弘扬长征精神，打造高原特色文化品牌。加强川镇藏大香格里拉区域合作，大力发展冰雪温泉、自助旅游、红色旅游、山地探险、科考研学等业态，打造具有国际知名度和影响力的国际生态文化旅游目的地。

三、“十大”——建设四川十大文旅精品

四川十大文旅精品指“大九寨”“大峨眉”“大熊猫”“大香格里拉”“大贡嘎”“大竹海”“大灌区”“大蜀道”“大遗址”“大草原”。

（一）打造大九寨、大峨眉、大熊猫、大遗址世界级文旅精品

大九寨注重深化“童话世界·人间仙境”品牌形象，重点依托九寨沟、黄龙，发展世界遗产观光、雪山草原生态观光休闲和藏羌文化体验产品，打造世界休闲度假旅游目的地、单一观光景区向全域旅游目的地转变的样板、世界自然遗产保护与开发的典范。

大峨眉注重提升“佛国仙山、东坡故里、禅茶圣地”品牌形象，重点依托峨眉山、瓦屋山、三苏祠，发展世界遗产观光度假、佛禅文化和东坡文化体验产品，打造世界文化和自然遗产保护利用高地、中华禅茶康养旅游目的地、国际文旅博览会议会展首选地。

大熊猫注重优化“探寻熊猫家园，乐享川人生活”品牌形象，重点依托卧龙、碧峰峡、唐家河，发展生态文化体验、教育科普和休闲度假产品，打造大熊猫国际生态文化旅游目的地、世界濒危动物保护与科技创新示范高地，人与动物、城市与自然和谐共生的“生命共同体”典范，世界生态价值实现、生态教育展示的样板。

大遗址注重强化“文明之源、古蜀奇迹”品牌形象，重点依托三星堆、罗家坝，发展古蜀和古巴文化体验、研学产品，打造古蜀文化旅游目的地、世界古文明研究高地，国际山地休闲度假旅游目的地，全国最具知名度和影响力的红色旅游目的地。

（二）打造大香格里拉、大贡嘎、大竹海、大蜀道国家级文旅精品

大香格里拉注重塑造“高原秘境、自驾天堂”品牌形象，重点依托稻城亚丁、泸沽湖，发展高原生态观光、康巴文化和摩梭风情体验产品，打造世界人与自然和谐共处的典范、我国民族文化保护与发展的示范区、中国生态旅游发展新高地、国际知名的自然生态和康巴文化旅游目的地。

大贡嘎注重塑造“世界云端秘境、东方户外天堂”品牌形象，重点依托海螺沟、木格措，发展山地户外运动、休闲度假产品，打造世界户外登山探险胜地、世界极高山山地生态旅游典范和中国藏彝民族文化走廊重要展示窗口。

大竹海注重塑造“碧波万顷、蜀南清韵”品牌形象，重点依托蜀南竹海、沐川竹海，发展竹文化体验、竹生态度假和竹美食体验产品，打造竹文化和生态价值转化的典范，竹文化旅游产业全方位、全链条发展的样本，国际竹生态文化旅游胜地。

大蜀道注重塑造“关山驿路、天险蜀道”品牌形象，重点依托剑门蜀道、阆中古城，发展蜀道文化体验和大巴山生态康养产品，打造国际蜀道文化旅游目的地、秦巴山片区文旅融合产业发展示范走廊和中国南、北陆上丝绸之路的连接纽带。

（三）打造大灌区、大草原区域特色文旅精品

大灌区注重培育“水润天府、诗画田园”品牌形象，重点依托都江堰、东风堰，发展水利文化研学、天府农耕文化体验和天府田园度假产品，打造水利文化传承创新发展的典范、农耕文明与现代文化相融合的样本、彰显天府文化的国际乡村旅游目的地。

大草原注重塑造“中国最美湿地草原”品牌形象，重点依托川西北大草原，发展草原生态休闲、民族文化体验产品，打造黄河上游生态文明和民族团结进步高地、国际高原湿地草原生态旅游目的地。

四、“四廊”——建设四川四大文旅走廊

“四廊”指四大文旅走廊，即长征红色旅游走廊、巴蜀文化旅游走廊、藏羌彝文化产业走廊、茶马古道历史文化走廊。

（一）长征红色旅游走廊

长征红色旅游走廊是以泸州、宜宾、雅安、阿坝、甘孜、凉山等地为核心

进行建设。四川是红色资源热土，在四川境内发生过飞夺泸定桥、爬雪山过草地等经典战役和革命奇迹，这为四川厚植了得天独厚的红色资源优势。四川是名副其实的红色旅游资源大省，四川省21个市（州）均有红色旅游资源分布，以甘孜州最为突出，截至2021年，红色旅游资源点共计3238个，这为长征红色旅游走廊建设提供了基础。长征红色旅游走廊的建设将保护传承弘扬长征精神，构建长征丰碑旅游品牌体系，全面持续地推动红色旅游的健康发展。

（二）巴蜀文化旅游走廊

巴蜀文化旅游走廊是以重庆主城和成都为核心，以连接两地的高速铁路、高速公路和长江水系沿线市区（县）为重要组成部分的区域。川渝两地历史文化悠久，文物古迹众多；非物质文化遗产资源丰富，人文气息浓厚；生态类型多样，自然景观独特；旅游资源禀赋好、数量多、品质高。随着成渝地区双城经济圈建设不断深入，两地人员往来更加密切，科创和产业互融共进，优势互补高质量发展。跨区域合作机制逐步建立，为共建巴蜀文化旅游走廊打下了较好的合作基础。巴蜀文化旅游走廊的建设，将充分挖掘文化旅游资源，讲好巴蜀故事，打造国际范、中国味、巴蜀韵的世界级休闲旅游胜地。

（三）藏羌彝文化产业走廊

藏羌彝文化产业走廊是以藏羌彝民族文化资源转化为基础，建设一批文化旅游、演艺娱乐、工艺美术、文化创意等领域示范项目，形成以大九寨世界遗产旅游区为中心，香格里拉文化生态旅游区、羌族文化生态保护实验区等为支撑的藏羌彝文化产业走廊四川布局，建成世界级精品文旅区。藏羌彝文化产业走廊的建设将推进民族文化与生态、旅游的融合发展，发展壮大西南民族特色文化产业带。

（四）茶马古道历史文化走廊

《四川省"十四五"旅游业发展规划》提出，需系统整理和深入挖掘四川茶马古道文化，培育构建茶马古道历史文化走廊。茶马古道历史文化走廊的培养构建可重点依托蒙顶山、松潘古城等旅游资源，深度挖掘茶马古道沿线浓厚的历史文化和浓郁的民族风情，以"团结互融、平等互利、包容互鉴"的茶马古道文化内涵为核心价值，以茶马古道、名城、重镇、景区为主要载体，打造茶马古道世界旅游目的地。同时，与西藏、云南加强省际协作，建立中国茶马古道旅游联盟，共同推动茶马古道申遗，实现茶马古道区域联动发展。

【思考与交流】

根据以上《四川省“十四五”旅游业发展规划》中的四川文旅产业全域布局，谈谈你对自己家乡旅游业发展的思考。

项目 2　四川全域旅游

➢**活动呈现**

讲述四川全域旅游现状及“旅游 +”的相关知识。

➢**方法指引**

通过研习、分享，理解全域旅游及“旅游 +”，树立“大旅游”概念，清晰掌握当前旅游发展趋势。

➢**学习内容**

一、四川全域旅游现状

随着国民生活水平的普遍提高，旅游的持续升温，全域旅游已经成为四川旅游重点的发展趋势。2015 年 7 月，四川阿坝州便开始了全域旅游尝试，探索“全域景区”建设，提出建设九寨黄龙世界自然遗产精品旅游区、四姑娘山—卧龙大熊猫家园户外天堂旅游区、中国汶川映秀震中旅游区、羌族民俗风情旅游区、嘉绒藏族民俗风情旅游区及冰川、草原国家公园旅游区六大旅游产业区，架构起了突出区域特色和景观特点、覆盖全州、利于组合产品和线路的全域旅游统筹新布局。加快建设旅游公共服务体系，完善旅游信息、游客咨询服务中心、游客休息站等服务网络，提高标准化、人性化的服务水平，全面提升旅游企业、景区和重点旅游城镇的服务接待能力。特色魅力乡镇和精品旅游村寨星罗棋布，有效连接起各个高品位、多类型的景区点，以“拓景扩容、增量提质”为核心。全州旅游有序发展的新格局初现端倪。都江堰旅游局更是连续开展“全域旅游”讲解员大赛，旨在推动旅游朝着更高、更好、更强的方向有序发展。

2015 年 9 月，国家旅游局启动开展“国家全域旅游示范区”创建工作，旨在推动旅游业由“景区旅游”向“全域旅游”发展模式转变，推动旅游业创新、协调、绿色、开放、共享发展，促进旅游业转型升级、提质增效，构建新型旅游发展格局。先后公布了 2 批国家全域旅游示范区创建名单：2016 年 2 月公布了首批国家全域旅游示范区创建名录，共计 262 个。2016 年 11 月，公布了第二批国家全域旅游示范区创建名录，共计 238 个。2019 年、2020 年文化和旅游部分别公布的首批、第二批国家全域旅游示范区名单中，四川省共有 8 个入选，分别是成都都江堰市、乐山峨眉山市、广元青川市、德阳绵竹市、成都崇州市、成都锦江区、乐山市中区、阿坝藏族羌族自治州九寨沟县。

二、“旅游 +”

“旅游 +”是指充分发挥旅游业的拉动力、融合能力及催化、集成作用，为相关产业和领域发展提供旅游平台，插上“旅游”的翅膀，形成的一种旅游新业态。“旅游 +”有效地拓展了旅游自身的发展空间，推进了旅游转型升级。

长期以来，关于旅游的认识停留在简单的消费层面，旅游同样是增强国民幸福感、提升国民健康水平、促进社会和谐的新增长点；是优化区域布局、统筹城乡发展、促进新型城镇化建设的新增长点。

“旅游 +”代表一种新的经济形态、一种新的生活形态、一种新的社会组织形态和一种新的先进生产力。通过旅游产业与其他产业有机集合，不仅为旅游业发展提供内容和文化元素，也促进各行各业的发展。“旅游 +”的核心是人的发展，实质是通过人来实现“+”，用“+”来服务人。

【思考与交流】

1. 全域旅游的本质特征是什么？

2. 谈谈你对四川全域旅游的认识。

三、四川“旅游 + 第一产业”

（一）现代农庄

1. 个体农庄

通过对自己经营的农牧果场进行改造和旅游项目建设，使之成为一个完整意义的旅游景区（点），能完成旅游接待和服务工作。将手工艺、表演、服务、生产等形式加入服务业中，形成以点带面的开发设计。

2. 主题农园

形成教育农园、市民农园、租赁农园等多种形态，承载农旅结合的农事参与、自然教育和DIY创意空间等功能。

3. 企业庄园

承载企业董事会议、商务谈判、员工奖励度假和旅游景观房产等功能。

4. 产业庄园

融生产、研发、销售、交流、教育和旅游为一体的现代化农庄，如薰衣草庄园等。产业庄园既要体现产业化生产特点，又要满足服务性企业的需要。

除了以上模式外，还有以民俗村、特色村寨及其群落、生态环境和科普教育等为基础的乡村旅游开发设计形式。但无论哪种形式的开发设计，“乡村性”是其灵魂，“可持续性”是其原则，既要遵循休闲农业和乡村旅游发展的普遍规律和内在要求，又要依据区位特点、资源禀赋、历史文化和现有基础，合理开发，科学开发设计。

【知识拓展】

妈妈农庄

妈妈农庄（全称第5季·妈妈农庄——成都第五季）是郫都区第一个创4A级景区，被称为成都的“普罗旺斯”。2012年6月投产，集观光农业、酒店、餐饮、会议会务服务、拓展训练、婚纱外景基地、婚庆整体服务、运动休闲、乡村旅游度假、当代艺术观赏为一体。占地650多亩，450亩薰衣草花海，1500万平方米太空蔬果、花卉立体种植观光大棚，近3000平方米以色列科技特色农业观赏，30多亩生态蔬菜种植。妈妈农庄是四川第一家规模化薰衣草基地，极具特色，填补了四川花卉生态旅游空白，成为郫都区乡村生态旅游的新品牌。

【思考与交流】

请你为妈妈农庄设计一个一日游的亲子活动方案。

（二）湿地公园

湿地公园是指以水为主体的公园，其以湿地良好生态环境和多样化湿地景观资源为基础，以湿地的科普宣教、湿地功能利用、弘扬湿地文化等为主题，并建有一定规模的旅游休闲设施，可供人们旅游观光、休闲娱乐的生态型主题公园。湿地公园是具有湿地保护与利用、科普教育、湿地研究、生态观光、休闲娱乐等多种功能的社会公益性生态公园。

【知识拓展】

邛海湿地公园

邛海湿地公园坐落在泸山脚下邛海的北侧（见图 7–2–1），是经国家批准建立并公布的具有较高生态价值的高原湿地自然保护区，位于被称为中国月亮城、中国航天城和小春城的四川省凉山彝族自治州州府西昌市，是目前最大的城市湿地公园，湿地总面积两万余亩，具有涵养水源、调节城市小气候、净化水质、提供动植物栖息地和生态景观的多重功效。

图 7–2–1　邛海湿地公园

湿地公园的建设功在当代，利在千秋。不仅保护了西昌人们母亲湖——邛海，也为广大市民游客提供了休闲健身及娱乐的极佳场所，更重要的是改善的自然环境和人居环境符合科学发展观和可持续发展战略的要求。

（三）森林旅游

对森林旅游的界定，虽然学术界有各种不同表述，但核心都在阐述：森林旅游是指在林区内依托森林风景资源发生的以旅游为主要目的的多种形式的野游活动。有广义和狭义之分，狭义的森林旅游是指人们在业余时间，以森林为背景所进行的野营、野餐、登山、赏雪等各种游憩活动；广义的森林旅游是指在森林中进行的各种活动，任何形式的野外游憩。

美国可以说是森林旅游的鼻祖，黄石公园在“二战”后，依托森林来发展旅游逐渐兴起，到1960年，森林旅游的现实价值获得了各界人士的承认，并一跃成了森林资源开发的主要部分之一。我国张家界森林公园的建立，标志着中国森林旅游业作为一项产业开始形成。四川森林旅游资源丰富，最为有名的当属：九寨沟国家森林公园、海螺沟国家森林公园、西岭国家森林公园。

【知识拓展】

1. 四川海螺沟国家森林公园

四川海螺沟国家森林公园（见图7-2-2）位于四川省甘孜藏族自治州泸定县内，距成都市319公里，距康定49公里。处青藏高原东南缘，贡嘎山主峰的东坡。景区面积350平方公里。四川海螺沟国家森林公园属亚热带湿润季风气候，是世界上仅存的低海拔冰川之一，森林植被类型为冰川与原始森林。

图7-2-2 海螺沟国家森林公园

四川海螺沟国家森林公园为国家5A级旅游景区、国家级重点风景名胜区、国家森林公园、国家级自然保护区、国家级地质公园、冰川森林公园。

2. 九寨国家森林公园

九寨国家森林公园位于四川省九寨沟县境内，毗邻九寨沟国家风景区。地处世界自然遗产九寨沟与黄龙之间，东距九寨沟13公里，南离黄龙65公里，距九寨黄龙国际旅游机场20公里，处于“大九寨”国际旅游区的核心区域，是中国十大国家级公园之一。

九寨国家森林公园，于1995年经林业部批复建立的国家级森林公园，面积37000公顷，实际经营面积46000公顷，包括神仙池和甘海子两大旅游景区。

【思考与交流】

1. 讨论“旅游+”的概念。

2. 你去过哪些森林公园？谈谈你对如何有效开发四川森林旅游资源的看法。

四、四川“旅游+第二产业”

（一）旅游小镇

旅游小镇是指以旅游为主体功能，以文化为主题吸引，以新型生活为主导基础，以未来发展为主要引领的特色小镇。包括历史小镇、欧美当代小镇和中国当代小镇三种类型。

第一类是历史小镇。历史小镇是乡村的聚集、城市的延伸、交通的节点、商贸的汇聚和文化的体现。这种小镇在中国历史上有很多，以水陆码头和商贸的节点为其突出特征。

第二类是欧美当代小镇。包括文化小镇、教育小镇、名人小镇、总部小镇和创意小镇。这些小镇是在自然而然的生产过程中产生的，如牛津剑桥就是教育小镇。

第三类是中国当代小镇。有制造聚集的温州模式小镇、商贸聚集全国遍布的小镇、文化聚集的小镇等。

四川旅游小镇资源丰富，街子古镇、黄龙溪古镇、洛带古镇、柳江古镇、昭化古镇、上里古镇等为其突出代表。

【知识拓展】

黄龙溪古镇

黄龙溪建镇已有2100多年的历史，据《华阳国志》记载，本为华阳县辖地，历史底蕴深厚，古名“赤水”。建安二十四年（216年），汉时武阳兼新津彭山之地，东县（华县）东南接壤，仁寿也像龙牙，黄龙所春之地，著属武阳，公属治境，故溪以是名矣，故名曰“黄龙溪”。

黄龙溪古镇属四川省历史文化古镇及省级旅游风景区。古镇不仅风光秀丽、环境优美，还是驰名中外的天然影视摄影基地。古镇主要特色是古街、古树、古庙、古水陆码头、古建筑和古朴的民风民俗，是中国民间艺术（火龙）之乡、国家级环境优美小城镇，素有“影视城”“中国好莱坞”之称。

（二）绿道

成都天府绿道介绍

绿道是一种线形绿色开敞空间，一般是林荫小路，供行人和骑单车者（排斥电动车）进入的游憩线路，通常沿着河滨、溪谷、山脊、风景带等自然道路和人工廊道建立。

绿道分成三类：郊野绿道、社区绿道和城市绿道。郊野绿道主要分布在城市的郊野区域；社区绿道主要连接居住区绿地；城市绿道主要连接城市里的公园、广场、游憩空间和风景名胜区。

【知识拓展】

1. 熊猫绿道

熊猫绿道辅以古蜀、三国等文化元素，位于成都南三环一段外侧海棠路与茶花街之间，示范段全长534米，以熊猫植入文化设计。在这条内外环全长为102公里的熊猫绿道上，主体分为东南西北四个区段，每个区段呈现不同的文化氛围。作为和平的象征，整个区段以熊猫外交为主题，融入外国元素设计熊猫艺术作品。在景观提升中融入天府文化内容，采用具象和意境等多种方式，以熊猫文化为主题，辅以古蜀、三国等文化元素，让绿道更富内涵。

2. 成都天府绿道

治水兴蓉，重现《蜀川胜概图》胜景，一场成都有史以来最大规模的治水铺绿行动正在进行中。2018 年 9 月，成都公布了天府绿道规划建设方案。根据方案，成都市将按照“可进入、可参与、景观化、景区化”的规划理念，规划建设“一轴、二山、三环、七带”的区域级绿道 1920 公里、城区级绿道 5000 公里以上、社区级绿道 1 万公里左右，全域形成近两万公里的三级天府绿道体系。

目前，重点打造的亮点线路包括：熊猫绿道全线，锦城绿道中和、玉石、花田三大湿地绿道，高新区天府三街慢行系统，成华区“两轴两带四河四道”绿道网方家河绿道，温江区“田园静享网”北部旅游环线鲁家滩湿地绿道，新都区毗河绿道，郫都区望丛绿道，崇州市桤木河绿道，邛崃市邛州环城绿道，温江区田园绿道、郫都区沙溪绿道、花香天府生态观光绿道等项目。这些绿道或傍水依山、或穿城入社区，将以绿道为脉串起市民的美好生活。

（三）工业小镇

当前，我国已经形成了完整的工业体系，随着工业化的深入发展及旅游业的蓬勃兴起，工业旅游的人气迅速增长。特别是近年来发展形成的特色工业小镇，将生产展销、文化创意、休闲游憩等功能有机融合，为工业旅游开辟了全新的发展空间。可以说，工业旅游已成为我国旅游业新兴热点。

【知识拓展】

四川芭沟工业小镇

四川芭沟工业小镇位于乐山市犍为县城西北 30 公里的芭蕉沟，地处国家 4A 级旅游景区嘉阳桫椤湖景区核心区域，属嘉阳煤矿矿区。芭沟古镇地处深山峡谷，沟里存有中国唯一仍在运行的蒸气式窄轨火车。2007 年 6 月，嘉阳小火车、芭石铁路工业遗产列入省级文物保护单位。芭沟古镇是独特的工业小镇，保留着完善的川西南民居，还有着小角楼民居建筑群、苏式建筑。走在小镇里，仿佛回到了 20 世纪七八十年代的中国。

（四）自驾游房车营地

房车营地是指具有一定自然风光，占有一定面积，可供房车补给和人们露营的娱乐休闲小型社区。房车营地内除了有供水设施、供电设施、污水处理装置等专门针对房车所配置的设施外，还配有帐篷、房车、可租借的木屋、运动游乐设备等露营设施，适合外出旅行或长时间居住。房车旅游发展近两年进入快车道，每年以85%左右的速度增长。

四川知名的自驾游房车营地有：西昌国际自驾游营地（西昌邛海湿地烟雨鹭洲）、西昌螺髻山景区自驾游营地（西昌安哈）、西昌京昆高速自驾游营地（西昌黄水）、康定市新都桥318自驾游营地（见图7–2–3）。

图7–2–3　康定市新都桥318自驾游营地

（五）灾后重建遗址

《汶川地震灾后恢复重建条例》于2008年6月8日发布并实行，保障了灾后恢复重建工作有力、有序、有效地开展。地震遗址游以汶川映秀、汉旺、北川地震遗址为其突出代表（见图7–2–4）。

图 7-2-4　汶川地震遗址

汶川地震后，有许多专家学者提出在地震遗址上建立博物馆，目的是想从中挖掘出较高的人文价值，让前来的游人真正得到一次心灵的震撼与洗礼，而不是抱着游山玩水甚至看热闹的心态。开放地震遗址首先需要照顾的是遇难者家属的情绪和社会影响，在管理上务必做到规范、有序、严肃，避免商品化。

以“纪念、感恩、发展”为主题的东河口地震遗址公园，是汶川地震后第一个开放的地震遗址保护纪念地。汉旺地震遗址、北川地震遗址每年都会吸引大批的游客前来洗涤心灵。

【思考与交流】

有人说不应该开展地震遗址游，那是试图把快乐建立在别人的悲伤之上，你是怎样理解当前的灾后地震遗址旅游的？

五、四川“旅游 + 第三产业”

（一）音乐公园

东郊记忆，原成都东区音乐公园，是集合音乐、美术、戏剧、摄影等文化形态的多元文化园区、工业遗址主题旅游地、艺术文化展演聚落、文艺创作交流园区、成都文化创意产业高地。

东郊记忆坐落于四川省成都市成华区二环东外侧建设南支路 4 号，占地 205 亩，建筑面积约 19 万平方米。是在原国营红光电子管厂旧址上改建而成的现代文化产业新型园区，2011 年 9 月 29 日正式开园运营。2012 年 11 月 1 日，成都东区音乐公园正式升级更名为东郊记忆（见图 7-2-5）。

图 7-2-5　成都东郊记忆

“修旧如旧，旧房新用”是东郊记忆建筑的主要特色。东郊记忆被称为“中国的伦敦西区”，是国家音乐产业基地、国家 4A 级旅游景区、科技与文化融合示范园区、国家工业遗产旅游基地名单。主要景点有：东郊记忆馆、星光墙、中国移动无线音乐基地、成都舞台、火车头广场、锦颂东方艺术展览中心。

（二）体育赛事

随着体育赛事和城市旅游的发展，以体育赛事提升城市旅游的影响力也越来越重要，具有较高价旅游价值的超大型体育赛事和标志性体育与赛事逐渐成为城市旅游的重要吸引标志。

体育赛事对城市旅游业的影响主要体现在 3 个方面：一是赛事对城市旅游经济的影响，包括对外来游客人数和消费的增加、旅游收入的增长、旅游产业结构的优化及客源结构的调整等；二是赛事对城市旅游形象的影响，包括增加城市的媒体曝光、提升城市的知名度、促进城市标志性建筑的建设、塑造独特的城市旅游形象等；三是更新城市旅游空间，包括促进赛场成为特色旅游景点、推动赛场成为主题旅游区、带动周边旅游业发展、促进赛场成为旅游集散地等。

近年来，成都举办的网球赛事、马拉松赛事、乒乓球赛事、足球赛事、篮球赛事以及第 31 届世界大学生夏季运动会等国际赛事，给四川省带来了许多旅游增长点。

六、四川“旅游＋互联网”

（一）智慧旅游

智慧旅游是运用新一代信息网络技术和装备，及时感知和使用各类旅游信息，从而实现旅游服务、旅游管理、旅游营销、旅游体验的智能化，促进旅游业态向综合性和融合型转型提升，是游客市场需求与现代信息技术驱动旅游业创新发展的新动力和新趋势，是全面提升旅游业发展水平、促进旅游业转型升级、提高旅游满意度的重要抓手，对于把旅游业建设成为人民群众更加满意的现代化服务业，具有十分重要的意义。

【知识拓展】

四川智慧旅游建设规划

1. 旅游信息化基础设施

积极引导重点旅游城市核心区、4A级（含）以上旅游景区和省级（含）以上旅游度假区游客集中区域、三星级（含）以上宾馆和四星级农家乐（乡村酒店）公共区域Wi-Fi全覆盖，4A级（含）以上旅游景区和省级（含）以上旅游度假区的游客集中区域视频监控全覆盖。

2. 旅游大数据中心

根据《四川省“十三五”旅游业发展规划》，在未来的一段时间里，智慧旅游的发展将会呈迅猛发展之势。

智慧旅游试点市（州）：成都市、攀枝花市、德阳市、绵阳市、广元市、遂宁市、乐山市、南充市、宜宾市、广安市、雅安市、眉山市、阿坝州、甘孜州、凉山州。

智慧旅游试点景区：青城山—都江堰、武侯祠博物馆、成都大熊猫繁育研究基地、天台山、安仁古镇、洛带古镇、黄龙溪、国色天乡乐园、平乐古镇、三圣花乡、二滩国家森林公园、三星堆博物馆、北川羌城旅游区、七曲山、仙海、剑门关、昭化古城、唐家河景区、中国观音故里旅游景区、峨眉山、乐山大佛、郭沫若故居景区、阆中古城、朱德故里景区、兴文石海、蜀南竹海、邓小平故里景区、华蓥山、碧峰峡、三苏祠、柳江古镇、江湾神木园、黑龙滩、七里坪旅游度假区、九寨沟、黄龙、汶川特别旅游区、稻城亚丁、泸定海螺沟、邛海泸山、泸沽湖、三岔湖。

3. 智慧交通服务

智能交通系统（Intelligent Transport System，ITS）是将先进的信息技术、通信技术、传感技术、控制技术及计算机技术等有效地集成运用于整个交通运输管理体系，而建立起的一种在大范围内、全方位发挥作用的，实时、准确、高效的综合的运输和管理系统。

（二）未来酒店

“未来酒店”是阿里旅行提出的一项计划，前期推出了信用住，阿里旅行借助阿里巴巴大数据优势和芝麻信用分，推行了这一全新的旅游酒店住宿服务，还包括阿里旅行的分期购等。

同时，携程涉足的金融产品与近期去哪儿旅行通过绑定用户信用卡、银行卡快捷支付等的一系列方式都可以看出，未来在线旅游产品将很有可能出现更多的信用旅游产品，更加方便用户的出行和支付方式。

（三）互联网旅游产品

在线旅游是依托互联网来满足旅游消费者信息查询、产品预订及服务评价等需求的旅游产品形式，当前包括旅游服务供应商、搜索引擎、OTA、旅游资讯及社区等在线旅游平台。其中搜索引擎为代表的有去哪儿网等，OTA 为代表的有携程等。这几类的产品大多是以平台的形式出现，旅游平台级产品的界限逐渐变得模糊。

在线旅游从细分领域出发，可以分为专门提供交通（机票等）、住宿（酒店等）、度假等深度服务的旅游产品；从服务地域来划分，有专门做境外旅游的旅游产品和周边旅游产品等；从人群划分，有提供中高端人士的商旅出行，年轻一代的穷游等。如今，从内容和人群关系出发，衍生出了攻略、社交等各种形式的旅游产品。

【思考与交流】

1. 谈谈你感受到的智慧旅游。

2. 如何有效进行旅游产品线上销售？

项目3 四川“聚合度假”

➢活动呈现

每到周末，小明的爸爸经常会带着一家五口人去乐山玩，住在度假山庄，周末两天就以乐山市区为中心，到周边的区县去寻找好吃好玩的。这里有爷爷奶奶喜欢的柳江古镇，也有妈妈和小明喜欢的各种乐山美食，还有爸爸喜欢的峨眉山温泉……刚开始小明不理解，为什么老是去同一个地方，后来慢慢受到了爸爸的影响，喜欢上了这种旅游的方式，在一个地方驻扎下来“逛吃逛玩”。

➢方法指引

通过分享，理解度假旅游的新形式。

➢学习内容

随着人们收入的增长和闲暇时间的增多，人们的旅游需求从观光向休闲、度假并重转变，人们在一地休闲度假的同时，也希望能够游览该地更多的旅游景区。旅游多元化需求不断涌现，休闲度假旅游、养生旅游、研学旅行、情感旅游、探奇旅游等旅游新需求不断出现。四川旅游经过多年发展，取得了较大成绩，在国内外有较高知名度，但离国务院提出的发展要求还有较大差距，加快四川旅游发展方式转变迫在眉睫。“聚合观光、动态度假”旅游模式是新形势、新要素不断发展下，四川省推动旅游产业转型升级、提质增效的重要举措，对创新探索全国内陆省、山地型省区“中国式度假”模式具有借鉴意义。

一、“聚合度假”的概念和本质

（一）“聚合度假”的概念

“聚合观光、动态度假”型旅游目的地模式（简称“聚合度假”模式），是指以一个度假基地为核心，周围数个一日游景区、景点为配套所构成的具有一定规模的旅游聚合体，即 1+N 的度假旅游目的地模式。

其中，1 指的是一个度假基地，这个度假基地既可以是一个度假城市、度假城镇，也可以是一个度假旅游区。N 指的是度假基地周边可开展一日游的不同类型的景区、景点。

（二）“聚合度假”的本质

“聚合度假”模式的核心和实质，是让游客在度假基地住下来，同时选择周边景区、景点开展多个一日游活动，以满足游客多元化的旅游需求。

二、“聚合度假”的意义

发展“聚合度假”模式，其作用和意义体现如下几个方面。

第一，“聚合度假”模式是对旅游现象和发展规律的深刻认知，是对度假旅游模式的重要拓展。

第二，“聚合度假”模式有利于提升区域形象和吸引力。旅游者白天利用便捷的公共交通系统进入周边的多个景区、景点观光游赏，夜晚回到居住基地，享受当地特色餐饮及丰富多彩的夜生活，这种旅游方式不仅能够带动周边观光型景区的持续发展，还能带动度假旅游核心城市提升旅游服务设施和公共服务设施，改善城市生活环境质量，增强城市综合吸引力，提升城市形象。

第三，“聚合度假”模式有利于推动区域旅游产业发展。多元化的产品组合能满足游客度假旅游需求，增强了旅游地的市场吸引力，增强了游客停留时间。待到“聚合度假”型旅游目的地发展成熟后，旅游度假核心区将从单个旅游目的地品牌上升到整个旅游聚合体品牌，旅游经济产出从小规模的景区经济扩展成为更大规模的区域旅游产业经济，旅游产业规模不断发展壮大，旅游产业链不断延伸，将不断实现度假旅游目的地对区域旅游的重大促进、带动作用。

三、“聚合度假”的构成要素

“聚合度假”旅游目的地构成要素，包括以下三个方面。

一是要具有一个环境优美、服务完善的度假基地。这个度假基地既可以是一个旅游目的地城市或城镇，也可以是高度发达的旅游目的地景区。不管是目的地城市或城镇还是目的地景区，都需要具有良好的环境质量，健全的公共服务体系，高品质、特色化的度假酒店群（度假村），完善的度假群配套服务设施。

二是要具有类型多样、个性鲜明的一日游观光产品系统。这个观光产品系统既可以是旅游景区景点，也可以是各种节庆娱乐活动。它依托交通环线组织和交通便捷条件，形成聚合系统内景区与区域开放型（系统外）景区。

三是要具有完善便捷的城市（城镇）公共交通系统。这个公共交通系统既包括标准化的旅游道路系统，又包括无缝对接的城市——景区交通系统。其中，标准化的旅游道路系统是高标准建设连接城市与景区、景区与景区的旅游通道，无缝对接的城市——景区交通系统是指城市居住基地与景区、城际车站、客运车站、机场等城市公共交通系统。

【知识拓展】

四川部分“聚合度假”旅游目的地示范区

“聚合度假”型旅游目的地是一种新型度假旅游发展模式，它强调游客在度假地多元化旅游体验经历，游客通过各种观光、休闲、度假产品的选择与体验，度过一个难忘的旅游假期。

一、成都市域“聚合度假”旅游目的地示范区

1. 空间范围

以主城区为核心，以都江堰—青城山、花水湾—西岭雪山、大溪谷、国色天乡、梨花溪、宝山等若干卫星式度假基地，以及若干个观光一日游所及的范围。

2. 度假资源

古蜀文化、大熊猫世界自然遗产、都江堰—青城山世界文化遗产、美食文化、乡村旅游、国家森林公园、国家地质公园、国家自然保护区等资源。

3. 主题定位

以商务会议、遗产旅游、自然生态、文化体验、乡村度假、美食旅游等为主题。

4. 一日游观光景区培育建设

以度假大本营为中心，以城市公共交通、地铁、城际铁路、有轨电车、旅游巴士等所串联的成都周边众多的一日游景区，建设类型多样、个性鲜明的一日游观光产品系统。

中心城区景点：春熙路、水井坊、武侯祠锦里、欧洲风情街、望江楼公园、老成都民俗公园、文殊院、青羊宫、杜甫草堂、金沙遗址、“一品天下”美食商业街、欢乐谷、三圣花乡、大熊猫繁育基地、昭觉寺等。

各郊区县景点：青城山、洛带古镇、黄龙溪古镇、望丛祠、宝光寺、桂湖、丹景山、三昧禅林、白鹿中华风情小镇、虹口漂流区、鸡冠山、街子古镇、鹤鸣山、西岭雪山、新场古镇、临邛古镇、天台山、平乐古镇、西来古镇、石像湖、杏花村、八阵图遗址、云顶石城等。

二、乐山——峨眉“聚合度假”旅游目的地示范区

1. 区域范围

以乐山市区、峨眉山市区为核心，周边若干个一日游景区所及的范围。

2. 度假资源

世界自然与文化遗产、佛教文化资源、茶文化资源、国家级风景名胜区、国 家级森林公园、国家级自然保护区等资源。

3. 主题定位

以遗产观光、禅修养生、休闲度假为主题。

4. 产品定位

发展遗产观光、宗教朝圣、禅修养生、文化养心、山地度假、养老度假等产品。

5. 度假基地培育建设

（1）乐山市区为主，中远期可拓展至沙湾、五通桥等地。

（2）峨眉山市区为主，联动发展峨眉山度假区和七里坪国际度假区。

【思考与交流】

1. 请你谈谈对“聚合度假”的理解。

2. 查阅资料，以小组形式讨论：四川哪些地方还可以进行“聚合度假”产品设计？

项目4　四川旅游新业态新产品

➢活动呈现

学生认真阅读本部分内容，然后通过抢答的方式，将本章关于四川旅游新业态新产品的内容向全班表述，以回答流畅、遗漏的知识点少为胜出者。

➢方法指引

小组合作学习，梳理四川旅游新业态、新产品，小组代表上台参加答题和交流，完成预习和学习检测。

➢学习内容

一、康养旅游

结合当代健康养生观念和四川省实际情况，本书认为：康养旅游是建立在良好的自然生态环境、人文环境及文化环境基础上，以维护健康或促进健康为需求动机，结合观光、休闲、度假、康体、医疗、游乐、养心等形式，以达到强身健体、修身养性、医疗康复、延年益寿等目的的一种旅游活动。

概括起来讲，康养旅游有机结合了康体旅游、康疗旅游、康养旅游（狭义上指养心养性），形成了一种将运动、治病、疗养、养生、养老等与旅游相结合的新的旅游形式。它融合了传统养生观和现代休闲观，既具有所有旅游活动的共性，即异地性、暂时性和综合性；也具有不同于其他旅游活动的个性——养生性，即养生为其第一目的性。

康养旅游提供的服务包括：运动、休闲、治疗、美容、养神、减压、呵护等，以满足游客延年益寿、修身养性、医疗、修复保健、生活方式的体验、养生文化体验等多方面诉求。

（一）康养旅游区类型与规模

根据康养旅游区所处的地域及资源特色情况，将康养旅游区分为康体型、康疗型、康养型三种类型。

（1）康体型：运动、休闲娱乐为主，特点重在体验参与。

（2）康疗型：以疗养保健为主，包括中医药、美容按摩、理疗、西医护理，森林生态。

（3）康养型：养生养性为主，包括茶禅养身、太极、美食、心灵回归、文化休闲养身等。

（二）四川省适宜开发的主要康体产品

1. 运动健身旅游产品

运动健身旅游产品不是广义上的体育运动项目，通过运动，游客可以把负面情绪宣泄出来，并且可以加速身体的有氧代谢，排除身体内的毒素。

2. 武术强身旅游产品

中国武术融会了传统文化中的哲学、中医、养生、气功、美学等，武术旅游具有观赏、休闲娱乐、强身健体、提高身心素质等功能。峨眉武术与少林武术、武当武术并称中国三大武术流派，有着3000年的悠久历史，是国家非物质文化遗产。

3. 民族传统体育旅游产品

体育旅游是以观赏、参与等行为为媒介，通过了解和熟悉某一特定体育的文化特性，以达到增长知识和陶冶情操的目的的旅游活动，主要包括民族传统体育文化旅游。民族体育产生于生产劳动和生活实际，以其悠久的历史传承性，表现出强烈的民族文化悠久的历史传承性，表现出强烈的民族文化气息和鲜明的民族特点，具有极强的参与性和观赏性。

（三）四川省适宜开发的主要康疗产品

1. 中医药旅游产品（产品特色、应用方向）

中医药旅游产品主要包括中医健康体检、中医特色诊疗、中医食疗、中医茶疗四类。

2. 温泉疗养旅游产品

大多数温泉中都含有丰富的矿物质，因而，温泉的疗养价值一直都是开发重点。李时珍在《本草纲目》中将温泉分为热泉、冷泉、甘泉、酸泉、苦泉五类，并阐述了温泉的疗养方式。实践证明，温泉疗养不仅可使肌肉、关节得到放松，消除疲劳，还可促进血液循环，加速人体新陈代谢。

3. 医学美容旅游产品

医学美容是通过医学手段，包括药物、仪器及手术等，以达到改变人体外部形态及部分改善其生理功能，增强人体外在美感为目的，而进行的一系列的治疗。医学美容区别于生活美容的根本点，即凡是有一定创伤的美容治疗，一定属于医学美容的范畴。

（四）四川省适宜开发的主要康养产品

1. 阳光康养旅游产品

阳光康养旅游是以充沛的阳光、冬暖夏凉的气候、丰富的物产、独特的生态资源为依托，以促进旅游参与者身体健康、精神愉快为目的，在景区景点建设、项目设计、活动组织中，以运动、健身、休闲、度假、养生、养老功能为核心，辅之以优美的环境和完善的配套服务设施为保障的创新型、生态型、健康型旅游活动。

2. 乡村康养旅游产品

美丽乡村本身就是最理想的养老之地。乡村康养旅游是指在环境优美的乡村地区开展的养生养老旅游活动。以农业资源环境、农田景观、农业生产活动和农业文化为载体，结合中国传统人与自然和谐的思想，开发无污染、高效、节能、智慧型、体验型的现代农业旅游产品，打造既具有生产、经济功能，又具有生活、生态功能的现代多功能农庄。

3. 森林康养旅游产品

森林以山林溪谷为生态本底，具有明显的养生效用：一是制造氧气，被称为“天然氧气制造厂”；二是阻隔杂音，茂密的枝叶能吸收声波；三是绿色安祥，森林的绿色对人的神经系统具有调节作用，能平静情绪；四是净化空气，森林有吸收毒气、尘埃的作用；五是杀灭毒菌，如松柏可杀死空气中的白喉、结核、霍乱、痢疾、伤寒等病菌；六是调节气温，进入森林冬暖夏凉。

4. 文化康养旅游产品

佛教文化、道教文化、长寿文化及中国传统茶道文化中，包含着丰富的养生理念、修身养性等内涵，能够实现对关爱、慈悲、温情与宽容的情感需求，使旅游者从心灵上得到抚慰，精神生活及心理世界得到满足。

二、美食旅游

（一）美食旅游的含义

美食旅游，是一种以体验美食味道、感受美食文化的旅游活动，强调以与美食相关的旅游资源为吸引物，让游客通过美食获得独特的、难忘的并具有文化内涵的旅游体验，兼具社会性和休闲性。

美食旅游是一种较为新颖的旅游形式，是以“美食”作为吸引物的享受过程。旅游美食是在旅游过程中品尝到的美味食品，可以是在旅游途中携带体积小、轻便、新颖的旅游小食品，亦可是享用到的风味大餐。旅游美食是美食旅游的重要组成部分。

（二）美食旅游的功能性

（1）经济功能——美食旅游带动了食品生产业、房地产业、商贸业、文化娱乐业、建筑业等行业发展，给经济发展带来了巨大的空间和发展的潜力。此外由于美食旅游对其他的旅游类型旅游者的影响，旅游者更重视旅游体验，自觉增加餐饮方面的消费，也使得整个旅游过程的消费上涨。

（2）文化功能——美食旅游者的文化需求是美食旅游得以产生、发展、繁荣的前提和基础。文化和美食互为花叶，相得益彰。美食旅游要能够满足旅游者的文化需求，以市场需求为导向，挖掘文化内涵，继承和弘扬传统文化，只有这样，美食旅游才能拥有持久的生命力。

（3）社会功能——美食作为向旅游者传送旅游地的文化生活的重要途径，已潜移默化地成为旅行途中不可缺少的一项重要内容。

（4）健身功能——通过美食达到养性健身的目的是中国饮食文化的精髓所在。调整身体内部的关系与生理、心理的关系，达到怡情和健身的目的，正是美食旅游的优势所在：食疗、食养等内调作用与旅游的有机结合促成美食旅游目的的实现。

（三）四川美食旅游

由于美食旅游是一种特殊兴趣旅游，随着人们消费个性化需求的提高，美食旅游加速发展。各个地方的餐饮企业应努力培育具有本地特色的美食产品，使其成为旅游美食，吸引各地食客的到来，逐步发展成为美食旅游目的地。

“食在中国，味在四川”，四川美食闻名全国。四川美食资源种类多样、内涵丰富，川菜、川茶、川酒、各地风味特产和独特饮食风俗，对游客都具有强大的吸引力。四川还是旅游资源大省，旅游资源类型多、品位高、组合好、极具特色，民族风情浓郁多姿，境内有最大的彝族聚居区和唯一的羌族聚居区，自然风光独具魅力，多种文化交相辉映。到四川旅游，品尝当地名菜、名点、名酒、名茶，兼可享受美食与旅游的乐趣。

经过改革开放多年来的快速发展，目前已经初步形成“以川菜为主体、四川小吃为特色、四川火锅为吸引、名店为支撑、各地特色物产为补充、美食节庆为突破、饮食习俗为亮点”的旅游餐饮格局。尽管四川有丰富的美食资源，但真正以美食为主题的旅游目的地、旅游线路尚未形成，所以开发四川美食旅游具有广阔的市场前景。

三、阳光度假旅游

阳光度假旅游，是一种新型的健康阳光的旅游休闲形式，是人们在阳光资源丰富的地方，充分享受舒适的环境、优美的风光，以达到追求休闲娱乐、享受旅游假期的度假形式。

（一）阳光度假旅游发展趋势

国际著名阳光旅游度假胜地如地中海地区、加勒比海地区所提供的“阳光、沙滩、海水”旅游产品仍是国际旅游者的首选。在东亚及太平洋地区，具有丰富海滩资源的夏威夷、泰国、印度尼西亚等所提供的阳光、休闲、度假类旅游产品将会是旅游者热衷选择的目标。

休闲度假类旅游产品越来越受到中国居民的推崇，阳光度假旅游产品正成为当前休闲度假旅游的热点，显示出越来越大的发展潜力。“春城”昆明四季温暖如春，是人们度假旅游的理想地；海南三亚会集了阳光、海水、沙滩等资源，已成为中国阳光度假旅游的重要目的地。

（二）四川阳光度假旅游趋势

“十三五”期间，中国旅游业将进一步加强区域联合协作，大香格里拉生态旅游区是“十三五”期间重点发展的九大旅游区域之一，也是中国旅游最具开发潜力的区域之一。开发大香格里拉生态旅游区将为攀西旅游发展提供良好的背景机遇。

1. 四川攀西地区阳光度假旅游资源区域比较优势

攀枝花被誉为“阳光城”，独特的气候条件不仅成为攀西阳光度假旅游的有效载体，也填补了四川省冬季旅游的空缺，为四川省开辟特色旅游和精品旅游提供了平台；攀西地区较之于云南昆明，昼夜温差小，全年阳光充足，四季宜人；较之于西藏，攀西地区海拔适中，交通条件较好，更适合常年旅游；攀西地区邻近乐山、峨眉、丽江、大理、泸沽湖、香格里拉和“三江并流区”等世界级景区，易于发挥东来西往、南连北接的旅游枢纽作用。

2. 四川攀西地区阳光度假旅游资源国内比较优势

地处中国西部阳光地带，攀西地区全年阳光明媚，气候宜人，四季可游，尤其适宜冬季避寒。攀西地区独特的气候和自然、人文景观与我国北部形成强烈反差，旅游市场开发具有双重互补性。区别于台湾和海南岛，攀西地区既无台风危害，又不易受寒潮侵袭，而且比起海南冬季的骄阳，攀西地区的温暖气候似乎更加具有“亲和力”，加之攀西地区融入了大量的移民文化，大大提高了旅游者在旅游地的适应性。

四、红色旅游

（一）红色旅游的定义

红色旅游主要是以中国共产党领导人民在革命和战争时期建树丰功伟绩所形成的纪念地、标志物为载体，以其所承载的革命历史、革命事迹和革命精神为内涵，组织接待旅游者开展缅怀学习、参观游览的主题性旅游活动。

（二）四川省红色旅游的发展现状

四川是革命老区，是中国工农红军两万五千里长征时历时最久、行程最长、发生重要事件最多的省份，还是朱德、邓小平、陈毅等老一辈无产阶级革命家和张思德、黄继光、赵一曼等革命先烈故里，革命遗存和附着的精神财富有很强吸引力、感染力和震撼力，是全国红色旅游资源的精品。

在抗战胜利 70 周年之际，四川省旅游局围绕“伟人故里、长征丰碑、川陕苏区”三大主题，发布了十条红色旅游精品线路，全省红色旅游保持了良好的发展态势，小平故里等一批在国内有影响力的红色旅游景区，成为四川旅游业的新亮点。

（三）四川省红色旅游的十条精品线路

四川省推出的十条红色旅游精品线路，突出了“伟人故里、长征丰碑、川陕苏区”三大主题，同时体现了红色旅游与生态旅游、乡村旅游等结合，充分展示四川雄伟壮丽的自然风光、可歌可泣的革命历史、绚丽多姿的民族风情和改革开放的新貌等。

1. 线路一：追寻伟人足迹，感受改革新貌

线路一介绍

线路行程：成都—资阳乐至—仪陇—广安。

主要景点：陈毅故里景区、朱德故里景区、小平故里景区。

线路特色：以革命伟人、将帅的风采及家乡的自然风光和当地的历史文化、民俗风情为主题，走进伟人故里，开展献一次献花、宣一次誓、听一场报告、看一场电影、过一次组织生活的“五个一活动”，踏寻伟人青少年时期活动的足迹，感受改革开放丰硕成果。

2. 线路二：红岩精神寻踪，伟人故里思源

线路行程：成都—华蓥山旅游区—小平故里—重庆。

主要景点：华蓥山游击队纪念馆、华蓥山游击队遗址、小平故居、思源广场。

线路特色：走不寻常路，感受不寻常事，学习革命先烈的革命战斗精神。走进思源广场，体会“饮水思源”，领会“实事求是”的精神真谛；走进华蓥山旅游区，探访红岩精神发源地，勇闯“双枪老太婆”大本营，缅怀革命先烈；走进华蓥山游击队遗址，重温昔日的烽火硝烟。

3. 线路三：川陕缅英烈，巴山耀华夏

线路行程：重庆（成都或西安）—巴中城区川陕革命根据地博物馆—川陕苏区将帅碑林—恩阳区恩阳红色古镇—平昌县刘伯坚烈士纪念馆—通江县红四方面军总指挥部旧址纪念馆—通江县王坪烈士陵园—南江县巴山游击队纪念馆—重庆（成都或西安）。

主要景点：川陕革命根据地博物馆、川陕苏区将帅碑林、恩阳红色古镇、刘伯坚烈士纪念馆、红四方面军总指挥部旧址纪念馆、王坪烈士陵园、巴山游击队纪念馆。

线路特色：全国30条红色旅游精品线之一，涵盖了川渝区域以小平故里和朱德故里为代表的红色旅游经典景区。以川陕苏区革命遗迹、川陕苏区文化为特色，并融入大巴山自然风光、巴人文化等内容，感悟红四方面军创建根据地的艰苦，感受大巴山人支持红军的火热情怀，领略大巴山神奇壮美风光和独特巴人文化、巴山民俗。

4. 线路四：剑门雄关险，嘉陵山水奇

线路行程：成都—红军血战剑门关遗址（剑门关景区）—昭化古城—旺苍红军城—苍溪红军渡—阆中古城—成都。

主要景点：剑门蜀道剑门关5A级旅游景区、昭化古城4A级旅游景区、旺苍县红军城、木门会议遗址、苍溪红军渡·西武当山4A级旅游景区、阆中古城5A级旅游景区。

线路特色：以红四方面军强渡嘉陵江为主题，以嘉陵江自然风光、沿江重要历史文化胜迹为配套，展示红四方面军在嘉陵江流域发生的木门会议、旺苍红军城、血战剑门关等重大军事政治活动，并融入古蜀道文化、三国文化和川北自然山水风光。可开展血战剑门关遗迹观光、剑门蜀道历史文化观光等活动。

5. 线路五：蜀道风云，灾后新貌

线路行程：成都—红军血战剑门关遗址（剑门蜀道剑门关景区）—昭化古城—白龙湖风景名胜区—青川县城—唐家河旅游区—青川县东河口地震遗址公园—成都。

主要景点：剑门蜀道剑门关 5A 级旅游景区、昭化古城 4A 级旅游景区、白龙湖国家级风景名胜区、青川县城灾后恢复重建示范点、唐家河 4A 级旅游景区、青溪古城 4A 级旅游景区、青川县东河口地震遗址公园。

线路特色：游览剑门关景区，体会红四方面军战斗的艰难，追忆革命先烈的战斗历程，感怀中国共产党领导人民建立国家的伟大功绩。青川县城是青川人民在汶川大地震后灾后恢复重建的产物，青川县东河口地震遗址公园是汶川大地震首个地震遗址纪念公园，充分体现了伟大的抗震救灾精神，这条线路还可以游览中国唯一一座三国文化历史古城昭化古城、中国西南最大的湖泊白龙湖风景名胜区和中国的黄石公园唐家河旅游区，体会到古城的历史、欣赏到湖泊的壮美、回味自然生态的秀美。

6. 线路六：雪山草地，长征丰碑

线路行程：成都—小金（红军达维会师桥）—两河口会议遗址—马尔康（卓克基会议遗址）—刷经寺—红原—瓦切（红军长征纪念）—若尔盖—巴西会议遗址—九寨沟、黄龙——川主寺红军纪念碑碑园—茂县—汶川—成都。

主要景点：夹金山、小金（红军达维会师桥）、两河口会议遗址、卓克基会议遗址、红原瓦切长征纪念遗址、巴西会议遗址、川主寺红军纪念碑碑园。

线路特色：在 1935 年 4 月至 1936 年 8 月这一长达 16 个月的时间里，中国工农红军在阿坝州境内的小金、金川、汶川、理县、茂县、黑水、马尔康、红原、若尔盖、松潘、阿坝等地，爬雪山、过草地，经过羌乡藏寨。此条红色旅游线路，以体验红军长征爬雪山、过草地的艰苦卓绝革命精神为主题，同时可观赏到世界自然遗产九寨沟、黄龙，川西北大草原湿地等奇山异水，能感受浓郁的藏羌民俗风情。

7. 线路七：强渡大渡河，飞越泸定桥

线路行程：成都—石棉安顺场—泸定磨西会议遗址—泸定桥—岚安乡—成都。

主要景点：磨西会议遗址、泸定桥、岚安乡（红军宣传墙保存有共产党十大政纲、漫画、标语；岚安区苏维埃政府以及金汤县委、游击队总部旧址、红32军司令部旧址、红军医院旧址、红军磨坊）。

线路特色：磨西会议遗址位于甘孜州泸定县南部，地处国家级风景名胜区贡嘎山东坡，海螺沟冰川森林公园入口处。走进海螺沟冰川森林公园，仰望贡嘎雪山的雄伟、感受低海拔冰川的瑰丽、经历一次说走就走的旅行；来到泸定桥，追忆飞夺泸定桥之惊心动魄，踏寻红军当年的足迹；进入岚安乡，感受红军长征途中的艰难和红军战士面对困难的勇气，缅怀革命先烈，珍惜现在来之不易的幸福。

8. 线路八：四渡赤水，醉美川南

线路行程：成都—泸州—古蔺（太平镇、二郎镇）—贵州赤水—黄荆老林—成都（或重庆）。

主要景点：泸州起义遗址—龙透关、朱德况场纪念馆，红军四渡赤水纪念馆，红军街、红军医院、红军码头等，二郎滩渡口背水站现场，贵州赤水土城，红军四渡赤水一渡发生地贵州元原渡口，四渡赤水博物馆、红军古街等。

线路特色：四渡赤水出奇兵，是中央红军在长征途中，处于国民党几十万重兵围追堵截的艰险条件下，进行的一次决定性运动战战役。此线路以中央红军四渡赤水出奇制胜为主题，融入川南自然风光（黄荆老林、赤水河风光）和中国白酒文化等。还可南与贵州、东与重庆等省市红色旅游线路衔接，形成跨省的红色旅游线路，是川黔渝旅游金三角环线的重要组成部分。

9. 线路九：金沙水拍云崖暖，情深意长大凉山

线路行程：成都—西昌—冕宁—会理——昆明。

主要景点：彝海风景名胜区、安宁湖、红色冕宁纪念馆、红军文化广场（长征颂雕塑）、红军长征纪念馆、卫星基地景区、红军长征过会理纪念碑、纪念馆、国家历史文化名城会理等。

线路特色：以毛泽东长征诗词“金沙水拍云崖暖”为主题，把红军长征中发生在该区域的巧渡金沙江、战会理、泸沽分兵、攻冕宁、彝海结盟等系列著名事件串联起来，同时融入攀西的阳光生态、民族风情、现代工业文明等特色旅游景观。

10. 线路十：纪念抗战胜利，重走史迪威公路（乐西公路）

线路行程：成都（大邑）—峨眉山市—金口河大峡谷—乐西公路蓑衣岭—石棉安顺场—汉源—冕宁—西昌。

主要景点：大邑建川博物馆聚落（侵华日军罪行馆）、石棉安顺场、金口河大峡谷、彝海结盟、西昌卫星发射基地等。

线路特色：乐西公路，是四川20多万民工在抗日战争最艰苦的1939至1940两年多的时间里，在乐山至西昌近500公里战线上“血肉筑成的”谱写的壮美乐章。这条线上既有壮丽的自然风光，还有诸葛亮七擒孟获、红军彝海结盟等人文历史故事，也有魅力无穷的彝族风情和各种美食。

以上十条红色旅游精品线路，都是四川省红色旅游线路的经典代表，绝大部分红色旅游景区都向市民免费开放。下一步，省旅游局将联合市州、企业，积极宣传推广这十条红色旅游精品线路，还将开展四川红色旅游体验游活动，推动提升红色旅游线路品质，使其成为广大旅游者普遍欢迎的热点游线。

五、探险旅游

（一）探险旅游的定义

探险旅游，是旅游者到人迹罕至或险状环生的特殊环境中进行的充满神秘性、危险性和刺激性的旅行考察活动。

探险旅游兴起的原因有：一些人长期居住于繁华都市，厌倦了车马喧嚣的生活，很想找一个幽静而富有神奇刺激的场所体验探险乐趣。据此，很多国家开辟了探险旅游。如泰国的骑象探险旅游、丹麦的狗拉雪橇探险旅游等。另一种以追求世界纪录为目的的冒险旅行。如乘气球环球旅行、驾脚踏飞机或滑行器飞渡海峡等。而以科学考察为主要目的的探险旅游，种类繁多，如高山探险旅游、沙漠探险旅游等。

（二）探险旅游的分类

1. 按旅游项目分

（1）空中。

航天技术的突飞猛进，使普通人也能乘坐宇宙飞船进入太空旅游。感受失重的美妙、欣赏地球全景，甚至能在月球或其他星球上建造的太空城市小住等。现有的具体旅游项目有帆伞、悬挂式滑翔机、跳伞、观光飞行、直升机飞行、乘热气球、高处跳伞、蹦极跳等。

（2）陆地。

从登山运动中独立出的溯溪就是陆地的探险旅游的最佳选择，溯溪是由峡谷溪流的下游向上游，克服地形上的各处障碍，穷水之源而登山之巅的一项探险活动，重庆佛影峡陡溪谷就是很具代表性的大众溯溪项目。

（3）水上。

海底城市（公园）及透明的潜水船的普及，使人们能欣赏到海底世界如梦似幻的美景，并乐此不疲；先进的潜水设备供游客在海底漫步，尝试新鲜体验。如“黑水”漂流、租船航行、潜水、汽艇、帆船运动、筏运、皮艇漂流、划独木舟、冲浪、水橇、捕龟等。

2. 按风险程度分

（1）硬探险。

硬探险指旅游者愿意到偏僻的环境，挑战内在的危险。这种危险是自然真实的，而不是人造的，对于参与者来说具有高危险性、高参与性、富有挑战性，并且对于参与者的身体条件有极高的要求，包括登山、高空速降、洞穴探秘、跳伞运动及潜水等。

（2）软探险。

软探险旅游者相对而言是初学者，他们寻求一种新奇活动，而这种活动也能给他们带来兴奋感及感情的宣泄。软探险旅游在游客参与性程度上较被动，此类旅游包括丛林步行、徒步旅行、骑马、皮艇漂流等。

3. 按探险目的分

（1）体验风险乐趣。

探险旅游对于旅游者的核心吸引力并不体现在风险本身，而是体验隐藏在风险后面的刺激感和不确定性。

（2）追求世界纪录。

以追求世界纪录为目的的冒险旅行，有乘气球环球旅行、驾脚踏飞机或滑行器飞渡海峡、驾游艇或小船周游世界、乘独木舟横渡大西洋等。

（3）科学考察。

以科学考察为主要目的的探险旅游，如高山探险旅游、沙漠探险旅游、海洋探险旅游、森林探险旅游、洞穴探险旅游、极地探险旅游、追踪野生动物探险旅游等。

（三）四川省的探险旅游资源

四川生态旅游资源数量多、类型全、特色鲜明、组合较好，许多资源在中国乃至世界上都是独有或罕见的，资源优势突出，探险资源也很丰富。

四川境内高山险峰数以百计，名山众多。其中“蜀山之王”贡嘎山、“蜀山之后”四姑娘山、峨眉山、青城山等已经开展了观光、登山、徒步、探险、科考等生态旅游活动，还有众多山地具有开发潜力。四川峡谷众多，风光绮丽。目前，大渡河峡谷、雅砻江峡谷、彭州银厂沟峡谷等地的探险、观光等生态旅游活动正逐步形成，地文景观生态旅游资源主要有山景、峡谷、洞穴、沉积与构造和灾害地质景观等。此类资源适宜开展观光、登山、徒步、探险、地质地貌科考等生态旅游活动，所以，四川省的探险旅游资源十分丰富。中国十大旅游冒险景点排名中“冒险旅游最值得去的地方”，其中就有四川省的泸沽湖“女儿国”探险。

（四）四川省十大探险胜地

四川适合探险的地方非常多，很多还是未被人们所熟知的一片处女地，并且这些地方适合长时间深度的探索。

1. 崇州—鞍子河

鞍子河自然保护区位于横断山中段的川西高山峡谷地区的成都崇州市鸡冠山乡境内，地势西北高东南低，地貌深切，坡度较大，最高海拔 3868 米，最低 1638 米，山高林密、沟壑纵横。

2. 彭州—白水河

白水河国家级自然保护区位于四川盆地西北边缘的彭州市大宝镇和小鱼洞乡境内，这里有从成都平原突兀而起的险峻高山，雄壮的飞瀑，壮观雄异的云海，绚丽的日出、晚霞，奇妙神异的彩虹约影、佛光神灯，清幽的碧波深潭。

3. 都江堰—龙池

龙池国家森林公园位于四川省都江堰市境内，景色优美、翠峰环拱、龙池湖波荡漾，集湖、石、林、瀑于一体，园内景点有庙门、阳光岩瀑布、祈雨台、龙王庙建筑群。龙池风景区地貌构造形成于1.9亿万年前，动植物起源古老，古化石众多，像“活化石”的珙桐等濒危树种在此生机勃勃，野生动物有金丝猴、大熊猫等，被誉为是“野生植物基因库”“动物天然乐园”。

4. 峨边—黑竹沟

黑竹沟位于乐山市峨边彝族自治县境内，美姑线山18公里处的密林深处，面积约180平方公里，生态原始、物种珍稀、景观独特神奇。当地乡名为斯豁，即死亡之谷，曾被国外舆论广泛称为“中国百慕大”的瑰宝。原始、神秘、气势磅礴，常年云雾缭绕，极具震撼力，由于黑竹沟藏有不少未解开的“谜”，当地彝族和汉族把黑竹沟称之为南林区的“魔鬼三角洲”。

5. 平武—白马王朗

白马王朗国家级自然风景区位于“天下大熊猫第一县”的绵阳市平武县境内，除大熊猫之外，还生存着金丝猴、云豹等国家一级保护动物，以及独叶草、芍药、杜鹃等众多珍稀植物花卉。景区有着最原生态的自然风光，林壑深幽、松涛阵阵、清泉飞瀑、奇花异树，在四季变换中感受如诗的情调、如画的美景。还生活着古老而神秘的白马藏族，探秘的同时还能体会淳朴多姿的白马藏族风情。

6. 万源—花萼山

花萼山国家级自然保护区位于四川东北部的达州万源市境内，地处秦岭—大巴山腹心地带，最高峰南天门海拔2380.4米，是大巴山脉最高峰之一，“万源有个悬天空，离天只有三尺半”，便是其真实写照。景区以自然景观为主，人文历史景观为辅，落水洞遍布峰岭之间的宽肩部，洞口大小不一，形状各异。有日出、云海、烟雨、夜雨、冬雪等，其中“花萼烟雨、变幻无穷”“巴山夜雨”，为全川之冠。

7. 汶川—卧龙

卧龙自然保护区位于四川省阿坝州汶川县西南部，邛崃山脉东南坡，保护区横跨卧龙、耿达两乡，东西长52公里、南北宽62公里，总面积约70万公顷，主要保护西南高山林区自然生态系统及大熊猫等珍稀动物。

8. 小金—四姑娘山

四姑娘山国家级自然保护区位于阿坝州小金县境内，属邛崃山脉，四姑娘山由四座山峰组成，长年冰雪覆盖，山麓森林茂密，绿草如茵，清澈的溪流潺潺不绝，宛如一派秀美的南欧风光，人称“东方的阿尔卑斯”。四姑娘山以雄峻挺拔闻名，山体陡峭，直指蓝天，冰雪覆盖，银光照人，依次屹立在长坪沟和海子沟两道银河之上，风光旖旎，是登山、旅游、户外探险的好去处。

9. 南江—米仓山

米仓山国家森林公园位于四川盆地东北边缘的南江县北部，既有蔚为壮观的峰丛石林，又有险峻无比的岩崖景观，幽深神秘的岩溶洞穴，日出、晚霞、月华、云海、冰雪、流岚等自然风光迷人。这里物产丰富、景色秀美、峡谷通幽、森林密布、野生动物成群；这里峰丛奇胜、暗河众多、溶洞相连，是喀斯特地貌的高密区；这里潭池湖盆星罗棋布，瀑布飞溅如银河落九天，醉人的风光让人流连忘返。

10. 甘孜—贡嘎山

贡嘎山国家级自然保护区位于甘孜藏族自治州境内，是现代冰川较完整的地区，常年冰雪覆盖的主峰峰顶近似平台，在长期冰川作用下，冰雪崩极其频繁，其周围绕以峭壁，狭窄的山脊犹如倾斜的刀刃，户外登山探索难度极大。冰山湖泊星罗棋布，十多个高原湖泊分布于保护区内。著名的有木格错、五须海、人中海、巴旺海等，或在冰川脚下，或为森林环抱，水色清澈透明，保持着原始、秀丽的自然风貌，仿若“瑶池仙境”。

六、银发旅游

（一）银发旅游的定义和特点

银发旅游，就是指60岁以上的老年旅游者。随着老年群体在文化、旅游、社交等精神方面的需求日益旺盛，开发“银发旅游”市场前景广阔。但是开发旅游产品风险与利润同在是不争的事实，由于老年游客身体状况的原因，游览过程中意外情况在所难免，有道是“七十不留宿，八十不留坐”，旅行社在接待老年游客时表现出特别谨慎是必需的。

原国家旅游局出台的《旅行社老年旅游服务规范》，首次对老年旅游团提出了明确的标准，从出行的各个方面维护老人的权益。在老年团行程的安排上，要求节奏舒缓，连续乘坐汽车时间不应超过2小时，每个景点应安排充裕的游览时间。连续游览时间不宜超过3小时，可安排一定时间的午休。另外，对老年团的跟团领队和导游也有更高要求，应选择具备紧急物理救护等业务技能、了解一般医疗常识、具有至少 3 年导游从业经验、做事细致耐心的导游/领队全程随团服务。

银色旅游市场特点包括：①高市场增长率，强地域集中性；②目的地选择性强，旅游类型以观光游览型为主；③出游时光多为旅游淡季；④以团队活动为主；⑤旅行距离受限。

（二）银发旅游项目分析

目前，我国很少有专门从事老年旅游的旅行社和旅游服务组织。发展旅游市场，为老年人旅游提供专门服务，是旅游企业谋求发展的一种机遇，有其发展基础：老年人外出旅游的愿望其实很迫切，70% 的老人在退休后有旅游的愿望，年轻人也愿意花钱让父母外出旅游，老人旅游集观光、疗养、购物和娱乐于一体。

（三）四川地区银发旅游市场的开发特征

第一，丰富老年人旅游项目，开发针对老年人的专项旅游产品。

第二，开发适合老年人的保健、康复、疗养性的旅游产品。

第三，选择兴趣爱好旅游。老年人群中，大多数人有自己的兴趣爱好，有人喜欢下棋，有人喜欢书法，还有人喜欢抖空竹等。他们希望结交志趣相投的人，交流彼此的知识和技艺。旅行社可以根据老年人的兴趣爱好，推出有特色的老年产品，如棋艺交流、书画欣赏、武艺切磋等都是有广泛群众基础的组合。

项目检测

一、单项选择题

1.“一核五带十大四廊”文旅产业全域新布局中的“一核”指（　）。

A. 成都文旅经济发展核心区　　B. 大成都国际都市休闲旅游目的地

C. 公园城市示范区　　D. 全域旅游示范区

2. 绿道分成郊野绿道、社区绿道和（　）三类。

A. 城市绿道　　B. 农村绿道　　C. 河滨绿道　　D. 溪谷绿道

3.“修旧如旧，旧房新用”是东郊记忆建筑的主要特色。东郊记忆被称为：中国的（　）。

A. 好莱坞　　B. 建筑博览园　　C. 伦敦西区　　D. 艺术瑰宝

4. 国道 318/317 是（　）最美景观旅游线。

A. 四川　B. 西藏　C. 青海　D. 川藏

5. 森林旅游的鼻祖是（　）。

A. 中国　B. 美国　C. 英国　D. 韩国

二、多项选择题

1. 现代农庄包括（　）。

A. 个体农庄　B. 主题农园　C. 企业庄园　D. 产业庄园

2. “一核五带十大四廊”文旅产业全域新布局中的“五带”除了环成都文旅经济带外，还包括（　）。

A. 川南文旅经济带　B. 川东北文旅经济带

C. 攀文旅经济带　D. 川西北文旅经济带

3. 四川旅游小镇资源丰富，街子古镇、柳江古镇、昭化古镇以及（　）等为其突出代表。

A. 黄龙溪古镇　B. 洛带古镇　C. 西塘古镇　D. 上里古镇

4. 四川知名的自驾游房车营地有（　）。

A. 西昌国际自驾游营地（西昌邛海湿地烟雨鹭洲）

B. 西昌螺髻山景区自驾游营地（西昌安哈）

C. 西昌京昆高速自驾游营地（西昌黄水）

D. 康定市新都桥 318 自驾游营地

5. 智慧旅游是运用新一代信息网络技术和装备，充分准确及时感知和使用各类旅游信息，从而实现（　）的智能化，促进旅游业态向综合性和融合型转型提升。

A. 旅游服务　B. 旅游管理　C. 旅游营销　D. 旅游体验

三、判断题

1. “三城三都”城市品牌建设，是成都打造世界文化名城的“金字招牌”和时代表达。（　）

2. 广义的森林旅游是指在森林中进行的各种活动，任何形式的野外游憩。（　）

3. 当前，旅游产品分为线上销售和线下销售两种模式。(　　)

4. “旅游 +” 是指充分发挥旅游业的拉动力、融合能力及催化、集成作用，为相关产业和领域发展提供旅游平台，形成的一种旅游新业态。(　　)

5. 湿地公园是具有湿地保护与利用、科普教育、湿地研究、生态观光、休闲娱乐等多种功能的社会公益性生态公园。(　　)

单元8　旅游业的持续动力——生态旅游与可持续发展

背景研习

如今，我国部分地方的旅游开发破坏了旅游资源的生态环境。例如，云南省香格里拉的下给温泉，是近代热泉形成的典型的地质景观，极具观赏性和科考价值，景区内的喷气（热气）孔尤为罕见。但在旅游开发过程中，在不了解喷气孔的地质构造及规律的情况下，开发者企图将喷气孔变为“桑拿浴”场所，结果严重破坏了稀有旅游地质景观。该县的另一处地下泉——天生桥“彩泉”，因被“现代化”装饰而失去了“彩泉”再现的自然条件。中国风景园林学会的多位专家指出，近年来，一些地方的景区开发，使不少国家级风景区人工化、商业化、城市化现象泛滥，有的风景区正蜕变为吃喝玩乐的游乐场，自然生态系统遭到空前破坏。比如，丽江玉龙雪山被架设3条索道，每条索道都伸入自然保护区的核心区。其中，长近3000米的玉龙雪山索道，延伸到海拔4506米的雪山上，每小时单向运送客流量达426人。这些索道的建设和运营，给保护区带来了生态灾难。大量游人的涌入，使亘古冰川遭到破坏，部分冰川开始融化；高山植被和野生花卉被游客践踏、破坏；野生动物的数量急剧减少，当年规划时还存在的珍稀动物，现在已难觅踪迹。

项目研习

学习目标

1. 了解生态旅游的概念、特点、类型及发展趋势。

2. 了解生态旅游和可持续发展之间的联系，理解旅游可持续发展的重要意义。

3. 掌握旅游可持续发展的途径、方法及措施。

4. 通过本单元学习，树立生态环境保护的意识，践行可持续发展的理念。

内容结构

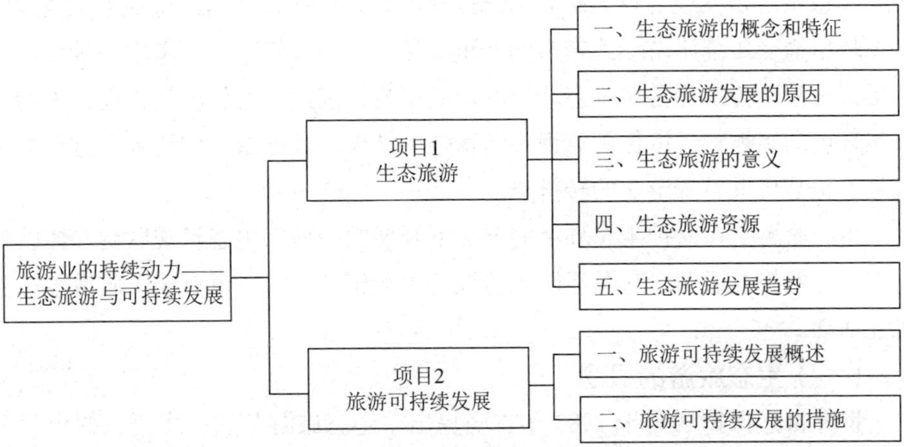

知识与技能

项目1　生态旅游

➢活动呈现

列举四川生态旅游景区，并选择其中一个景区进行讲述

➢方法指引

通过亲身参与旅游活动来调查旅游景区，结合调查法从职业人的角度观察、研讨旅游现象，从而增加学习兴趣，提升职业意识。

➢学习内容

目前，生态旅游已成为世界旅游发展的潮流，其对旅游资源破坏程度轻、对环境影响小而为广大旅游界人士所关注，为广大旅游者所追求。保护旅游资源，顺应世界旅游业发展趋势，发展生态旅游都将成为旅游可持续发展的保证。

一、生态旅游的概念和特征

生态旅游是在经济较为落后国家或地区首先发展起来的，这些国家或地区生态环境遭受传统旅游形式带来的严重破坏，迫使人们不得不考虑一种新的旅游形式来消除传统旅游对生态环境的消极影响，因此生态旅游的兴起是人们对自然环境的兴趣和环境保护意识不断增强的结果，其被看作传统大众旅游的替代品，是当代世界旅游业的转折点。

生态旅游是在保护生态环境的前提下开展的一种以生态景观欣赏和体验为内容的自然旅游活动，它既不同于传统的大众旅游活动，也有异于旅游生态学研究活动。

（一）生态旅游的概念

世界自然保护联盟于1983年首先提出“生态旅游”这一术语，提出后不久就得到了广泛的关注和响应，后来逐步成为国际旅游业发展的一大趋势。生态旅游概念提出后，受到国际旅游组织和学术界的广泛重视，生态旅游也逐步作为一种战略成为许多国家旅游发展的指引。

生态旅游的概念可分为狭义和广义两种。狭义的生态旅游是指具有较高文化素养、对生态学知识有强烈的兴趣或较多了解的人们，到偏僻、人迹罕至的生态环境中进行探险或考察的专项旅游，如到西非原始森林观赏珍奇动植物。通常极具冒险精神或强烈科学研究目的的少数旅游者热衷于进行此类旅游。广义的生态旅游是指在良好的生态环境中游览、观赏、休闲、度假，在此过程中愉悦身心，增加生态及相关知识，其主要包括森林生态旅游、海洋生态旅游等。

生态旅游与普通旅游的根本区别并不是旅游对象的不同，而是旅游方式的不同。普通旅游并不排斥国家森林公园和自然保护区等自然风景区，生态旅游是在观赏自然风景的同时又对自然环境进行保护的一种绿色的旅游形式。

【知识拓展】

从“3S”到“3N”

长期以来，人们把阳光（Sun）、海水（Sea）、沙滩（Sands），即“3S”称为最具有吸引力的旅游资源，许多国家的游客曾风靡到热带海滨去休闲度假，消除疲劳，放松心情。然而，由于全球环境日益恶化，许多美丽的海滨也未能幸免，遭到不同程度的破坏。随着生态旅游的兴起，人们环境意识的觉醒，游客的旅游热点已从“3S”转向“3N”，即到大自然（Nature）中，怀着人类曾经与自然和谐相处的怀旧（Nostolgia）情结，使自己在融入自然中进入天堂（Nirvana）的境界。这就是未来旅游的热点——“3N”旅游。

（二）生态旅游的特征

目前，关于生态旅游的概念与内涵未能达成最终共识，但以下几个特征是可以确定的。

1. 生态旅游产品的高品位性

生态旅游及其产品组合具有较高的科学含义和丰富的文化内涵。生态旅游产品的开发设计遵循自然生态规律和人与自然的和谐统一。

2. 生态旅游的自然载体性

生态旅游地是生态系统的一部分，生态旅游的资源基础除了相对不受干扰的自然区域，还包括一些生态旅游地的人文景观。生态旅游地的人文景观也是以当地自然环境特征为基础，所以生态旅游归根结底是以自然为载体的。

3. 开发利用的可持续性

生态旅游的发展必须依托生态旅游资源和生态环境，旅游资源和环境保护的优劣直接决定旅游业是否能够持续发展。生态旅游地是生态旅游发展的载体，生态旅游地有一定的自身修复功能。只要旅游者、管理者和经营者及当地居民树立旅游环境容量观，就可以达到资源永续利用，做到人与自然和谐相处。

4. 生态旅游的环保性

生态旅游的生态可持续特征必然具备环保性，有时生态保护和环境保护是互换的概念。环境保护是生态旅游发展的前提，生态旅游的发展也可以促进环境保护。

5. 小规模性和简单性

生态旅游活动不是传统旅游大规模集中式的游客来访以增加旅游资源利用率，而是使游客融入环境的自然方式分散地进行。生态旅游活动所追求的是亲近自然，生态旅游者对旅游接待服务条件的要求，通常都不是传统旅游享受式的规格，而是以能满足在外基本生活需要为标准。

【思考与交流】

1. 想一想，为什么要提倡发展生态旅游。

2. 说一说，你欣赏哪类生态旅游形式，广义的还是狭义的，说出你的理由。

二、生态旅游发展的原因

生态旅游是一种以欣赏和研究自然、野生动植物等自然生态景观，以及探寻、了解、研究当地的人文生态景观为主的旅游活动。其最大的特点是在保护环境和对维护当地正常生活秩序的同时，仍能把商业性的旅游业与旅游地生态保护结合起来，以支持当地经济的发展。

生态旅游在短时期内兴起，并迅速成为全世界旅游的一个热点，究其原因有以下几个方面。

（一）全球生态环境的恶化迫使人类社会关注环境质量的提高

自 18 世纪以来，人类社会在经过三次工业革命以后，科学技术和社会生产力获得了极大的发展。但与此同时，这种发展方式几乎没有考虑人类社会经济发展对生态环境的破坏性影响。在对自然资源进行掠夺式开发的发展方式主导下，人类社会经济的发展最终导致了气候变化、环境污染、资源枯竭等生态危机，加上人类社会内部发展出现的人口爆炸式增长、贫富分化、失业、犯罪、战争等问题共同成为全球性的重大问题。这些问题反过来又严重阻碍着经济发展和人民生活水平的进一步提高，甚至危及人类自身的生存，制约着全人类未来的发展。换言之，就是随着全球生态环境问题的日益严重，人们的环保意识觉醒，经济发展和环境保护的结合已成为时代趋势，强调生态保护和旅游发展有机结合的生态旅游得到了广泛的关注和空前的发展。

【知识拓展】

全球变暖引发环境问题

世界即将消失的四大绝美景观

地球已经经过了几亿年的变化，许多自然风景都是经过漫长的时间才磨砺出现在的雄壮的。这些景观中凝聚了大自然的神奇，但是，有一些景观因为保护不得当，被一些自然力量或者是人为灾难毁掉了，让人十分惋惜。

大堡礁位于澳大利亚，曾经是世界上最出名的珊瑚群畔（见图 8–1–1）。每当退潮的时候，被海水掩盖的珊瑚露出来，与海水形成独特的小岛——珊瑚岛。当地人喜欢在潮落的时候开船前去游玩，这一景点更成了世界各地来观摩的经典。然而，由于过度的开发利用，大面积的珊瑚群不断死亡，大堡礁的海上乐园也将变成死园。

冰川国家公园位于美国蒙大拿州，是美国的最壮观的景观之一（见图 8–1–2）。之所以被称为冰川国家公园，是因为那里湖水常年结冰。原始森林与冰山结合，形成了天然的自然公园，成为旅行者步行的天堂。但因为全球变暖引起的温室效应，几乎所有的冰川已经融化，冰川国家公园已经逐渐变成一片大湖。

威尼斯是一座水城，靠船舶来作为交通工具（见图 8–1–3）。这座水城早已闻名世界，但是由于常年被水侵蚀，导致地层不断下沉。许多居民不得不从威尼斯搬出去。曾经火爆一时的威尼斯现在的居住人口不足 6 万。

马尔代夫是所有人心中的度假胜地（见图 8–1–4）。四面靠海的天堂岛正如它的名字一般。在这里可以享受潮起潮落，沐浴阳光，见识到各种各样的海洋生物。但是也是因为全球变暖，这座旅游胜地慢慢地被海水一点一点淹没。估计 50 年之后就将不复存在。

图 8–1–1　大堡礁

图 8–1–2　冰川国家公园

图 8-1-3　威尼斯

图 8-1-4　马尔代夫

（二）不断变化的旅游需求和旅游动机的影响

随着旅游活动的深入，旅游者的动机和目的发生了很大的变化。不再满足于传统的走马观花式旅游方式，更向往返璞归真、能深度体验的自然生态之旅、环保之旅、探险之旅等。同时，旅游者在现代社会面临着喧闹纷扰的城市环境、工作的压力、精神的紧张等，渴望到不受污染的大自然和较好地保留着传统文化的地区去旅游度假，回归自然。

（三）传统旅游呈现的弊端促使人们寻求新的旅游方式

在很长一段时间内，旅游业一直以“无烟产业”而备受人们推崇，在世界各地保持着快速发展的态势，特别是第二次世界大战以后，旅游业更是取代石油和汽车产业成为国际贸易的第一大支柱产业。但是，在旅游业快速发展的背后，也带来了一些负面的影响，甚至对旅游目的地环境造成一定程度的破坏，制约旅游业的健康发展。人们开始思考传统旅游所表现出的问题，提出了可持续旅游的理念，寻求生态旅游新模式。

【知识拓展】

中国第一个国家级森林公园

中国的生态旅游是主要依托自然保护区、森林公园、风景名胜区等发展起来的。1982 年 9 月，中国第一个国家级森林公园——张家界国家森林公园建立，将旅游开发与生态环境保护有机结合起来（见图 8-1-5）。此后，森林公园建设及森林生态旅游突飞猛进的发展，虽然这时候开发的森林旅游不是严格意义上的生态旅游，但是为生态旅游的发展提供了良好的基础。2018 年 10 月 10 日，张家界市入选“2018 年中国康养城市排行榜 50 强”第 29 名。

图 8-1-5　张家界国家森林公园

三、生态旅游的意义

目前，生态旅游之所以能够获得社会的广泛认可，是因为它有许多积极的作用，主要表现在发展经济、文化、生态建设、保护区和旅游地可持续发展等几个方面。

（一）利于生态环境的保护

生态旅游是一种强调当地资源保护的旅游形式，从可持续发展的观点来看，生态旅游对环境的正面效益也是十分明显的。从全球范围来看，生态旅游的发展促进了国家森林公园、自然保护区、历史文化名城、历史和文化遗产等旅游资源的开发、建设和保护。

此外，生态旅游还可促进民族传统文化的发展与保护。为了吸引生态旅游者，需要保护良好的人文生态环境，尤其是保持原始古朴民风的原汁原味的人文生态资源。随着生态旅游的发展，当地一些几乎被人们遗忘了的传统习俗和文化活动又得到开发和恢复，以前几乎被抛弃的文化遗产不仅随着旅游的开发而获得新生，而且旅游地居民对这种其他地方所没有的独特文化资源引以为豪，从而更加自觉地去保护。

（二）明显的经济效益

生态旅游对旅游地经济的积极作用是非常明显的。从世界范围来看，当今世界生态旅游的主要客源地是经济发达国家，人们的收入水平较高，旅游开支也大，而旅游地大多是发展中国家，通过开展生态旅游，可为旅游地带来大量的旅游收入。同时，生态旅游资源富集的地区，往往是自然及社会文化相对原始的地区，也是社会经济贫困的地区，由于贫困，许多资源面临着被破坏的处境。发展生态旅游，对旅游地及居民来说，可提高当地经济收益，增加就业机会，帮助当地居民脱贫致富。

（三）良好的社会效益

发展生态旅游，可以改善人们的生活质量，提高人们的生活品位，促进国民素质的提高。同时，可以发挥环境教育功能，唤醒人们的环保意识，增强民众参与环保的信心。

【思考与交流】

1. 是否一定要发展生态旅游才能保护好生态？
2. 大力发展生态旅游是否有其他负面效应？

四、生态旅游资源

生态旅游资源是伴随着生态旅游活动而出现的概念，它是生态旅游活动的客体。

（一）生态旅游资源的概念

生态旅游资源是指以自然生态和人文生态吸引旅游者前来进行生态旅游活动，在保护生态环境的前提下能够产生可持续发展的生态旅游综合效益的各种因素和现象的总和。

生态旅游资源和一般所讲的自然旅游资源既有重合之处，又有不同之处。重合之处是指自然旅游资源均可用于生态旅游，属生态旅游资源的一部分；不同之处指自然旅游资源不能涵盖的生态环境部分。

（二）生态旅游资源的分类

按照生态旅游资源的属性，可以将其分为自然生态旅游资源和人文生态旅游资源两大类型。

自然生态旅游资源是原生性的自然景观，是经过几十亿年大自然的造化所形成的，对人类产生自然的吸引力和亲和力的自然环境及其景象的地域组合，包括地文生态旅游资源（如冰川活动古生物化石、火山地震遗迹、岩溶景观、海岸地貌、峡谷地貌、风蚀风积地貌等）、水体生态旅游资源、气候天象生态旅游资源和生物生态旅游资源（如森林生态、草原生态、古树名木奇花异卉、珍稀动物及其栖息地等）四部分内容。

人文生态旅游资源是人类在具体的自然生态环境中所创造的文化，包括人工自然型生态旅游资源（如园林生态、农业生态、森林公园、植物园、动物园、自然保护区、风景名胜区、野营地等）和人造文化型生态旅游资源（如历史文化遗产、民族风情纪念馆、纪念地等）两大部分。

【知识拓展】

中国著名的生态旅游景区

按开展生态旅游的类型划分，中国目前著名的生态旅游景区可以分为以下九大类。

（1）山岳生态景区：以五岳、佛教名山、道教名山等为代表。

（2）湖泊生态景区：以长白山天池、肇庆星湖、青海的青海湖等为代表。

（3）森林生态景区：以吉林长白山、湖北神农架、云南西双版纳热带雨林等为代表。

（4）草原生态景区：以内蒙古呼伦贝尔草原等为代表。

（5）海洋生态景区：以广西北海及海南文昌的红树林海岸等为代表。

（6）观鸟生态景区：以江西鄱阳湖越冬候鸟自然保护区、青海湖鸟岛等为代表。

（7）冰雪生态旅游区：以云南丽江玉龙雪山、吉林延边长白山等为代表。

（8）漂流生态景区：以湖北神农架等为代表。

（9）徒步探险生态景区：以西藏珠穆朗玛峰、罗布泊沙漠、雅鲁藏布大峡谷等为代表。

【思考与交流】

1. 想一想，为什么人文生态资源也是生态旅游资源？

2. 说一说，开发生态旅游和保护生态环境会发生矛盾吗？

五、生态旅游发展趋势

生态旅游已成为当今旅游的热点话题，如何更好地发展生态旅游，绝不仅仅是开发几条生态旅游线路，而应该建立起一套科学规范的管理机制，在旅游者、旅游经营者和旅游地所在地区之间形成良性的互动，使生态旅游的观念深入人心，并落实到行动中。

（一）国外生态旅游发展状况

目前，世界旅游业的年增长率超过4%，占全球商品和服务生产的7%，其中增长最快的部分是生态旅游，年增长率达25%~30%，生态旅游已成为当今世界旅游业发展的热点。

国际上以保护生态环境为目的的旅游业起步时间虽然不长，但发展势头良好，生态旅游正成为国际潮流，经济高速发展的亚太地区的许多国家也正在着力发展生态旅游。无论是参与生态旅游的人数，还是生态旅游的收入，都以超乎寻常的速度发展。国家森林公园和自然保护区是一国发展生态旅游的重要基础和条件，其数量的多少和面积的大小在一定程度上也反映了一国的生态旅游发展水平。近年来，生态旅游作为最新潮的旅游产品正吸引着越来越多的旅游者。

【知识拓展】

美国国家公园典范——黄石国家公园

黄石公园，由美国国家公园管理局负责管理，1872年3月1日被正式命名为保护野生动物和自然资源的国家公园，于1978年被列入世界自然遗产名录。公园自然景观有以石灰石台阶为主的热台阶、大峡谷、瀑布、湖光山色、间歇喷泉与温泉等。由于异常丰富的旅游资源、长达100多年的旅游历史，众多特许经营商加盟，每年约有300万人次游客到公园旅游，有1/3的美国人一生中至少去黄石公园一次，如今黄石公园已经成为旅游者的天堂（见图 8-1-6）。

图 8-1-6　美国黄石国家公园

1. 核心特色

园内有黄石湖、黄石河、峡谷、瀑布及温泉等景观，是一个久负盛名的游览胜地。园内有多种野生生物物种。黄石国家公园被美国人自豪地称为“地球上最独一无二的神奇乐园”。

2. 保护措施

公园的所有工作人员都参与公园资源的保护工作。在黄石公园，所有的雇员都被鼓励参与对游客的教育活动。除了专家、协调员和雇员外，工作人员还有来自各个行业的志愿者、合作伙伴、合作协会、基金会及黄石公园的赞助商们。

3. 旅游开发

（1）初级守护者。黄石公园针对 5~12 岁的孩子开展了一项名为“初级守护者”的官方项目，孩子们需要完成一系列的关于公园的资源和热点问题的活动，以及了解诸如地热学、生态学的相关概念。其目的是向孩子们介绍大自然赋予黄石公园的神奇，以及孩子们在保护这一人类宝贵财富时所扮演的角色。

（2）野生动物教育——探险。黄石公园的野生动物数量众多，类型多样，是全美国观察大型野生哺乳动物的最佳地区之一。通过该活动，参与者将会了解在何处、何时、怎样观察野生动物。

（3）寄宿和学习。借助于黄石公园住宿条件，该项活动为游客提供了最为美好的两个不同的世界：白天，参与者在黄石公园研究会的科学家的带领下探寻黄石的有趣之处；夜晚，他们返回住处享受美味佳肴和舒适的住宿设施，并且在有历史性的公园饭店内体验丰富多彩的夜生活。

（4）现场研讨会。该活动为游客提供一段相对比较集中的近距离的教育经历，主要涉及一些专门领域，如野生动物、地质学、生态学、历史、植物、艺术及户外活动的技巧。无论是青年或老人、长期从事科研工作的学者还是初来黄石公园的游人，凡是具有某一方面好奇心的游客，都可成为该活动的积极参与者。

（5）野营和野餐。黄石公园内共有 12 个指定的野营地点，其中大部分野营地遵循谁先到就先为谁服务的原则。在野营地点，游客可以既欣赏黄石公园的美景，又可以远离喧嚣的都市，体验悠闲自得的恬静的乡野生活，同时，还可以通过与公园守护者、其他游客的交谈加深对黄石公园的美好印象。

（二）我国生态旅游发展状况

生态旅游作为一种绿色消费方式，自世界自然保护联盟 1983 年首次提出后，迅速普及全球。20 世纪 90 年代，随着我国实施可持续发展战略，生态旅游概念正式引入中国。

我国位于亚欧大陆东部、太平洋西岸，地理位置独特，地形地貌复杂，气候类型多样，生物多样性丰富，已建成各类国家级自然保护地 3000 余处，为发展生态旅游奠定了坚实的资源基础。经过 20 多年的发展，生态旅游已成为一种增进环保、崇尚绿色、倡导人与自然和谐共生的旅游方式，并初步形成了以自然保护区、风景名胜区、森林公园、地质公园及湿地公园、沙漠公园、水利风景区等为主要载体的生态旅游目的地体系，基本涵盖了山地、森林、草原、湿地、海洋、荒漠及人文生态七大类型。生态旅游产品日趋多样，深层次、体验式、有特色的产品更加受到青睐。生态旅游方式倡导社区参与、共建共享，显著提高了当地居民的经济收益，也越来越得到社区居民的支持。通过发展生态旅游，人们的生态保护意识明显提高，“绿水青山就是金山银山”的发展理念已逐步成为共识。

改革开放特别是“十二五”以来，我国旅游业快速发展，旅游已成为城乡居民日常生活的重要组成部分，成为国民经济新的重要增长点。同时，随着工业化进程加快、城镇化水平提高，人们回归大自然的愿望日益强烈，国内旅游需求特别是享受自然生态空间的需求呈爆发性增长。旅游消费方式从观光游到观光、休闲、度假并重转变，呈现多样化格局，深层次、体验式、特色鲜明的生态旅游产品更加受到市场青睐，观鸟旅游、探险旅游、科考旅游、生态养生、野生动物观赏等逐渐成为新热点。我国已开发了一些具有典型生态价值的生态旅游区，如四川九寨沟、云南迪庆、湖北神农架、甘新丝绸之路、长江三峡、内蒙古呼伦贝尔草原等。

但总体上看，我国生态环境仍比较脆弱，生态系统质量和功能偏低，生态安全形势依然严峻，生态保护与经济社会发展的矛盾仍旧突出。十八大明确提出推进生态文明建设，构建生态安全格局。为加快推进生态文明建设，更好地满足日益增长的旅游休闲消费需求和生态环境需要，必须加快发展环境友好型、非资源消耗型的生态旅游，有效整合资源，促进融合发展，优化配套体系，加强资源环境国情教育，引导形成正确的生态价值观，树立崇尚生态文明新风尚，推动形成绿色消费新观念，发展负责任、可持续的旅游业，实现人与自然和谐共生。

按照全国自然地理和生态环境特征，依据《全国主体功能区规划》等相关规划，结合各地生态旅游资源特色，将全国生态旅游发展划分为八个片区。不同片区依托自身优势，明确重点方向，实施差别化措施，逐步形成各具特色、主题鲜明的生态旅游发展总体布局。

【知识拓展】

我国生态旅游发展八个片区

2016年《全国生态旅游发展规划（2016—2025年）》中划定了我国生态旅游发展八个片区。即东北平原漫岗生态旅游片区、黄河中下游生态旅游片区、北方荒漠与草原生态旅游片区、青藏高原生态旅游片区、长江上中游生态旅游片区、东部平原丘陵生态旅游片区、珠江流域生态旅游片区、海洋海岛生态旅游片区。

【思考与交流】

1. 想一想，为什么生态旅游的客源地主要集中在经济发达国家，而接待地则多数为发展中国家？

2. 说一说，你的家乡有哪些旅游资源？又有哪些地方可以发展成为生态旅游点？

项目 2 旅游可持续发展

➢活动呈现

经文化和旅游部数据中心测算，2023 年“五一”期间，全国国内旅游出游合计 2.74 亿人次，同比增长 70.83%，按可比口径达到 2019 年同期的 119.09%；实现国内旅游收入 1480.56 亿元，同比增长 128.90%，按可比口径达到 2019 年同期的 100.66%。游客数量暴增，特别是大散客时代的到来，让游览需求更加多样化。景区接待人数超过最大承载量，出现井喷现象，对旅游资源破坏加大。如果你是旅游管理部门人员，你希望怎么解决这一棘手的问题？说说建立智慧景区对旅游可持续发展有何作用和意义？

➢方法指引

在讨论学习中，加强对旅游可持续发展的认知。

➢学习内容

20 世纪以来是人类物质文明快速发展的时代，但也是地球生态环境和自然资源遭到破坏最为严重的时期。为了兼顾当代和后代利益，人类必须遵循新的发展战略——可持续发展。旅游可持续发展思想的形成和生态旅游的兴起是以“保护环境，崇尚自然”为宗旨的全球性绿色浪潮在旅游业中的反映。

一、旅游可持续发展概述

（一）可持续发展的概念

20 世纪 80 年代以来，人类面临人口、资源、环境生态环境越来越严峻的形势。1980 年，世界自然保护同盟在《世界自然保护大纲》中首次提出“可持续发展”的概念。

1987 年，世界环境与发展委员会（WCED）发表了《我们共同的未来》的报告，从理论上阐述了可持续发展是人类解决环境与发展间矛盾的根本原则，并且在实践上提出了比较全面的具体建议，认为可持续发展是在满足当代人需要的同时，不损害人类后代满足其自身需要。

1992年6月，联合国在巴西里约热内卢召开了联合国环境与发展大会（UNCED），182个国家、70多个国际组织、102位国家元首或政府首脑参加了此次会议，通过了《里约热内卢环境与发展宣言》和《21世纪议程》两项纲领性文件，提出了“人类要生存，地球要拯救，环境与发展必须协调”的重要口号，这标志着可持续发展思想被世界上绝大多数国家、组织承认和接受，同时也标志着可持续发展从理论走向实践。

可持续发展强调的是环境与经济的协调，追求的是人与自然的和谐，其核心思想是健康的经济发展应建立在生态可持续能力、社会公正和人民积极参与自身发展决策的基础上。它所追求的目标是既要使人类的各种需求得到满足、个人得到充分发展，又要保护资源和生态环境，不对后代的生存和发展构成威胁。

可持续发展概念包括人类需要、资源限制和公平三个要素，具体包括：①强调发展是第一位；②强调生态、经济和社会的持续性；③强调发展机会选择的平等性；④强调经济发展与环境保护的整体协调性；⑤强调建立和推行一种新型的生产和消费方式；⑥强调人类的文明发展与观念转变。

（二）旅游可持续发展的概念

旅游可持续发展是指以资源和生态环境承受能力为基础，以符合当地经济、文化发展状况和社会道德规范为标准，以实现旅游资源的永续利用，促进旅游发展的经济效益、社会效益和环境效益的统一，既满足当代人的需要，又不对后代人满足其自身需要的能力构成危害为目标的发展思想和发展道路。旅游可持续发展的实质，就是要求旅游与自然、文化资源和人类生存环境形成一个整体，即旅游、资源、人类生存环境三者的统一。旅游可持续发展的目标具体包括以下几个方面：

（1）保护生态环境、生态资源不受污染和破坏。要使旅游业实现可持续发展，关键是对旅游资源进行全面管理，通过有效的管理使各类资源免受破坏，并使旅游资源的使用速度低于更新的速度。

（2）满足旅游者高质量的体验和阅历的需要。对于很多旅游者来说，旅游就是要使自己有一段丰富多彩的经历和体验。旅游资源的质量、旅游环境的品位是使人们获得高质量感受的一个基本条件，具有这样特点的旅游资源，才能使旅游具有生命力并真正得到发展。

（3）实现强持续性效率。以最小的旅游环境和资金投入要素的使用量来换取最大的经济福利总量，使旅游获得最大的益处，实现高效率的环境、经济效益。

（4）建立一套旅游生态持续性评价体系和市场管理机制，实现规范化和科学化发展。具体来说，就是要提高生态旅游环境质量评价指标的科学水平、旅游地的最大安全水平、旅游项目可接受的风险水平和旅游地生态发育的空间水平等。

（5）建立人与自然多方面的协调关系，保护旅游地的生命力和多样性。人与自然之间是一种平等的关系，不能把人和自然对立起来。

（6）保障旅游地居民的生活质量和旅游地文明的公平发展。要千方百计地满足旅游地居民对就业、粮食、能源、住房、水、卫生保健等方面的基本需要，提高生产质量，防止因贫困而对旅游资源进行掠夺式的开发；适度控制人口增长速度，并把旅游地居民人口限制在可持续发展的水平上。

【思考与交流】

1. 想一想，为什么旅游可持续发展强调以保护为主，适度、合理开发资源。

2. 说一说，遵守“区内旅游，区外服务”的原则，对旅游可持续发展有什么积极意义。

二、旅游可持续发展的措施

（一）科学规划，适度开发

俗话说“规划先行，谋定后动”。旅游开发对环境的影响是不可逆的，旅游可持续发展的前提是做好科学规划，以规划为指导，分步骤、分阶段地进行旅游开发，减少因不合理的规划造成的破坏。同时，要根据规划要求，量力而行地分阶段、分步骤实施推进，避免一哄而上、盲目跟风的过度开发对环境和资源造成的环境承载力的饱和甚至超载。

（二）有法必依，严格管理

2013 年 10 月 1 日实施的《中华人民共和国旅游法》第一条就强调了“保护和合理利用旅游资源，促进旅游业持续健康发展”。该法的出台，解决了以前地方政府各自为政，为追求经济利益或政绩盲目开发，抢夺旅游资源，造成严重破坏等问题，做到了有法可依。为加强落实，还需有法必依、执法必严，发挥政府职能部门的组织协调和监督管理的职能。

（三）改革创新，科技先行

科学技术是第一生产力。依靠和引进科技手段，推广电子信息技术、资源保护、节能减排技术等，加大旅游科技研发的力度和推广力度，使科学技术成为真正服务于旅游可持续发展的主要手段。

项目检测

一、单项选择题

1. 生态旅游的兴起，人们对环境意识的觉醒，未来旅游热点从阳光、海水、沙滩代表的“3S”转到（　）。

A. 2N　　B. 3N　　C. 4N　　D. 5N

2. 生态旅游与普通旅游的根本区别是（　）不同。

A. 旅游对象　　B. 旅游方式　　C. 旅游地点　　D. 旅游途径

3. “生态旅游的生态可持续特征必然具备环保性，有时生态保护和环境保护是互换的概念”表现了生态旅游的（　）特征。

A. 生态旅游的自然载体性　　B. 开发利用的可持续性

C. 生态旅游产品的高品位性　　D. 生态旅游的环保性

4. 目前，世界旅游业的年增长率超过 4%，占全球商品和服务生产的 7%，其中增长最快的部分是生态旅游，年增长率达（　）。

A. 6%~7%　　B. 10%~15%　　C. 15%~20%　　D. 25%~30%

5.（　）是旅游经济的细胞。

A. 旅游产品　　B. 旅游企业　　C. 旅游市场　　D. 旅游需求

二、多项选择题

1. 生态旅游发展的原因包括（　）。

A. 全球生态环境的恶化迫使人类社会关注环境质量的提高

B. 不断变化的旅游需求和旅游动机的影响

C. 人民需求获得最大经济利益

D. 传统旅游呈现的弊端促使人们寻求新的旅游方式

2. 可持续发展概念包括人类需要、资源限制和公平三个要素。其中具体内容包括：强调（ ）和社会的持续性。

A. 生态　B. 政治　C. 经济　D. 文化

3. 生态旅游可以了解（ ）等方面的科学信息和知识。

A. 气象　B. 建筑　C. 地质　D. 水文

4. 下列关于国外生态旅游发展现状的描述，正确的有（ ）。

A. 无论是参与生态旅游的人数，还是生态旅游收入都以超乎寻常的速度发展

B. 推动生态旅游发展的主要为发达国家及原始自然资源主要分布区

C. 从世界范围来看，生态旅游的客源地主要集中在欧美及亚太的经济发达国家

D. 从世界范围来看，生态旅游的接待地多数为经济相对比较落后的发展中国家

5. 旅游可持续发展的措施有（ ）。

A. 科学规划，适度开发　B. 有法必依，严格管理

C. 改革创新，科技先行　D. 加强管理，增强意识

三、判断题

1. 2016 年编制完成《全国生态旅游发展规划（2016—2025 年）》，我国生态旅游发展十个片区。（ ）

2. 旅游可持续发展的实质，就是要求旅游与自然、文化资源和人类生存环境形成一个整体，即旅游、资源、人类生存环境三者的统一。（ ）

3. 从世界范围来看，当今世界生态旅游的主要目的地大多是发达国家，通过开展生态旅游，可为旅游地带来大量的旅游收入。（ ）

4. 20 世纪是人类物质文明发达的时代，也是地球生态环境和自然资源遭到破坏最小的时期。（ ）

5. 可持续发展首先强调保护第一位。（ ）

附　录

附录1　《旅游概论》课程标准

<table>
<tr><td rowspan="2">课程名称</td><td>中文名称</td><td colspan="6">旅游概论</td></tr>
<tr><td>英文名称</td><td colspan="6"></td></tr>
<tr><td>课程代码</td><td></td><td>开课学期</td><td>第1、2、3、4学期</td><td>适用专业</td><td colspan="3">旅游服务类</td></tr>
<tr><td>课程类型</td><td>理论＋实践（B）</td><td rowspan="2">计划学时</td><td>144</td><td>理论学时</td><td></td><td rowspan="2">学分</td><td rowspan="2">8</td></tr>
<tr><td>课程性质</td><td>必修课</td><td colspan="2">实践学时</td><td></td></tr>
<tr><td>考核方式</td><td>考试</td><td>考核形式</td><td colspan="3">笔试</td><td>是否核心课程</td><td>是</td></tr>
<tr><td>编制单位</td><td colspan="3">×××分院（部）×××专业（教研室）</td><td colspan="4">参与编制的企业 名称</td></tr>
<tr><td>编 制 人</td><td colspan="3">校内教师姓名</td><td colspan="4">企业教师姓名</td></tr>
<tr><td>编制时间</td><td>年 月</td><td>修订时间</td><td>第　次修订</td><td>审核人</td><td colspan="3"></td></tr>
</table>

说明：从课程特点和考试要求看，该课程知识内容比较抽象、学生不易理解、教学难度大。同时，本版教材增加最新的旅游热点和四川旅游业相关内容，知识量有所增加，因此教学周期增加为4学期（第1—4学期），每学期完成2个单元教学内容。

第一部分　前　言

一、课程定位

中高职衔接的教材建设是中高职教育衔接的重要组成部分，是直接参与教学实践最基础的保障。中高职衔接教材既要体现校企合作、工学结合的办学理念，又要符合中高职衔接人才培养目标和岗位定位的要求。

随着国家对于职业教育的重视和中高职衔接的深入推进，升学和深造成为中等职业教育的重头戏。从学科定位上看，“旅游概论”是中等职业学校旅游服务类专业的专业核心课程，是四川省对口高职升学考试必考科目，占总分值的1/3。同时，“旅游概论”也是旅游服务类专业在大学专科、本科阶段必修的课程，它为其他相关课程的学习奠定一定的理论基础。因此，本教材是四川省对口高职旅游类专业考试参考系列教材，也是中等职业学校旅游类专业必修的专业基础课程。

本课程以旅游活动要素为基础，以旅游活动发展为线索，阐明旅游活动的规律和发展趋势，有助于学生认识旅游活动和旅游行业，从而树立正确的职业观念。本课程主要介绍旅游的发展历史、旅游活动的要素、旅游业的运转、旅游市场的发展、旅游业的趋势、四川旅游业发展及生态旅游和可持续发展等内容。通过学习，学生能掌握旅游相关知识，认识和分析旅游现象，学会思考和处理问题，能为今后从事旅游行业相关工作打下一定的专业基础，成为能适应现代旅游发展所需的技能型人才。

二、设计理念

中等职业学校旅游服务类专业坚持立德树人，面向旅行社、风景区、高星级饭店、高档度假村等行业企业，培养从事旅行社及旅游企业服务工作、高星级饭店及同类型企业各部门的服务、运营与管理工作的德智体美全面发展的高素质劳动者和技能型人才。

“旅游概论”课程是能适时反映旅游行业发展动态的窗口，本课程的设计结合行业实际，坚持立德树人，以培养学生良好的旅游从业意识，以及一定的创新精神、创业意识和创业能力，提高学生的综合素质。

通过学习本课程，既能让学生更好地掌握基础理论知识，掌握旅游业发展现状和趋势，与时代接轨，又能锻炼他们的思考分析能力、实践能力，让学生在知识、能力和素质方面都有一定收获，满足社会发展对旅游专业人才需求的目标。

三、设计思路

本教材以校企合作、产教融合、工学结合的模式进行工作（教学）项目和任务设计，打破本课程传统的理论课程教学的模式，理论联系实践，在行业实践实训中深入学习，采用任务驱动法、调查法等教学方法和以学生为中心的教学理念，实现课程的教、学、做一体化的教学。

第一，基于旅游活动发展规律的教学内容设计。本课程按照旅游活动的一般规律，由浅入深、循序渐进地安排教学内容。

第二，理论＋实训（实践）的教学方式。课程内容以理论学习为主，同时开设不同比例的实训内容，让学生贴近行业发展，了解职业发展前景，使学生更好地制定自己的职业生涯规划。课程设计力求突出实用性，强调理论联系实际，使学生逐渐理解和掌握知识。

第三，丰富多样的教学方法。课程中选择大量的旅游活动中的案例，充分利用互动教学资源，如自制动画、新闻视频、自制视频、在线链接、在线答题、文件资源、多媒体课件、图片等，突出旅游的趣味性，增强对学生的吸引力，并结合任务驱动法、调查法等教学方法，调动学生学习的积极性，渐进培养学生学会主动学习、终身学习的能力。课程中还设计了大量的活动，通过师生活动，引导学生关注社会与行业发展，提高学生综合素质，将学生培养成为受社会和企业欢迎的人才。

四、课程衔接

“旅游概论”是旅游服务类专业的一门专业基础课程，只有掌握了旅游相关基本知识，才能更好地学习和掌握本专业其他知识。本课程与“旅游地理”“旅游文化”“旅游心理学”等课程相配套，共同组成旅游服务类专业的课程体系。

第二部分　课程培养目标

通过本课程的学习，学生能掌握旅游的定义及本质属性、旅游活动的基本要素、旅游业的运转、旅游市场的发展趋势、四川旅游业发展以及生态旅游和可持续发展等知识，为今后从事旅游服务与管理工作打下牢固的专业理论知识基础；学生能学会运用旅游相关知识分析与旅游相关的现象，解决实际问题，具备从多角度、多维度思考问题并解决问题的能力；学生能具有一定的团队合作意识、竞争意识和开拓精神，养成良好的职业素养，具有热爱旅游、热爱家乡的家国情怀，树立文化自信。

一、知识目标

1. 熟悉旅游的产生、类型等。

2. 了解旅游的发展简史。

3. 掌握旅游活动的要素。

4. 掌握旅游业的运转。

5. 理解旅游市场的发展。

6. 了解旅游业的发展趋势。

7. 理解四川旅游业的发展现状和趋势。

8. 掌握生态旅游与可持续发展的知识。

二、专业能力目标

1. 能运用旅游相关知识分析与旅游相关的现象，解决实际问题。

2. 能运用旅游业和四川旅游业发展趋势的相关知识理解旅游业发展现状和趋势，认识未来职业发展，提高学生的实践能力。

3. 能了解和掌握旅游相关的知识，具备基本的旅游知识储备，为升入更高一级学校的学习打下基础。

4. 能在运用旅游相关知识解决实际问题的过程中，培养学生具有一定的岗位适应能力、人际交流能力和灵活应变的能力。

5. 培养学生具有团结协作和沟通能力。

三、创新创业能力目标

1. 培养学生具有自主学习的能力。

2. 培养学生具有从多角度、多维度思考问题并解决问题的能力。

3. 培养学生具备收集、整理、分析数据的能力。

4. 培养学生具有引领他人旅游、引导文明旅游的能力。

5. 培养对旅游市场的开拓精神和竞争意识，具备对创新创业环境的认识能力。

四、职业素质目标

1. 培养具有良好的思想品德、具有较强的社会责任感、荣誉感和进取精神的旅游人。

2. 培养学生具备旅游从业人员所需的职业意识和行业价值观念。

3. 培养学生具有较强的责任感、事业心和团队精神。

4. 培养学生具有健康的体魄和良好的心理素质。

5. 培养学生具有良好的环境保护意识。

6. 培养学生对旅游事业的热爱和爱国爱家乡的情怀，树立文化自信。

第三部分 课程内容标准

一、课时分配

（一）课程教学内容及学时建议

序号	项目（单元）名称	学习任务		建议学时
1	什么是旅游——旅游的概述	1	旅游的产生	12
		2	旅游的定义和要素	
		3	旅游的属性与特点	
		4	旅游的类型	
		5	旅游组织	
		6	旅游业践行“绿水青山就是金山银山”理念	
2	旅游发展的前世今生——旅游发展简史	1	世界旅游发展简史	8
		2	中国旅游发展简史	
		3	四川旅游业发展历程	
3	旅游活动相关——旅游活动的要素	1	旅游者	12
		2	旅游资源	
		3	旅游业	

续表

序号	项目（单元）名称	学习任务		建议学时
4	旅游业的运转——旅游业的构成	1	旅行社	18
		2	旅游饭店	
		3	旅游厕所革命	
		4	旅游交通	
		5	旅游景区	
		6	旅游购物	
		7	旅游娱乐	
5	未来的就业平台——旅游市场的发展	1	旅游市场的形成	12
		2	旅游市场的细分	
		3	我国的旅游市场	
6	未来的产业前景——旅游业发展趋势	1	世界旅游业的发展趋势	8
		2	我国旅游业的发展趋势	
		3	数字化转型下的新业态——智慧旅游	
7	未来的职业发展——四川旅游业的发展趋势	1	四川文旅产业全域布局	22
		2	四川全域旅游	
		3	四川“聚合度假”	
		4	四川旅游新业态新产品	
8	旅游业的持续动力——生态旅游与可持续发展	1	生态旅游	12
		2	旅游可持续发展	
合计课时				104

（二）课程实训项目及学时分配

序号	项目（单元）名称	实训内容（可参照开展）	校内教师/企业教师	建议学时
1	单元1　什么是旅游——旅游的概述	利用国庆长假参加一次中、长途旅游活动，撰写一篇游记并配图，在班级内进行展示交流	校内教师	4
2		调查旅游组织的类型和主要工作职责，完成调研报告并分享	校内教师 / 企业教师	
3	单元2　旅游发展的前世今生——旅游发展简史	家乡一日游，以骑游的形式寻访家乡的名胜古迹，收集人文风情等资料，做好笔记并配图，在班级内进行展示交流	校内教师	4
4		查阅历史资料，了解一位旅行家的事迹，在班级内进行一次主题为“旅行家的故事”的故事会活动	校内教师	
5	单元3　旅游活动相关——旅游活动的要素	参观一两家旅行社，了解企业针对新型旅游者、新业态开辟的新型旅游项目等	企业教师	5
6		调查成都市的旅游资源并进行分类，选出认为最美的一项在班级内做推介	校内教师	
7	单元4　旅游业的运转——旅游业的构成	走访一两家旅行社，了解其主要业务和特色；走访一两家旅游饭店，了解其组织结构、主要特色等，完成小组调研报告	校内教师 / 企业教师	5
8		走访旅游企业，了解旅游企业对员工素质的要求，举例说明旅游业的“软件”建设更为重要	校内教师 / 企业教师	
9	单元5　未来的就业平台——旅游市场的发展	走访身边的老年、中年、青年人，了解他们对旅游产品的要求，就他们的不同旅游需求进行讨论，分析造成差异的原因	校内教师	5
10		查阅资料，了解中国周边国家推出的旅游产品有何特色，讨论我国应怎样推陈出新才能在国际客源市场抢占先机	校内教师 / 企业教师	

续表

序号	项目（单元）名称	实训内容（可参照开展）	校内教师/企业教师	建议学时
11	单元6　未来的产业前景——旅游业发展趋势	行业专家讲座：旅游发展趋势	企业教师	5
12		假设自己是旅游职业经理人，利用世界和我国旅游业的新变化进行旅游产品和营销设计，在班级分享	校内教师/企业教师	
13	单元7　未来的职业发展——四川旅游业的发展趋势	行业专家讲座：四川旅游业发展趋势和职业生涯规划指导	企业教师	5
14		调查居住地近年来风俗习惯的变化情况，分析西方文化对四川传统风俗习惯的影响	校内教师	
15	单元8　旅游业的持续动力——生态旅游与可持续发展	调查居住地附近河流（溪流）近年水量变化情况，分析变化的原因	校内教师	7
16		走进旅游景区，担任旅游服务志愿者，践行环境保护、绿色旅游理念	企业教师	
合计学时				40

注：两个表格学时相加为本课程的总学时。

二、内容要求

项目名称	单元1　什么是旅游——旅游的概述		建议学时	12课时理论 4课时实训
学习成果	1. 小组交流汇报表 2. 社会实践调查表与PPT展示 3. 课后练习考核表			
学习任务	专业知识目标	职业能力和素质目标		
1. 旅游的产生 2. 旅游的定义 3. 旅游的属性与特点 4. 旅游的类型 5. 旅游组织 6. 旅游业践行“绿水青山就是金山银山”理念	1. 在了解旅游产生过程的基础上，掌握旅游的定义 2. 理解旅游与旅行、游览之间的联系和区别 3. 熟悉并掌握旅游的属性、特点和类型及当今旅游组织的情况 4. 熟悉并掌握“绿水青山就是金山银山”理念的科学内涵、重大意义	1. 能在旅游的基本知识要点的过程中，通过讨论、案例分析、小组交流、知识拓展培养学生思考问题、解决各项目所涉及问题的能力 2. 能在小组分工合作及组与组之间的团结合作与竞争中培养学生的爱岗敬业精神 3. 通过对旅游的历史的讨论、分析以及思维拓展，促使学生树立旅游从业的自信心		

续表

项目名称	单元1　什么是旅游——旅游的概述	建议学时	12课时理论 4课时实训
创新创业能力目标	通过对当下旅游业的发展情况与将来的发展趋势理解与掌握，促使学生具备对创新创业环境的认识能力		
学习重点		学习难点	
1. 旅游的定义 2. 游览、旅行、旅游之间的联系和区别 3. 旅游的内容、属性、特点及类型 4. 旅游组织 5. “绿水青山就是金山银山”理念的科学内涵		1. 产业革命对近代旅游的影响 2. 托马斯库克被尊称为旅游业先驱的原因 3. 现代旅游的类型与特点 4. “绿水青山就是金山银山”理念的重大意义	
教学活动	1. 小组合作，查阅资料、走访行业企业，了解旅游发展的现状、旅游的类型，完成小组交流汇报表和调研报告 PPT，展望未来旅游的发展趋势等，培养学生的创新创业思维、创新能力、创业意识 2. 了解各类旅游组织及其作用，完成小组交流分享，培养学生的信息收集处理、分析能力		
评价内容	1. 小组交流汇报表 2. 社会实践调查表与 PPT 展示 3. 课后练习考核表		
教学拓展	通过相关的旅游数据报表，行业案例、最近的旅游会议、政策与法规、新型旅游形式和旅游的发展趋势等知识拓展教学内容，掌握当前最新旅游动态		
教学建议	1. 本单元是本课程的第一部分，是理论性较强的一章，所以教学媒体的设置应该是多样化的，除了教师及讲解以外，还应当配有多媒体教学、小组讨论、案例展示等丰富内容、活跃课堂，以激发学生的学习兴趣 2. 结合实践教学，如结合本章内容进行社会调查，然后进行讨论、分析、评价、总结，增强学生对旅游活动的感性认识，为以后从事旅游行业工作打下牢固的专业知识		

项目名称	单元2　旅游发展的前世今生——旅游发展简史	建议学时	8课时理论 4课时实训
学习成果	旅游发展历史思维导图、著名旅行家及其旅游线路作品、实训报告、旅游游记		
学习任务	专业知识目标	职业能力和素质目标	

续表

<table>
<tr><td>项目名称</td><td>单元2　旅游发展的前世今生——旅游发展简史</td><td>建议学时</td><td>8课时理论
4课时实训</td></tr>
<tr><td>1. 世界旅游发展简史
2. 中国旅游发展简史
3. 四川旅游业发展历程</td><td>1. 了解世界和我国旅游与旅游业发展的历史阶段及特点
2. 了解旅游历史发展进程中的重大事件和著名人物
3. 理解产业革命对近代旅游业的推动作用
4. 掌握现代旅游与旅游业兴起和发展的原因
5. 理解科学技术的发展对旅游活动的影响
6. 理解我国近代旅游业诞生的历史背景，掌握中国旅游业诞生的标志
7. 理解我国在改革开放后旅游业迅速崛起的原因
8. 掌握四川旅游业发展状况</td><td colspan="2">1. 认识旅游活动是随着社会经济、技术的发展进步而演进发展的
2. 理解产业革命对近代旅游活动的影响，学会分析现代旅游业大规模兴起和发展的原因及特点
3. 加深对旅游业发展历史的了解，增强对学习旅游的浓厚兴趣，激励学生踏寻前人足迹，发现新的旅游方式
4. 树立旅游的人文观念，提高学生的人文素养，培养学生尊重历史的观念</td></tr>
<tr><td>创新创业能力目标</td><td colspan="3">培养学生运用旅游活动发展基本规律，分析旅游现象的能力，渐进培训学生具有收集、整理、分析数据的能力</td></tr>
<tr><td colspan="2">学习重点</td><td colspan="2">学习难点</td></tr>
<tr><td colspan="2">1. 世界和我国旅游与旅游业发展的历史阶段及特点
2. 旅游历史发展进程中的重大事件和著名人物
3. 四川省旅游业的发展历程</td><td colspan="2">1. 产业革命对近代旅游活动的影响
2. 现代旅游业大规模兴起和发展的原因及特点
3. 科学技术的发展对旅游活动的影响
4. 我国近代旅游业诞生的历史背景
5. 理解我国在改革开放后旅游业迅速崛起的原因</td></tr>
<tr><td>教学活动</td><td colspan="3">1. 用思维导图等方法，梳理世界旅游业发展和我国旅游业发展的历史进程和著名节点及人物，完成小组汇报分享
2. 采访家人和朋友，通过分析四川旅游业发展历程，谈谈四川旅游业的变迁
3. 学生分享自己的旅游游记</td></tr>
<tr><td>评价内容</td><td colspan="3">1. 思维导图：著名旅行家及其旅游线路汇报
2. 实训报告：产业革命对近代旅游活动的影响；我国在改革开放后旅游业迅速崛起的原因
3. 旅游游记：踏寻前人足迹，写出旅游游记</td></tr>
<tr><td>教学拓展</td><td colspan="3">1. 可以通过校企合作，让企业教师进一步提出修改意见，使学生的调研报告更加完善
2. 可以在有条件的情况下将成果商业化</td></tr>
</table>

续表

<table>
<tr><td>项目名称</td><td>单元2　旅游发展的前世今生——旅游发展简史</td><td>建议学时</td><td>8课时理论
4课时实训</td></tr>
<tr><td>教学建议</td><td colspan="3">本单元采用课堂教学与实践实训相结合的方法，鼓励学生思考、讨论。重视人物故事学习，引导学生通过多视角的分析，理解旅游活动发展基本规律，分析旅游现象。通过教学任务的实施，注重对学生主动学习和参与式学习的引导及学生职业能力和素质的培养</td></tr>
</table>

<table>
<tr><td>项目名称</td><td colspan="2">单元3　旅游活动相关——旅游活动的要素</td><td>建议学时</td><td>12课时理论
5课时实训</td></tr>
<tr><td>学习成果</td><td colspan="4">旅游资源推介、旅游企业员工素质要求标准</td></tr>
<tr><td>学习任务</td><td colspan="2">专业知识目标</td><td colspan="2">职业能力和素质目标</td></tr>
<tr><td>1. 旅游者
2. 旅游资源
3. 旅游业</td><td colspan="2">1. 掌握旅游活动的基本构成要素
2. 掌握旅游者的概念及形成条件
3. 掌握旅游资源的概念、类型及主题公园的概念
4. 掌握旅游资源的开发与保护
5. 掌握旅游业的定义、性质、特点
6. 掌握旅游业的影响与作用</td><td colspan="2">1. 培养学生能具备旅游从业人员所需的职业意识和行业价值观念
2. 培养学生具有较强的责任感、事业心和团队精神
3. 培养学生具有健康体魄和良好的心理素质</td></tr>
<tr><td>创新创业能力目标</td><td colspan="4">1. 培养具有自主学习的能力
2. 培养具有从多角度、多维度思考问题并解决问题的能力</td></tr>
<tr><td colspan="2">学习重点</td><td colspan="3">学习难点</td></tr>
<tr><td colspan="2">1. 旅游活动的基本构成要素
2. 旅游者的概念及形成条件
3. 旅游资源的概念、类型及主题公园的概念
4. 旅游资源的开发与保护
5. 旅游业的定义、性质、特点
6. 旅游业的影响与作用</td><td colspan="3">1. 旅游资源的类型及主题公园的概念
2. 旅游资源的开发与保护</td></tr>
<tr><td>教学活动</td><td colspan="4">社会实践（选择一项进行）：
1. 调查成都市的旅游资源并进行分类，选出认为最美的一项在班级内做推介
2. 走访旅游企业，了解旅游企业对员工素质的要求，举例说明旅游业的“软件”建设更为重要</td></tr>
<tr><td>评价内容</td><td colspan="4">根据上述活动，从学生推介的旅游资源、旅游企业员工素质要求标准，结合本项目知识对学生的表现进行评价。评价主体可以有教师、同学、企业人员</td></tr>
</table>

续表

项目名称	单元3 旅游活动相关——旅游活动的要素	建议学时	12课时理论 5课时实训
教学拓展	根据教师、同学、企业人员的评价，改进旅游资源介绍、旅游企业员工素质要求标准，形成阶段性成果。在条件许可的情况下，经再讨论修正完善，提供给企业使用		
教学建议	1. 以学生为本，注重“教”与“学”的互动，让学生在活动中加深对知识的理解，在活动中进一步拓宽知识面 2. 在教学中应充分利用多媒体课件、案例分析、调查活动等教学方法和手段，提高学生的感知和认识能力，调动学生的学习积极性		

项目名称	单元4 旅游业的运转——旅游业的构成	建议学时	18课时理论 5课时实训
学习成果	附近旅行社旅游线路推荐、旅游饭店调查报告或旅游见闻集		
学习任务	专业知识目标	职业能力和素质目标	
1. 旅行社 2. 旅游饭店 3. 旅游厕所革命 4. 旅游交通 5. 旅游景区 6. 旅游购物 7. 旅游娱乐	1. 了解旅游业运转的构成 2. 掌握旅行社、旅行社质量保证金、旅游交通、旅游饭店的概念及相应的类型划分 3. 理解旅游厕所革命的概念、成效、意义 4. 掌握旅游景区、旅游购物品、旅游娱乐的概念，了解其相应的类型划分 5. 了解旅游饭店的等级划分 6. 理解旅行社、旅游交通、旅游购物、旅游娱乐业等在旅游业中的重要作用 7. 理解旅游者对旅游业的基本要求、旅游者对饭店的要求	1. 培养语言表达、沟通协调、团结协作等能力 2. 培养具有良好的环境意识、旅游从业意识 3. 培养对旅游事业的热爱和爱国爱家乡的情怀	
创新创业能力目标	1. 培养学生具备收集、整理、分析数据的能力 2. 培养学生具有引领他人旅游、引导文明旅游的能力		

学习重点	学习难点
1. 旅行社、旅行社质量保证金、旅游交通、旅游饭店的概念及相应的类型划分 2. 旅游景区、旅游购物品、旅游娱乐的概念	1. 旅行社、旅游交通、旅游购物、旅游娱乐业等在旅游业中的重要作用 2. 旅游厕所革命的意义和成效

续表

项目名称	单元4 旅游业的运转——旅游业的构成	建议学时	18课时理论 5课时实训
教学活动	社会实践:(选择 1~2 项进行) 1. 走访一家旅行社，了解该社的主要业务、常推的旅游线路有哪些。选择一条你认为最好的，索要宣传图册，在班级内向大家推荐这条线路 2. 到附近的旅游饭店做一次调查，了解该饭店的规模、组织结构、各部门职责 3. 调查周围参加过旅游活动的人，了解他们在旅游过程中的趣事以及旅游中不尽如人意的事件，在学习小组内讨论旅游者满意或不满意的原因		
评价内容	根据上述活动，从学生推荐的旅游线路、饭店调查报告或旅游见闻收集情况，结合本项目知识对学生的表现进行评价。评价主体可以有教师、同学、企业人员		
教学拓展	根据教师、同学、企业人员的评价，将旅游线路、饭店调查报告或旅游见闻集进行改进，形成阶段性成果向其他同学展示。在条件许可的情况下，经再讨论修正完善，提供给企业使用		
教学建议	1. 以学生为本，注重“教”与“学”的互动，做到“做中学，做中教”，让学生在活动中加深对知识的理解，在活动中进一步拓宽知识面，锻炼能力，提升素质 2. 在教学中注重培养和提高学生自己获得知识和信息的能力，为学生提供自主发展的时间和空间，培养学生的创新创业能力		

项目名称	单元5 未来的就业平台——旅游市场的发展	建议学时	12课时理论 5课时实训
学习成果	本地旅游资源市场调查报告		
学习任务	专业知识目标	职业能力和素质目标	
1. 旅游市场的形成 2. 旅游市场的细分 3. 我国的旅游市场	1. 掌握旅游市场、旅游市场细分的概念 2. 掌握旅游市场形成的条件 3. 掌握旅游者的流动规律 4. 理解旅游市场的细分作用及原则 5. 熟悉我国旅游市场细分的类型 6. 掌握我国旅游市场发展的情况和特点	1. 掌握旅游市场相关知识，了解旅游市场的发展情况与趋势 2. 树立学生对我国旅游市场发展的信心，建立文化自信	
创新创业能力目标	根据四川或成都旅游市场调查报告，进行旅游产品策划，培养学生的创新创业能力		
学习重点	学习难点		
1. 旅游市场、旅游市场细分的概念 2. 旅游市场形成的条件 3. 我国旅游市场细分的类型	1. 旅游市场的细分作用及原则 2. 旅游市场的流动规律 3. 我国旅游市场的发展情况与趋势		

续表

<table>
<tr><td>项目名称</td><td>单元5　未来的就业平台——旅游市场的发展</td><td>建议学时</td><td>12课时理论
5课时实训</td></tr>
<tr><td>教学活动</td><td colspan="3">1. 以小组为单位，就旅游市场的类型开展调研
2. 以小组为单位通过查找资料，进行数据对比，找出旅游客流规律</td></tr>
<tr><td>评价内容</td><td colspan="3">1. 课堂作业的完成情况
2. 课堂讨论的参与程度
3. 本地旅游资源市场报告的完成情况</td></tr>
<tr><td>教学拓展</td><td colspan="3">通过完成本地旅游资源市场报告，针对市场需求，设计一条适合本地旅游资源开发的旅游特色线路</td></tr>
<tr><td>教学建议</td><td colspan="3">在教学中，应该适当结合本地的旅游资源、旅游市场特点来进行教学讲解以及案例分析，激发学生的学习兴趣，激发他们的创新创业的激情</td></tr>
</table>

<table>
<tr><td>项目名称</td><td colspan="3">单元6　未来的产业前景——旅游业发展趋势</td><td>建议学时</td><td>8课时理论
5课时实训</td></tr>
<tr><td>学习成果</td><td colspan="5">调研报告、产品设计报告和营销报告</td></tr>
<tr><td>学习任务</td><td colspan="2">专业知识目标</td><td colspan="3">职业能力和素质目标</td></tr>
<tr><td>1. 世界旅游业的发展趋势
2. 我国旅游业的发展趋势
3. 数字化转型下的新业态——智慧旅游</td><td colspan="2">1. 能了解世界旅游业发展趋势；理解我国旅游业的发展趋势
2. 能掌握新时代中国旅游特征；掌握智慧旅游的定义和特点</td><td colspan="3">1. 培养学生思考问题的能力，使学生具有前瞻意识，提高学生对旅游知识学习的趣味性
2. 培养学生具有一定的职业素养，热爱旅游行业</td></tr>
<tr><td>创新创业能力目标</td><td colspan="5">培养学生在对产业前景的认识中，对创新创业环境的认识能力，具有一定的开拓精神</td></tr>
<tr><td colspan="2">学习重点</td><td colspan="4">学习难点</td></tr>
<tr><td colspan="2">1. 世界旅游业发展趋势及特点
2. 智慧旅游的表现与作用</td><td colspan="4">1. 新时代我国旅游业的特征
2. 智慧旅游的发展趋势</td></tr>
<tr><td>教学活动</td><td colspan="5">1. 以小组为单位调研自己身边发生的旅游现象的变化，与新时代我国旅游业的特征做比较，形成调研报告并分享
2. 以小组为单位研讨，假设自己是旅游职业经理人，将如何利用世界和我国旅游业的新变化进行旅游产品和营销设计</td></tr>
<tr><td>评价内容</td><td colspan="5">1. 调查报告
2. 产品设计和营销设计报告
3. 小组分享答辩</td></tr>
<tr><td>教学拓展</td><td colspan="5">组织学生参观旅行社，了解旅行社如何应对旅游业的新趋势变化</td></tr>
<tr><td>教学建议</td><td colspan="5">邀请行业专家到校做专题讲座，或学生到企业参观，直观认识旅游行业发展趋势</td></tr>
</table>

<table>
<tr><td>项目名称</td><td colspan="3">单元7　未来的职业发展——四川旅游业的发展趋势</td><td>建议学时</td><td>22课时理论
5课时实训</td></tr>
<tr><td>学习成果</td><td colspan="5">1. 小组交流汇报 PPT
2. 为家乡设计的旅游新业态新产品方案</td></tr>
<tr><td>学习任务</td><td colspan="2">专业知识目标</td><td colspan="3">职业能力和素质目标</td></tr>
<tr><td>1. 四川文旅产业全域布局
2. 四川全域旅游
3. 四川“聚合度假”
4. 四川旅游新业态新产品</td><td colspan="2">1. 能理解四川旅游业发展趋势和四川全域旅游发展新格局
2. 能掌握四川文旅产业全域布局的内容：建设成都文旅经济发展核心区、建设四川文旅经济带、建设四川十大文旅精品、建设四川四大文旅走廊
3. 能熟练掌握四川全域旅游的现状、四川主要的“旅游 +”产业发展状况
4. 能理解四川“聚合度假”的内涵和意义</td><td colspan="3">1. 能从四川旅游发展新布局中分析旅游现象和趋势
2. 能掌握行之有效的多种互联网手段，并将其有效运用到未来的就业当中
3. 能根据四川文旅产业进行旅游产品设计
4. 能较为熟练地运用相关知识，做一名乐业、敬业、爱业的旅游人
5. 培养符合高素质能力要求、道德情操高尚的旅游从业人员，培养学生爱国爱家乡的旅游情怀</td></tr>
<tr><td>创新创业能力目标</td><td colspan="5">能根据四川旅游的现状和新业态新产品，自主设计相应线路及方案，培养学生的创新创造能力</td></tr>
<tr><td colspan="2">学习重点</td><td colspan="4">学习难点</td></tr>
<tr><td colspan="2">1. 四川旅游业发展趋势和四川全域旅游发展新格局
2. 四川文旅产业全域布局的内容：建设成都文旅经济发展核心区、建设四川文旅经济带、建设四川十大文旅精品、建设四川四大文旅走廊
3. 行之有效的互联网手段</td><td colspan="4">1. 四川全域旅游的现状、四川主要的“旅游 +”的产业发展状况
2. 运用相关知识和技能，进行旅游产品设计</td></tr>
<tr><td>教学活动</td><td colspan="5">通过各章节内容的学习，能有效运用专业知识现实初步设计与课程相关联的相关教学活动
1. 通过实地参观、考查或运用互联网学习等模式实现教学活动
2. 通过学生之间思维的碰撞、师生之间的互动，学生与社会之间的活动等培养学生的创新创业思维、创新能力、创业意识
3. 能自主设计当前旅游新业态下的旅游产品或线路
4. 选取自己印象最深刻的一个旅游区或一条旅游线讲述
5. 根据学校自身条件，设定一样旅游产品进行旅游产品线上销售，并有效评估
6. 通过各种途径认识度假旅游的新形式</td></tr>
<tr><td>评价内容</td><td colspan="5">从四川文旅产业全域新布局中提炼出自己最喜欢的旅游景点，设计一条最具特色的四川黄金旅游线，并充分运用该章节提到的当前旅游新业态</td></tr>
</table>

续表

项目名称	单元7　未来的职业发展——四川旅游业的发展趋势	建议学时	22课时理论 5课时实训
教学拓展	1. 实地进行旅游产品设计；参与当地旅游行业和部门的相关活动，实现校企融通 2. 利用假期对“旅游 +”进行深入了解，并形成相应主题报告 3. 学生根据所学，进行职业生涯规划		
教学建议	邀请行业专家进行四川旅游发展的行业讲座		

项目名称	单元8　旅游业的持续动力——生态旅游与可持续发展	建议学时	12课时理论 7课时实训
学习成果	实训报告、作品		
学习任务	专业知识目标	职业能力和素质目标	
1. 生态旅游 2. 旅游可持续发展	1. 能了解生态旅游的概念、特点、类型及发展趋势 2. 能了解生态旅游和可持续发展之间的联系 3. 能理解旅游可持续发展的重要意义	1. 能掌握旅游可持续发展的途径、方法及措施 2. 能树立生态旅游可持续发展的观念，形成环保意识，保护生态环境 3. 能养成爱护环境、绿色环保的行为	
创新创业能力目标	树立创新创业的可持续发展意识，养成良好的价值观，做一名可持续性发展的旅游从业者		
学习重点	学习难点		
1. 生态旅游的概念、特点、类型及发展趋势 2. 旅游可持续发展的重要意义	旅游可持续发展的途径、方法以及措施		
教学活动	1. 调查家乡或熟悉的旅游目的地，了解生态旅游环境的变化情况，小组合作完成保护环境和生态旅游资源调查报告 2. 采用思维导图或鱼骨图等形式，讨论当代中学生如何为生态旅游发展和旅游可持续发展贡献一臂之力，提出方法或措施，在班级进行汇报分享 3. 学生绿色旅游、绿色环保活动		
评价内容	1. 保护环境的调查报告 2. 旅游可持续发展措施分享答辩 3. 学生绿色旅游、绿色环保活动成果展示		
教学拓展	1. 可邀请旅游景区、旅游行业专家等做生态旅游或旅游可持续发展专题讲座 2. 学生在空余时间走进旅游景区，担任旅游服务志愿者，用实际行动践行绿色旅游		
教学建议	让学生走出课堂，进入生活与行业，切身体会保护生态环境的重要意义，积极参与环保的队伍中，为发展旅游做好可持续发展准备		

第四部分　教学实施建议

一、教学建议

1. 教学中应围绕教材内容，紧扣教学目标，以夯实旅游服务人员的相关基础知识和提高实际应用能力为主要任务，根据所在学校和班级学生的实际，创造性地开展教学活动。

2. 以学生为本，注重“教”与“学”的互动，做到“做中学，做中教”，让学生在活动中加深对知识的理解，在活动中进一步拓宽知识面，锻炼能力，提升素质。

3. 在教学中应充分利用多媒体课件、图片、视频的播放、网络化教学等教学手段，使用任务驱动法、情景教学法、小组讨论法、案例教学法、实地参观、调查活动等教学方法，提高学生的感知和认识能力，调动学生的学习积极性。

4. 教师应积极组织学生开展旅游实践活动，开拓学生的视野，陶冶学生的情操，培养学生对旅游服务工作的兴趣。

5. 在教学中注重培养和提高学生自己获得知识和信息的能力，为学生提供自主发展的时间和空间，培养学生的创新创业能力。

二、教材选用（建设）建议

1. 必须依据课程大纲和课程标准编写教材。

2. 教材编写应适应全域旅游对人才的新要求，具有“大国旅游、四川水平、成都特色”、突出天府文化，体现前瞻性、实效性和创新性。

3. 教材编写应坚持以德树人的理念，符合学生的认知规律，围绕中高职衔接一体化发展，既兼顾中等职业学校学生应具备的知识和能力，又充分考虑与高职阶段课程学习的区别与衔接，组织课程的内容。

4. 教材编写应落实新课改要求，以项目设计思路，以任务为导向，多设计一些新颖独特、有吸引力的教学活动，将知识的理解和掌握贯穿于整个教学活动中，体现趣味性、应用性。

5. 教材编写应改变传统的知识呈现方式，创新体例，构架完整的知识体系和实践体系。

6. 应有与教材相配图片、多媒体课件、音像资料及题库资料。

三、资源开发与利用

1. 建议开发配套的数字化学习资源、习题集，为教师教学和学生学习提供更加丰富、优质的课程资源。

2. 充分利用网络信息资源，扩大学生的学习视野，充实课程的学习内容。开发好精品在线开放课程，做好创新创业教育示范课程建设。

3. 组织学生参观和游览不同类型的旅行社、旅游景点，加深对相关知识的理解、掌握、运用。

四、师资建设

1. 专任教师应具备大学本科及以上学历，毕业于旅游类专业或接受过相关专业培训，或具有高中教师资格证书，具备行业实践经验的“双师型教师”。

2. 邀请具有丰富的行业实践经验的企业专家，担任兼职教师，承担实训课、专题讲座等教学任务。

3. 专任教师应进行为期至少 1 周的顶岗实训，达到相应的考核要求，未达到要求的应接受相应培训和学习。

4. 专任教师主动加强与行业兼职教师的交流和学习，共同制订教学计划，共同编写教学设计方案并实施教学。

五、校内外实训条件

1. 教室内有多媒体设备，校内建有导游模拟室等相关专业实训室。

2. 建有校外实训基地，与当地旅行社、星级酒店、旅游景区等建立校企合作关系，实施校企合作、产教融合教学模式。

六、考核评价建议

（一）考核评价理念

对学生的评价应坚持知识、能力、素养并重的评价，推行综合化评价宗旨。推行社会、学校、企业、行业多主体相结合的原则，过程性考核与结果性考核相结合的原则，实现考核评价的主体多元化、内容多元化、形式多元化和评价多元化，重过程与阶段性结果。

（二）考核评价内容、方式及标准

1. 考核评价内容

可从平时学习情况（学习态度、作业完成情况、听课情况等）、理论知识掌握情况、作品效果、实训报告、答辩情况、职业能力素质、创新创业意识和能力等多方面进行。可根据课程的不同类型进行研究。

2. 考核评价方式

（1）考核主体多元化。以教师、同学、行业专家为主体，多元化对学生进行考核。

（2）考核内容多元化。包括对学生课堂教学、旅游实践（实训）活动、学生能力、学生素养等进行综合评价。

①在课堂评价中，结合课堂讨论、学生作业、平时测验及考试情况，综合评价学生的学习情况。

②在旅游实践实训活动的评价中，注重对学生实践活动参与的深度和广度的评价，以及团队合作、竞争意识的评价。

③在能力评价中，注重对学生相关信息收集能力、知识运用能力、问题分析能力、语言表达能力等的评价。

④在素养评价中，注重对学生德智体美各方面的评价，特别是职业素养的考核。

（3）考核形式多元。通过完成项目任务、课业测验、技能鉴定、技能大赛、实训效果、对口高职考试等，对学生进行多元化的考核。

（4）考核手段的多元化。纸质文本、试卷与信息化手段考核并行。

3. 考核评价标准

学习成果满足学分认定和转换（如已直接转换成商业成果并产生商业价值）的，由教务处按相关要求认定并转换课程学分。

（1）理论考核标准。

考核时间（分钟）	90分钟	开卷/闭卷	闭卷
考核内容及知识点		试题类型	分值及比例
什么是旅游——旅游的概述		选择题、判断题等	8 分，8%
旅游发展的前世今生——旅游发展简史		选择题、判断题等	6 分，6%
旅游活动相关——旅游活动的要素		选择题、判断题等	15 分，15%
旅游业的运转——旅游业的构成		简答题、分析题等	20 分，20%

续表

考核时间（分钟）	90分钟	开卷/闭卷	闭卷
未来的就业平台——旅游市场的发展		选择题、分析题等	10 分，10%
未来的产业前景——旅游业发展趋势		判断题、分析题等	8 分，8%
未来的职业发展——四川旅游业的发展趋势		简答题、分析题等	18 分，18%
旅游业的持续动力——生态旅游与可持续发展		选择题、分析题等	15 分，15%

（2）项目考核（专业考核范例）。

考核时长	2课时	提交的内容	调查报告PPT
成绩等级	考核标准		
90~100 分	认真进行调研，查找资料途径和方法多样、资料翔实；调查报告 PPT 信息丰富、准确，调研结论正确；PPT 制作精美；小组分享陈述表达清晰，有感染力		
80~89 分	认真进行调研，查找资料；PPT 信息丰富、较准确，调研结论与调查一致、PPT 制作质量高；小组分享陈述表达较清晰等		
70~79 分	认真进行调研，查找资料；PPT 信息与调研一致，调研结论正确、PPT 制作质量较高；小组分享陈述表达较清晰，有结论		
60~69 分	进行了调研和收集资料；PPT信息有错误，有一定的调研结果；课件制作质量稍差；小组分享陈述表达思路不清晰或无感染力等		
0~59 分	未认真调研或未进行调研，无结论，无 PPT 课件或质量较差		

（3）实操考核（专业考核范例）。

操作项目名称		操作时间	分钟
设备要求			
考核要求			
操作程序			
操作要求			
成绩等级	等级指标		
90~100 分			
80~89 分			

续表

操作项目名称		操作时间	分钟
70~79 分			
60~69 分			
0~59 分			

七、其他建议

本课程教学标准适用于中等职业学校旅游服务类专业，如游服务与管理专业（三年制）、高星级饭店运营与管理专业（三年制）。

项目检测答案

附录2 《旅游概论》考试样题

样题一

本试卷包括三种题型：单项选择题、多项选择题、判断题，总分 100 分。

一、单项选择题（每小题 2 分，共 30 分。每小题所给的选项中，只有一个正确答案，错选或漏选均不得分）

1.“迁徙”与“旅行”的共同外部特征是（　）。

A. 空间移动　B. 时间差　C. 有目的远行　D. 离开常住地

2. 第一个走过丝绸之路全部行程的人是（　）。

A. 穆罕默德　B. 苏拉曼　C. 伊本・拔图塔　D. 马可・波罗

3. 一般发达国家的居民消费结构中，劳务消费已占到个人消费支出的（　）左右。

A. 20%　B. 30%　C. 35%　D. 40%

4.“9・11”恐怖事件使美国旅游业受到重创，而且波及世界，这说明旅游业具有（　）。

A. 涉外性　B. 敏感性　C. 带动性　D. 依赖性

5.（　）的言谈举止都会表现出一国居民的文化素养，说明管理服务是一定社会文化环境的自我表现形式。

A. 旅游者　B. 旅游服务人员

C. 旅游管理人员　D. 旅游从业人员

6. 下列不属于世界近代旅行与旅游特征的是（　）。

A. 有组织的群体性旅游活动开始发展

B. 交通工具不断发展，旅游活动空间不断拓展

C. 社会财富增加，游客人数增多

D. 旅行活动类型以商务旅行为主

7. 我国游记文学的开创者是（ ）。

A. 司马迁 B. 徐霞客 C. 郦道元 D. 苏轼

8. 近代中国旅游业的奠基人是（ ）。

A. 陈光甫 B. 康有为 C. 邓小平 D. 周恩来

9. 中国旅游日是（ ）。

A. 4 月 18 日 B. 5 月 19 日 C. 6 月 8 日 D. 9 月 27 日

10.（ ）就是在开发建设中力求投入量少、产出最多，以获得较高的经济效益。

A. 经济原则 B. 市场性原则 C. 保护性原则 D. 独特性原则

11. 世界旅游组织统计分析认为，旅游业与相关产业的投资带动作用之比是（ ）。

A. 1∶5 B. 1∶6 C. 1∶7 D. 1∶9

12. 随着“一带一路”的发展，成为我国增幅最大的客源市场的国家是（ ）。

A. 印度 B. 泰国 C. 越南 D. 新加坡

13. 峨眉武术与少林武术、武当武术并称中国三大武术流派，有着（ ）年的悠久历史，是国家非物质文化遗产。

A. 2680 B. 2780 C. 4000 D. 3000

14.《四川省“十四五”旅游业发展规划》提出的“三城三都”指世界文创名城、世界旅游名城、世界赛事名城，国际美食之都、国际音乐之都、（ ）。

A. 国际会展之都 B. 国际节庆之都 C. 国际美术之都 D. 国际雕塑之都

15. 冰川活动古生物化石属于（ ）生态旅游资源。

A. 地文生态旅游资源 B. 水体生态旅游资源

C. 气候天象生态旅游资源 D. 生物生态旅游资源

二、多项选择题（每小题 3 分，共 42 分。每小题所给的选项中，均有两个或两个以上的正确答案，错选或漏选均不得分）

1. 旅游的基础要素包括（ ）。

A. 食、住 B. 行、厕 C. 游、购、娱 D. 文、商

2. 下列关于世界古代旅行和旅游叙述正确的有（ ）。

A. 埃及在古王国时代就已成为闻名世界的旅游胜地

B. 古罗马时代是西方古代旅行与旅游的全盛时期

C. “海外大旅行”具有上承世界古代旅行与下启世界近代旅游的重要意义

D. 真正有着明确目标和自我意识的旅游活动是从 18 世纪后半叶至 19 世纪上半叶所谓的大旅游时代才开始的

3. 旅游资源开发应遵循的原则有（ ）。

A. 独特性原则 B. 经济性原则 C. 市场导向原则 D. 保护性原则

4. 旅游购物品的特点有（ ）。

A. 艺术性 B. 纪念性 C. 礼品性 D. 文化性

E. 针对性

5. 中国现代旅游业的拓展有两个重要标志，分别是（ ）。

A. 厦门“华侨服务社”的建立

B. “中国旅行游览事业管理局”的建立

C. 旅游者构成的变化

D. “中国国际旅行社”这两个旅游机构的建立

6. 对人文景观的破坏主要是对历史文物古迹的破坏，主要有（ ）等类型。

A. 自然性的破坏 B. 人文的破坏

C. 人文通过自然而形成的破坏 D. 乱砍森林树木造成的破坏

7. 影响旅游者选择旅游交通的因素主要有（ ）。

A. 各类旅游交通自身的性能 B. 旅游目的地的可进入情况

C. 旅游者自身各种因素 D. 旅游距离的远近 E. 社会治安

8. 港澳台地区市场一直是我国大陆旅游业最大的入境旅游市场，是因为（ ）。

A. 三地区往来祖国大陆交通方便

B. 三地区与祖国大陆有着相同的文化传统、亲近的血缘关系

C. 三地经济很发达，在祖国大陆投资总量最大，与内地有着不可阻隔的经济关系

D. 我国对三地实行“一国两制”，这将推进三地入境旅游客源市场的发展

9. 中医药旅游产品主要包括中医健康体检、中医特色诊疗和（　）四类。

A. 中医食疗　B. 中医茶疗　C. 保健医疗　D. 休闲康养疗

10. 现代农庄包括（　）。

A. 个体农庄　B. 主题农园　C. 企业庄园　D. 产业庄园

11. 四川旅游小镇资源丰富，街子古镇、柳江古镇、昭化古镇及（　）等为其突出代表。

A. 黄龙溪古镇　B. 洛带古镇　C. 西塘古镇　D. 上里古镇

12. 旅游小镇是指以旅游为主体功能，以文化为主题吸引，包括（　）。

A. 历史小镇　B. 欧美当代小镇　C. 中国当代小镇　D. 文化小镇

13. 目前，我国已开发了一些具有典型生态价值的生态旅游区，如（　）。

A. 四川九寨沟　B. 湖北神农架　C. 长江三峡　D. 甘新丝绸之路

14. 生态旅游的意义有（　）。

A. 利于生态环境的保护　B. 百姓良好口碑

C. 明显的经济效益　D. 良好的社会效益

三、判断题（每小题 2 分，共 28 分。正确的题打√，错误的题打 ×）

1. 旅游者同时是旅行者，但旅行者不一定是旅游者。（　）

2. 宙斯神大祭是世界上最早以寻求乐趣为目的的大众性旅游活动。（　）

3. 旅游活动的客体是旅游业。（　）

4. 艺术性是旅游者对旅游购物品的最基本要求。（　）

5. 旅游是发生在自由时间的行为这种休闲行为实际上又是众多的休闲活动的再组合。（　）

6. 旅游业和互联网、特别是和移动互联网的融合，将最大限度地满足旅游消费者对旅游信息和旅游消费便捷化的需求。（　）

7. 在改革开放初期，我国选择首先发展入境旅游作为振兴我国旅游业的头盘棋。（　）

8. 目前，我国已发展成为世界第一大入境旅游接待国。（　）

9. 四川旅游业“十三五”规划提出，到 2020 年，旅游将成为四川省国民经济的战略性支柱产业。（　）

10. 在旅游资源开发中，坚持“保护与开发并重，合理开发，优化利用”

的方针。(　)

11.“一带一路”是“丝绸之路经济带”和“21 世纪海上丝绸之路”的简称，是由习近平主席提出的。(　)

12. 通过运动，游客可以把负面情绪宣泄出来，并且可以加速身体的有氧代谢，排除身体内的毒素。(　)

13. 红色旅游主要是以中国共产党领导人民在革命和战争时期建树丰功伟绩所形成的纪念地、标志物为载体，以其所承载的革命历史、革命事迹和革命精神为内涵，组织接待旅游者开展缅怀学习、参观游览的主题性旅游活动。(　)

14. 旅游可持续发展的目标包括建立人与自然多方面的协调关系，保护旅游地的生命力和特色性。(　)

样题二

本试卷包括三种题型：单项选择题、多项选择题、判断题，总分 100 分。

一、单项选择题（每小题 2 分，共 30 分。每小题所给的选项中，只有一个正确答案，错选或漏选均不得分）

1. 旅游最主要的目的是（　）。

A. 游览　B. 旅行
C. 为获得精神上的愉快感受　D. 具有包容性

2.（　）被誉为“近代旅游业之父”。

A. 托马斯·库克　B. 马可·波罗　C. 哥伦布　D. 卢梭

3.（　）是旅游业的生命线。

A. 旅游资源　B. 客源　C. 服务　D. 旅游交通

4. 旅游业的六大支柱产业中，（　）的经营状况是地区经济发展晴雨表。

A. 旅行社　B. 旅游交通　C. 旅游商场　D. 旅游娱乐

5. 旅游的媒介是（　）。

A. 旅游者　B. 旅游资源　C. 旅游业　D. 旅游交通

6. 旅行者首先必须是一个（　）。

A. 游客　B. 旅行者　C. 游览者　D. 旅行家

7. 首批全国游客不文明行为记录于（ ）公布。

A. 2015 年 5 月 7 日　　B. 2015 年 6 月 7 日

C. 2016 年 8 月 7 日　　D. 2017 年 7 月 7 日

8. 既组织和批发包价旅游业务，又兼营旅游产品零售业务的旅行社被称为（ ）。

A. 旅行社　B. 旅游批发商　C. 旅游经营商　D. 旅游零售商

9. 当今旅游市场的主力是（ ）。

A. 少儿旅游市场　　B. 青年人市场

C. 中年人旅游市场　　D. 老年人旅游市场

10. 统计表明，经济发达国家的旅游接待量占世界旅游市场的份额超过了（ ）。

A. 49%　B. 50%　C. 51%　D. 52%

11. 融合了传统养生观和（ ），既具有所有旅游活动的共性，即异地性、暂时性和综合性；也具有不同于其他旅游活动的个性——养生性，即养生为其第一目的性。

A. 现代休闲观　B. 现代娱乐观　C. 现代文化观　D. 现代人生观

12. 体育旅游主要包括民族传统体育文化旅游和（ ）文化旅游。

A. 饮食文化　B. 运动文化　C. 古希腊文化　D. 奥林匹克

13. 旅游距离的远近受限于时间和经济等因素的影响，在 20 世纪上半叶，人们大都只能借助于火车和（ ）进行旅游活动。

A. 游轮　B. 马车　C. 自动的车　D. 汽车

14. “一核五带十大四廊”文旅产业全域新布局中的“一核”指（ ）。

A. 成都文旅经济发展核心区　　B. 大成都国际都市休闲旅游目的地

C. 公园城市示范区　　D. 全域旅游示范区

15. “生态旅游及其产品组合具有较高的科学含义和丰富的文化内涵”表现了生态旅游的（ ）特征。

A. 生态旅游的自然载体性　　B. 开发利用的可持续性

C. 生态旅游产品的高品位性　　D. 生态旅游的环保性

二、多项选择题（每小题 3 分，共 42 分。每小题所给的选项中，均有两个或两个以上的正确答案，错选或漏选均不得分）

1. 旅游活动追求的精神上的愉快感受包括（　）。

A. 人身的自由感　　B. 精神上的解放感

C. 特定需要的满足感　　D. 人生的幸福感

2. 世界现代旅游与旅游业发展的四大因素包括（　）。

A. 政治因素　　B. 经济因素　　C. 社会因素　　D. 技术因素

3. 旅游者按目的划分的事务旅游者包括（　）。

A. 商务旅游者　　B. 会议旅游者　　C. 宗教旅游者　　D. 购物旅游者

4. 饭店的基本功能是（　）。

A. 餐饮　　B. 住宿　　C. 购物　　D. 兑换　　E. 娱乐

5. 以下能说明旅游具有季节性特点的有（　）。

A. 暑假有许多学校组织教师旅游

B. 国庆假期被称为“黄金周”

C. 旅游者出游随着季节改变而呈现一定的规律性

D. 北京香山秋天旅游的人最多

6. 下列关于四川省旅游业描述正确的有（　）。

A. 四川省单体旅游资源优势明显，整体开发的前景广阔

B. 成都天府国际机场建成后，成都将成为面向欧洲、中东、中亚及东南亚的重要空中门户

C. 四川旅游发展态势迅猛，成为名副其实的旅游经济大省

D. 四川是我国拥有世界自然文化遗产和国家重点风景名胜区最多的省份

7. 旅游资源的特点是（　）。

A. 吸引性　　B. 变化性　　C. 垄断性　　D. 季节性

E. 永续性和不可再生性

8. 根据旅游者的不同需求，旅游娱乐设施可以划分为（　）等类型。

A. 文化　　B. 娱乐　　C. 体育　　D. 消闲

E. 观光

9. 世界局势的缓和，使世界避免爆发全球性毁灭战争成为可能，但世界上局部战争和冲突时有发生。民族冲突、（　）将随时对国际旅游业的发展形成

局部威胁。

A. 海岛频发　B. 宗教冲突　C. 局部战争　D. 国际恐怖主义

10. 按旅游组织形式可划分为（　）。

A. 团体旅游市场　B. 包价旅游市场

C. 半包价旅游市场　D. 散客旅游市场。

11. 1993 年欧盟正式成立，实现了（　）人员、劳务的四大自由流通，大大促进了欧盟各国国际旅游客流流动的强度。

A. 商品　B. 资本　C. 资源　D. 工作

12. 四川四大人工圈养大熊猫种群基地是（　）。

A. 成都大熊猫繁育研究基地　B. 雅安碧峰峡

C. 都江堰熊猫谷　D. 卧龙

13. 东郊记忆，即是原成都东区音乐公园，这是一处是集（　）等文化形态的多元文化园区。

A. 音乐　B. 美术　C. 戏剧　D. 摄影

14. 四川三圣花乡“五朵金花”人文资源与自然资源相互交融，人文自然生态保护的典范，被评的荣誉称号有（　）。

A. 国家 4A 级旅游景区　B. 全国首批农业旅游示范点

C. 中国人居环境范例奖　D. 国家文化产业示范基地

三、判断题（每小题 2 分，共 28 分。正确的题打√，错误的题打 ×）

1. 世界古代旅行和旅游与世界近代旅游的分界线是 1840 年。（　）

2. 经济因素对旅游者的产生和各国旅游活动的发展一直起决定性的作用。（　）

3. 旅游业对社会经济的间接作用是换取外汇，回笼货币。（　）

4. 我国的旅游厕所存在数量过少、质量低劣、分布不均、管理缺位等问题。（　）

5. 马可 · 波罗是近代旅游的创始人，被誉为“近代旅游之父”。（　）

6. 文、商、养、学、闲、情、奇实现到旅游的发展要素。（　）

7. 托马斯 · 库克旅行社的诞生标志着近代旅游业的诞生。（　）

8. 我国出境游已经进入“亿人次”时代，说明我国已经进入了出境旅游发

展的成熟阶段。(　)

9. 国际旅游方式趋向多样化、全球国际旅游客流由内陆向沿海地区及山地景区移动。(　)

10. 中远程旅游渐趋兴旺、但近距离旅游流动量逐渐增大，呈现出较好的发展前景。(　)

11. 实践证明，温泉疗养能消除疲劳，还可促进血液循环，加速人体新陈代谢，只是可能使肌肉和关节紧张和抽筋。(　)

12. 美食旅游的定义——到异地寻求审美和愉悦经历，以享受和体验美食为主体的具有社会和休闲等属性的旅游活动称为美食旅游。(　)

13. "未来酒店"是携程旅游提出的一项计划。(　)

14. 生态旅游是一种维系当地人民生活，强调社区参与和利益的旅游。(　)

样题三

本试卷包括三种题型：单项选择题、多项选择题、判断题，总分 100 分。

一、单项选择题（每小题 2 分，共 30 分。每小题所给的选项中，只有一个正确答案，错选或漏选均不得分）

1. 在人类旅行的发展过程中（　）占据主导地位。

A. 贸易经商旅行　B. 人类迁徙　C. 观光旅行　D. 宗教旅行

2. 2018 年 7 月，泰国普吉岛海域下午 5 时许发生的两起翻船事故，导致很多旅游者改变到普吉岛旅游的计划，这说明旅游具有（　）的特点。

A. 消费性　B. 文化性　C. 脆弱性　D. 综合性

3. 世界上最早的旅行者是（　）。

A. 古埃及人　B. 腓尼基人　C. 古希腊人　D. 古罗马人

4. 近代旅游业开始成为世界一项经济产业是在（　）。

A. 13 世纪　B. 18 世纪中叶　C. 19 世纪上半叶　D. 19 世纪下半叶

5. 中国的假日旅游市场形成于（　）。

A. 1999 年　B. 2000 年　C. 2005 年　D. 2008 年

6.（　）是我国旅游行业的第一部行政法规。

A.《中华人民共和国旅游法》

B.《旅游涉外饭店星级的划分与评定》标准

C.《关于组织中国公民赴东南亚三国旅游的暂行管理办法》

D.《旅行社管理暂行条例》

7. 2001 年在美国发生的“9·11”恐怖事件，不但使美国旅游业受到重创，而且波及全世界，这体现了旅游业的（　）。

A. 综合性　　B. 依赖性　　C. 垄断性　　D. 敏感性

8.（　）是旅游者产生的主观条件。

A. 有钱　　B. 有闲　　C. 身体健康　　D. 旅游动机

9. 与旅游市场形成同步的是（　）。

A. 城市发展　　B. 国家政策　　C. 经济兴衰　　D. 国民消费

10. 当今，国际旅游消费动向的重大变化是消费由“目的”变为“(　)”，人们消费是为了实现自我爱好，为了自由娱乐，表现丰富的感情等。

A. 目标　　B. 榜样　　C. 手段　　D. 愿景

11. 多建于大、中城市的中心地区，服务质量和服务水平比较高，讲求服务效率的饭店是（　）。

A. 商务型饭店　　B. 度假型饭店　　C. 会议型饭店　　D. 长住型饭店

12. 绿道分成郊野绿道、社区绿道和（　）三类。

A. 城市绿道　　B. 农村绿道　　C. 河滨绿道　　D. 溪谷绿道

13. 国道 318/317 是（　）最美景观旅游线。

A. 四川　　B. 西藏　　C. 青海　　D. 川藏

14. 世界旅游业从形成到发展，现在进入了稳定发展时期，21 世纪将是旅游业的（　）黄金时代。

A. 第一个　　B. 第二个　　C. 第三个　　D. 下一个

15. 生态旅游与普通旅游的根本区别并不是（　）的不同，而是旅游方式的不同。

A. 旅游资源　　B. 旅游对象　　C. 旅游交通　　D. 旅游饭店

二、多项选择题（每小题 3 分，共 42 分。每小题所给的选项中，均有两个或两个以上的正确答案，错选或漏选均不得分）

1. 旅游的特点有（ ）。

A. 大众性 B. 文化性 C. 连带性 D. 季节性

2. 按旅游目的可将旅游划分为（ ）。

A. 国际旅游与国内旅游 B. 休闲娱乐度假类旅游

C. 探亲访友、商务、专访类旅游 D. 健康医疗、宗教朝圣类旅游

3. 下列关于中国古代旅行和旅游说法正确的有（ ）。

A. 夏、商、周时期的旅行主要是封禅活动、探险旅行和学术考察

B. 秦汉时期的旅行主要是帝王巡游、政治旅行和商旅活动

C. 中国山水诗歌、游记等旅游文学创作的兴起是在魏晋南北朝时期

D. 明清时期整个社会更普遍重视对自然山水景观的鉴赏和旅游经验的总结

4. 旅游者产生的客观条件包括（ ）。

A. 有钱 B. 有闲 C. 旅游动机 D. 身体健康

5. 旅游娱乐业的特征是（ ）。

A. 文化化 B. 个性化 C. 多样化 D. 等级化

E. 娱乐化

6. 入境游客访华的主要目的是（ ）。

A. 游学 B. 游览观光 C. 休闲度假 D. 探亲访友

7. 国际上传统的旅游方式分为四种，即（ ）疗养型和商务型。

A. 休闲型 B. 运动型 C. 娱乐型 D. 观光型

8. “一核五带十大四廊”文旅产业全域新布局中的“五带”除了环成都文旅经济带外，还包括（ ）。

A. 川南文旅经济带 B. 川东北文旅经济带

C. 攀文旅经济带 D. 川西北文旅经济带

9. 四川森林旅游资源丰富，最为有名的当数（ ）。

A. 九寨国家森林公园 B. 海螺沟国家森林公园

C. 西岭国家森林公园 D. 四姑娘山

10. 一个国家的首都往往就是这个国家的政治、经济、文化中心，它一般都拥有得天独厚的人文旅游资源和自然旅游资源，在经济发展、城市建设和现

代化程度等方面具有较高水平，代表着该国在（ ）等方面的总体发展水平。

A. 外交　B. 政治　C. 经济　D. 文化

11. 智慧旅游是运用新一代信息网络技术和装备，充分准确及时感知和使用各类旅游信息，从而实现（ ）的智能化，促进旅游业态向综合性和融合型转型提升。

A. 旅游服务　B. 旅游管理　C. 旅游营销　D. 旅游体验

12. 四川知名的自驾游房车营地有（ ）。

A. 西昌国际自驾游营地（西昌邛海湿地烟雨鹭洲）

B. 西昌螺髻山景区自驾游营地（西昌安哈）

C. 西昌京昆高速自驾游营地（西昌黄水）

D. 康定市新都桥 318 自驾游营地

13. 地震遗址游以（ ）地震遗址为其突出代表。

A. 汶川映秀　B. 汉旺　C. 北川　D. 都江堰

14. 人造文化型生态旅游资源包括（ ）。

A. 历史文化遗产　B. 民族风情纪念馆、纪念地

C. 风景名胜区　D. 农业生态

三、判断题（每小题 2 分，共 28 分。正确的题打√，错误的题打 ×）

1. 旅游的消费是比一般的生活更高级的消费形式。（ ）

2. 文化性是旅游业发展的新亮点，旅游本身的文化功能是内在的。（ ）

3. 随着旅游活动不断向纵深方向发展，旅游业连带的综合性特点会越来越显著。（ ）

4. 迁徙是人类最初的旅游行为。（ ）

5. 秦汉时期帝王巡游的突出代表是秦始皇和汉武帝。（ ）

6. 在入出中国门户的国际性旅行和旅游活动日益频繁的情况，导致了近代中国旅游业的产生，主观上促进了中国近代旅游的发展。（ ）

7. 中国第二个、亚洲第三个，世界第六个迪士尼主题公园是香港迪士尼乐园。（ ）

8. 旅游活动中最优的旅游资源形态是自然资源和人文资源的巧妙结合。（ ）

9. 曲阜“三孔”属于建筑与设施人文旅游资源类。(　)

10. 近年来，我国出境由市场呈现出以近程市场为主，远程市场也出现了较大增幅的发展态势。(　)

11. 国际旅游对旅游安全更为重视。(　)

12. 体育旅游是以观赏、参与等行为为媒介，通过了解和熟悉某一特定体育的文化特性，以达到增长知识和陶冶情操的目的的旅游活动。(　)

13. 绿道分成三类：郊野绿道、城市绿道和社区绿道。(　)

14. 生态旅游以其对旅游资源无破坏、对环境无影响而为广大旅游界人士所关注，为广大旅游者所追求，目前已成为世界旅游业发展的潮流。(　)

参考资料

［1］邵世刚．旅游概论［M］．北京：高等教育出版社，2015.

［2］李光坚．旅游概论［M］．北京：高等教育出版社，2005.

［3］华旅兴．“全域旅游”热词［M］．北京：人民出版社，2018.

［4］谢彦君，乔正康．旅游概论［M］．大连：东北财经大学出版社，2005.

［5］刘婷．旅游学概论［M］．北京：中国传媒大学出版社，2017.

［6］马勇．旅游学概论［M］．北京：高等教育出版社，1998.

［7］丁勇义，李玥瑾．旅游学概论［M］．北京：清华大学出版社，2015.

［8］四川省旅游局．导游综合知识［M］．北京：中国旅游出版社，2008.

［9］四川省“十三五”旅游业发展规划．

［10］四川省人民政府网，http：//www.sc.gov.cn.

［11］百度文库，https：//wenku.baidu.com/view/3b77c538ad51f01dc281f1f6.html.

［12］李天元．旅游学概论［M］．天津：南开大学出版社，2014．

［13］刘馥馨，王玉海．全域旅游［M］．北京：旅游教育出版社，2016.

［14］2017 年我国商务旅游行业现状及发展优劣势分析．

［15］李伟，魏翔．互联网＋旅游：在线旅游新观察［M］．北京：中国经济出版社，2015.

［16］彭勇．中国旅游史［M］．郑州：郑州大学出版社，2018.

［17］彭顺生．世界旅游发展史［M］．北京：中国旅游出版社，2017.

项目策划：段向民
责任编辑：张芸艳
责任印制：孙颖慧
封面设计：武爱听

图书在版编目（CIP）数据

旅游概论 / 赖斌，黄晓菲主编. -- 3版. -- 北京 : 中国旅游出版社，2023.7（2025.7重印）

“十四五”职业教育国家规划教材

ISBN 978-7-5032-7183-0

Ⅰ. ①旅… Ⅱ. ①赖… ②黄… Ⅲ. ①旅游－中等专业学校－教材 Ⅳ. ①F590

中国国家版本馆CIP数据核字(2023)第140595号

书　　名：旅游概论（第三版）

主　　编：赖　斌　黄晓菲
出版发行：中国旅游出版社
（北京静安东里 6 号　邮编：100028）
http://www.cttp.net.cn　E-mail:cttp@mct.gov.cn
营销中心电话：010-57377103，010-57377106
读者服务部电话：010-57377107
排　　版：北京旅教文化传播有限公司
经　　销：全国各地新华书店
印　　刷：三河市灵山芝兰印刷有限公司
版　　次：2023 年 7 月第 3 版　2025 年 7 月第 2 次印刷
开　　本：720 毫米 ×970 毫米　1/16
印　　张：19
字　　数：295 千字
定　　价：49.80 元
ISBN　978-7-5032-7183-0
